DE ORTHODOXE KERK
VERLEDEN EN HEDEN

UITGEVERIJ ORTHODOX LOGOS

DE ORTHODOXE KERK
Verleden en heden

Jean Meyendorff

Oorspronkelijke titel: L'Orthodoxie – hier et aujourd'hui
(Editions du Seuil, Paris)

Uit het Frans vertaald door Jos Mertens pr.

Nederlandse redactie door:
Kevin Custers

Uitgevers Maxim Hodak & Max Mendor

Boekomslag design en layout door:
Max Mendor

© 2023, Uitgeverij Orthodox Logos, Nederland

www.orthodoxlogos.com

ISBN: 978-1-80484-076-4
ISBN: 978-1-80484-077-1

Niets uit deze uitgave mag worden verveelvoudigd en/of openbaar gemaakt door middel van druk, fotokopie, microfilm of op welke andere wijze ook zonder voorafgaande schriftelijke toestemming van de uitgever.

JEAN MEYENDORFF

DE ORTHODOXE KERK
VERLEDEN EN HEDEN

UITGEVERIJ ORTHODOX LOGOS

Jean Meyendorff
(1926–1992)

INHOUDSOPGAVE

Inleiding van de vertaler 7

Voorwoord 13

1. De apostelen, de apostolische geschriften
   en de primitieve Kerk 18

2. Het christelijke keizerrijk en de Kerk.
   De oecumenische concilies 32

3. Het schisma en de pogingen tot hereniging . . . 52

4. Het erfgoed van Byzantium: canonieke structuur,
   liturgie, spiritualiteit en monnikenwezen 73

5. Tegenover de islam. De geloofsbelijdenissen
   van de 17e en 18e eeuw 95

6. De Russische kerk van het begin tot 1917 . . . 114

7. De uitdaging van de communistische staat . . 131

8. De Orthodoxe Kerk tegenwoordig 152

    1. Het oecumenisch patriarchaat
       van Constantinopel 155

    2. Het patriarchaat van Alexandrië 159

    3. Het patriarchaat van Antiochië 160

    4. Het patriarchaat van Jeruzalem 161

    5. Het patriarchaat van Moskou 162

6.	De kerk van Servië	170
7.	De kerk van Roemenië	173
8.	De kerk van Bulgarije	177
9.	De kerk van Griekenland	180
10.	De kerk van Georgië	184
11.	De kerk van Cyprus	186
12.	Het aartsbisdom van de Sinaï	187
13.	De kerk van Albanië	187
14.	De kerk van Polen	188
15.	De kerk van Tsjechoslowakije	189
16.	De kerk van Finland	191
17.	De diaspora en de missies	192

9. Leer en spiritualiteit 199
10. Ecclesiologische standpunten 218

Besluit 237
Over de Auteur 242

INLEIDING
VAN DE VERTALER

De ontmoeting van paus Paulus VI met patriarch Athenagoras heeft de orthodoxe kerk meer dan in het verleden in het middelpunt van onze belangstelling geplaatst. Wanneer we hier in Nederlands over de oecumenische dialoog spreken, dan bedoelen we wel een dialoog van heel het christendom, maar in onze ervaringswereld is dat een gesprek van de kerken van de reformatie en de katholieke kerk. De derde deelneemster aan het gesprek, de orthodoxie, kennen we alleen uit de verte. Wat wij daarvan weten is meestal uit reformatorische of katholieke bron afkomstig en bij velen van ons is deze kennis beperkt tot enige gegeven van de liturgie en tot de katholieke of de protestantse visie op de leer en de geschiedenis van de orthodoxe kerk. Vanuit het Westen gezien lijkt de orthodoxie een mysterieuze wereld en toch moet ook dit een levende christelijke wereld zijn, met haar eigen problemen en beroeringen, zoals ten overvloede blijkt uit de persberichten die haar in het wereldnieuws brengen. Wij krijgen berichten over de houding van de orthodoxie als geheel en van sommige orthodoxe bisschoppen ten opzichte van het concilie en ten opzichte van de Wereldraad van Kerken, we vernemen reacties van verschillende orthodoxe bisschoppen op de ontmoeting van de oecumenische patriarch en de paus. Zo komen vragen bij ons op naar de leef- en denkwereld van de orthodoxie, maar als wij het orthodoxe christenheid beter willen begrijpen, dan volstaat op deze vragen geen antwoord dat alleen licht werpt op losse feiten en dan kunnen deze feiten eigenlijk ook enkel begrepen worden vanuit de dieper liggende vraagstellingen. Hoe ziet de orthodoxie zichzelf? Hoe verantwoordt zij haar geloof? Hoe ziet zij de katholieke kerk en het reformatorische christendom? Welke visie heeft zij op haar eigen geschiedenis en op die van heel het christendom? Hoe ziet zij de oecumenische beweging en hoe vat zij haar lidmaatschap van de Wereldraad van Kerken op? Hoe is de verhouding van de orthodoxie aan deze zijde van het ijzeren gordijn tot die aan de overkant?

Het beste antwoord op deze vragen kan ons door een orthodox worden gegeven. Om deze reden leek het me nuttig een werk van en over de orthodoxie te vertalen. Nu zijn er meerdere auteurs die de westerse wereld over de orthodoxe kerk willen inlichten: de auteur van dit werk wijst in zijn voetnoten vooral naar Boelgakov, Lossky en Evdokimov. Een voordeel van het werk van Meyendorff is, dat het niet te uitvoerig en te zwaar is; hij stelt dan ook geen te hoge eisen aan de theologische en historische kennis van zijn lezers en zodoende kan hij een bredere lezerskring bereiken.

Een belangrijke vraag is deze: wie is Jean Meyendorff en is hij representatief voor de orthodoxe wereld?

Jean Meyendorff is een orthodox priester en theoloog. Hij is een fransman van Russische afkomst, te Parijs gedoctoreerd in de letteren en thans professor aan het Sint Vladimir Seminarie te New York.

In hoeverre zijn werk representatief is voor de orthodoxie? Hier moeten we onderscheid maken. Meyendorff besteedt veel aandacht aan de geschiedenis van de orthodoxe kerk. Hier kunnen we in hem een vertegenwoordiger zien van de meer vooruitstrevende richting, voor wie de bekrompen anti-roomse stokpaatjes van de vroegere orthodoxie hebben afgedaan.

Verder gaat hij in op de theologie van het christelijk Oosten. Hier bestaat een zeer grote verscheidenheid van opvattingen en men kan in feite niemand als representatief beschouwen voor 'de' orthodoxe theologie. Al neemt de auteur in kwesties als die van het *Filiqoue* en van de onbevlekte ontvangenis het meer traditionele orthodoxe standpunt in – er zijn ook de nodige moderne theologen die zelf vinden, dat deze vraagstukken door de polemiek en de bijbehorende mentaliteit ver buiten hun proporties zijn geraakt – over het algemeen kan men de opvattingen van Meyendorff als een middenpositie en als gematigd vooruitstrevend karakteriseren. In zijn visie op de oecumenische beweging neemt hij een eigen standpunt in, dat ons echter het denken van veel orthodoxe kringen duidelijk maakt. Zijn kijk op de katholieke kerk en op de kerken van de reformatie typeert die orthodoxe kringen, die van de oude vooroordelen afstand hebben genomen; toch doet ook deze opvatting ons nog vrij eng aan: ze wekt soms enigszins de indruk van een oecumenische visie vanuit een apologetische loopgraaf te zijn. Is de reformatie wel zo vlot met het *sola scriptura* getypeerd? Misschien heeft de schrijver zelf zijn opvattingen over wat voor 'de' roomse leer doorgaat wel enigszins herzien na de intussen gehouden sessies van het tweede Vaticaanse concilie; maar wellicht was het van tevoren voor een buitenstaander ook niet gemakkelijk te onderscheiden wat nu juist 'het' katholieke standpunt was en werden bepaalde contrareformatorische opvattingen overgewaardeerd.

Meyendorff beschrijft de orthodoxe kerk als gelovig orthodox en legt getuigenis af van zijn geloof in de orthodoxe leer. Hij trekt een principiële scheidingslijn tussen deze leer enerzijds en de katholieke en reformatorische opvattingen anderzijds. Ook verdedigt hij het orthodoxe geloofscriterium en de orthodoxe ecclesiologie. In zoverre zijn opvattingen van de leer van de katholieke kerk afwijken kan ik deze als gelovig katholiek niet onderschrijven. Ook in de verhouding tussen geloof en rede, die terloops ter sprake komt, deel ik de mening van de auteur niet. Ik achtte het echter niet dienstig, mijn eigen opvattingen naast of tegenover die van de schrijver te plaatsen. Er is literatuur te over, waarin men in deze het katholieke of reformatorische standpunt kan leren kennen; bovendien zou een als oecumenisch bedoeld werk dan tegen zijn eigen doelstelling in geplaatst worden in het apologetisch of polemisch vlak, apologetisch en polemisch in de ouderwetse zin van deze woorden.

Maar het getuigenis van de orthodoxie kan zeer waardevol zijn ook voor wie het niet in zijn geheel kan aanvaarden. Het kan elementen bevatten, die in de katholieke of de reformatorische leer niet de vereiste nadruk hebben gekregen, en juist op deze aspecten wil ik liever in enkele punten de aandacht vestigen.

1. De orthodoxe theologie staat dicht bij het volk en dicht bij de liturgie. Staat de onze, ook in haar vernieuwing, niet te zeer op het plan van de intellectuelen en te ver van het gewone volk af? Wanneer het katholieke volk niet altijd het veranderde denken kan bijhouden, ligt dit dan wellicht niet alleen aan oorzaken van historische aard en gebrek aan verlichting?
2. De orthodoxe theologie is concreet en ze staat in rechtstreeks verband met het geestelijk leven. Gelukkig hebben ook wij goede vorderingen in deze richting gemaakt, maar is het achterblijven van de moraaltheologie in de vernieuwing niet een teken dat juist aan het concrete terrein van het geestelijk leven nog niet voldoende aandacht werd besteed?
3. In de orthodoxe theologie over de heilige Drie-eenheid kunnen we ons denken over God zeer verrijken; op een prachtige wijze schept ze een harmonie tussen de ongenaakbare transcendentie van God en zijn nabijheid voor de mens.

4. De laatste ontwikkelingen op het tweede Vaticaanse concilie met betrekking tot het bisschopsambt wijzen tevens op de grote positieve waarde van dit ambt op zich; een waarde die men in het Oosten steeds heeft gezien, al was het in de onderwaardering van het primaat van de bisschop van Rome – dat overigens in het Westen een juridische overwaardering had gekregen en ook theologisch eenzijdig benaderd was.
5. De orthodoxie gaf een concrete gestalte aan de sacramentele theologie, een gestalte die haar in zeer nauw verband bracht met de moraal en het christelijk leven waar hier een vernieuwing wordt nagestreefd mag ook gewezen worden op de zeer oude traditie van oosterse kerkvaders.
6. De visie van de orthodoxe kerk op haar verleden wijkt af van de gebruikelijke westerse geschiedschrijving. Al zijn de grootste eenzijdigheden aan beide kanten stilaan verdwenen, toch lijkt het me – al ben ik geen historicus – dat er aan beide zijden nog veel onvolledigheden en gekleurde voorstellingen bestaan die de vrucht zijn van de polemische denkwijze van het verleden. De kennismaking met elkaars visie kan thans voor beide bevorderlijk zijn om hier zo objectief mogelijk te werk te gaan.

Bij de vertaling heb ik getracht de gedachten en de strekking van de schrijver zo nauwkeurig mogelijk weer te geven. De auteur zelf gebruikt grotendeels een westerse terminologie om misverstanden te vermijden. Zelf ben ik in die richting nog iets verder gegaan: zo zal men bijvoorbeeld in het Oosten een 'plaatselijk concilie' noemen wat wij onder een 'regionaal concilie' verstaan. Dan vestig ik nog in het bijzonder de aandacht op de vertaling van twee woorden. Het Franse woord *orthodoxe* betekent zowel orthodox (als aanduiding van de gelovige van de orthodoxe kerk en haar leer) als rechtgelovig.

Bij de schrijver gaan deze twee betekenissen altijd samen. Als vertaler moest ik in ieder afzonderlijk geval bezien, welke betekenis daar het zwaarste weegt. Ook gebruikt de schrijver dikwijls de uitdrukking *communion avec Dieu*, binding met God, maar in deze vertaling gaat een belangrijk element van deze gemeenschap, dat de schrijver daarbij ongenoemd steeds in de gedachte heeft, namelijk de heilige communie, verloren. Daar ik dit element in het Nederlands dus niet heb kunnen handhaven, vestig ik er hier de aandacht op.

Gronsveld
Jos Mertens

VOORWOORD

Een van de meest karakteristieke en positieve aspecten van de moderne geschiedenis van het christendom is het zoeken van de eenheid.

'Zoals Gij, Vader, in Mij en Ik in U: dat zij ook in Ons mogen zijn zodat de wereld gelove, dat Gij Mij gezonden hebt' (Joh. 17:21). Dit gebed van het hoofd van de Kerk legt een verband van oorzaak en gevolg tussen de eenheid van de christenen en hun getuigenis in de wereld: om de wereld te doen geloven moeten de volgelingen van Jezus Christus van hun eenheid in God blijk geven en hun niet-christelijke broeders uitnodigen om daarin te delen. Maar de historische werkelijkheid zou de wereld bijna doen geloven dat de Vader de bede van zijn Zoon helemaal niet verhoord heeft, dat het verlossingswerk van Christus niet de vrede, maar de tweedracht gebracht heeft, dat het evangelie slechts een leer is als zovele andere, waarvan tot nog toe geen enkele erin is geslaagd de hele mensheid voor zich te winnen.

De missionarissen zijn de eersten geweest, die zich van deze ergernis rekenschap hebben gegeven. Zij hebben een beweging, de oecumenische, in het leven geroepen, die het vraagstuk van de eenheid voorlegt aan het geweten van de christenen. Zij hebben in de praktijk vastgesteld dat dit niet enkel een vraagstuk voor enige specialisten is, maar dat hier sprake is van het wezen van de blijde boodschap zelf, van haar inwerking op de moderne wereld en uiteindelijk van een antwoord dat aan de wil van God moet gegeven worden.

In het kader van dit streven naar eenheid en in de geest die de promotors daarvan bezielt, willen we in dit boek de Orthodoxe Kerk beschrijven.

We zullen verder de historische omstandigheden beschrijven die in toenemende mate een breuk brachten in de Grieks-Romeinse wereld, die in de 1^e eeuw de apostolische prediking ontvangen had, en hoe deze omstandigheden ertoe bijdroegen om de christelijke wereld van het Oosten en Westen te verdelen. Het is duidelijk dat deze omstandigheden ruimschoots achterhaald zijn door de omwentelingen waarvan onze planeet het schouwtoneel is: de politieke en economische centra van de wereld hebben zich verplaatst en de traditionele begrippen *Westen* en *Oosten* zijn meer een stuk geschiedenis dan moderne werkelijkheid. Er zijn talrijke orthodoxe gemeenschappen in de zogenaamde Westerse wereld en de Katholieke Kerk zowel als de reformatie zijn vertegenwoordigd in het Nabije Oosten, de Balkan en Rusland. Het is een gemeenplaats geworden, te beweren dat onze planeet klein is, dat we van het isolement van onze culturen en tradities moeten afzien. De nieuwe landen van Azië en Afrika verwachten het evangelie in zijn authentieke zuiverheid, de Kerk in haar goddelijke werkelijkheid en zij willen niet te maken hebben met de middeleeuwste twisten die het christendom uiteengescheurd hebben. Dit alles kondigt ontegenzeggelijk een periode aan waarin het oecumenisch probleem in zijn meest wezenlijke vorm zal gesteld worden: in de vorm van een debat *over het geloof*. De geschiedenis zelf belast zich ermee ons te bevrijden van de bijkomstige problemen: ze mengt de oude christelijke gemeenschappen sociologisch door elkaar en ze stelt ze alle voor *dezelfde* problemen, die om dezelfde oplossingen vragen. Dat we nog niet allen leden zijn van één enkele kerk van Jezus Christus vormt dus een feit, dat zijn verklaring nu of in de nabije toekomst moet zoeken in een betere fundering; want onze tijdgenoten en zij die na ons komen zullen hoe langer hoe minder een rechtvaardiging van een afscheiding accepteren die buiten het terrein van het *geloof* ligt. En juist dit is een van de meest positieve karakteristieken voor onze tijd: men stapt van de valse problemen af en men zoekt de ware. Welk een prachtige gelegenheid voor ons, christenen, ons van het *echte* debat ten volle bewust te worden en er een begin mee te maken!

In deze dialoog neemt de Orthodoxe Kerk een bijzondere plaats in. Feitelijk staat ze helemaal buiten de hevige botsing die het moderne christendom kent: die waarin de Katholieke Kerk en de uit de reformatie voortgekomen gemeenschappen tegenover elkaar blijven staan. Ten opzichte daarvan blijft zij de kerk van de continuïteit en de traditie. En dat is ook de betekenis die zij geeft aan het adjectief waarmee ze meestal wordt aangeduide: de *Orthodoxe* Kerk.

Bij de dogmatische geschillen die op de vrede van Constantijn volgden, werden de Griekse woorden *katholikos* en *orthodoxos* door elkaar gebruikt om de belijders van de ware leer aan te duiden. Het eerste van deze adjectieven werd voor het eerst gebruikt door de heilige Ignatius van Antiochië (Smyrn. 8:2) in de 1[e] eeuw om daarmee de christelijke-katholieke-kerk aan te duiden; het geeft de volheid, de universaliteit en ook het gemeenschapsaspect van de christelijke boodschap weer: in tegenstelling met alle 'particuliere' meningen verkondigt de Kerk een leer die een totaliteit is, bestemd voor allen. Deze term maakte zulk een opgang in de literatuur en de theologie dat hij in de geloofsbelijdenissen en ten slotte door de opstellers van het Credo van Nicea-Constantinopel werd opgenomen: 'katholieke' christenen en het 'katholieke' geloof werden alledaagse uitdrukkingen. In het Oosten, echter, werd met 'katholiek' vooral de Kerk aangeduid en de individuele leden werden veeleer 'orthodoxen' genoemd –

'zij die een juiste opvatting hebben' – in tegenstelling met de ketters. Maar in de middeleeuwen sprak men meer en meer over de 'Orthodoxe Kerk' in tegenstelling met het roomse 'katholicisme'.

In de oecumenische dialoog stelt de Orthodoxe Kerk zich dus voor als de bewaarster van het ware geloof, als de Kerk van de apostelen en de kerkvaders. Als voorwaarde voor de eenheid stelt ze de terugkeer voor van alle christenen naar dit ene geloof, het geloof van de eerste oecumenische concilies.

In veel opzichten kunnen deze pretentie en deze hoop utopistisch lijken. Is de terugkeer naar de bronnen, die noodzakelijk is om de eenheid te herstellen, niet een kunstmatige terugkeer naar een verleden dat afgedaan heeft? Bovendien maken de historische zwakheden van het orthodoxe Oosten, dat er aanspraak op maakt deze erfenis uit het verleden bewaard te hebben, een dergelijke terugkeer niet bijzonder aantrekkelijk. Hoe zou men hem dan kunnen rechtvaardigen?

In dit boek willen we trachten aan te tonen dat het niet juist zou zijn het probleem zo te stellen. Wanneer de orthodoxe christen spreekt over een 'terugkeer naar de bronnen', dan gaat het hem niet om een terugkeer naar het verleden maar om een vasthouden en een trouw blijven aan de openbaring. Deze openbaring beoordeelt het verleden, het heden en de toekomst van het Oosten en het Westen. Een van de wezenlijke problemen waarvoor de theologen zich thans gesteld zien, is onderscheid te maken tussen de heilige traditie van de Kerk – volmaakte weergave van de openbaring – en de menselijke tradities die haar slechts onvolmaakt weergeven en die er ook heel dikwijls mee in strijd zijn of ze verduisteren. Hoeveel van deze menselijke tradities zullen de orthodoxen niet moeten laten varen, voordat zij hun pretentie van de ware en enige traditie te bezitten voor de andere christenen aanvaardbaar kunnen maken! Hun grote verdienste is overigens – dé historische verdienste van het oosterse christendom – dat zij de deur voor een eventueel gewetensonderzoek wijd open heeft gelaten.

Ons boek houdt daarom een dubbel doel voor ogen: het wil voor de lezers van het Westen die, op weinige uitzonderingen na, slechts zeer summier iets van de Orthodoxe Kerk afweten, het heden en verleden van deze kerk beschrijven en het wil de orthodoxen zelf ertoe brengen een begin te maken met het gewetensonderzoek dat zij nodig hebben.

In onze uiteenzetting zullen we de historische ontwikkeling van de Orthodoxe Kerk volgen vanaf de tijd van de apostelen tot onze dagen; de interpretatie die we zullen geven aan de grote feiten van deze geschiedenis zal de lezer in staat stellen de wezenlijke dogmatische stellingen van de orthodoxie te begrijpen. Aldus zullen de wezenlijke leerstellingen over de Schrift en traditie, over de Kerk en het kerkelijk leergezag reeds in de eerste hoofdstukken uiteengezet worden. In het laatste gedeelte van dit boeken zullen we terugkomen op enkele andere leerstellige aspecten in de vorm waarin deze vandaag worden uitgedrukt.

We geven dus geen systematische uiteenzetting van het orthodoxe geloof, maar een algemene inleiding op het leven van de Orthodoxe Kerk in haar verleden en heden.

1
DE APOSTELEN
DE APOSTOLISCHE GESCHRIFTEN
EN DE PRIMITIEVE KERK

'In het vijftiende regeringsjaar van keizer Tiberius, toen Pontius Pilatus landvoogd van Judea was, Herodes viervorst van Galilea, diens broeder Filippus viervorst van het gewest Iturea en Trachonitis, en Lysanias viervorst van Abilene, onder het hogepriesterschap van Annas en Kaïfas, kwam het woord van God over Johannes de zoon van Zakarias (Luc. 3:1-2). Met deze nauwkeurige historische informaties begint Lucas na twee inleidende hoofdstukken het messiaanse werk van Jezus te herhalen. De christelijke godsdienst is inderdaad gefundeerd op het geloof in een ingrijpen van God in de concrete geschiedenis van de mensheid: de menswording van zijn Zoon. En het Credo geeft blijk van dezelfde geschiedkundige oriëntatie wanneer het duidelijk zegt dat Christus geleden heeft 'onder Pontius Pilatus'. Waarom zou het immers in een korte en plechtige opsomming van de geloofswaarheden deze ten slotte heel onbelangrijke ambtenaar noemen, tenzij om te stellen dat Jezus wel degelijk een historische persoon is geweest, een mens zoals wij allen, een jood die, zoals zijn landgenoten, zuchtte onder het juk van de romeinen, om te stellen dat zijn tijdgenoten Hem hebben gehoord, met hun ogen gezien, met hun handen aangeraakt? (1 Joh. 1:1).

Deze historische aard van het messiaanse werk wordt bevestigd door de manier waarop de blijde boodschap aan de Grieks-Romeinse wereld en aan de volgende generaties werd aangeboden. Op het ogenblik zelf, waarop de Meester op het punt stond zijn leerlingen te verlaten en op te stijgen naar de hemel, verkondigde Hij hun plechtig: 'Maar gij zult de kracht ontvangen van de heilige Geest die over u komt, om mijn getuigen te zijn in Jeruzalem, in geheel Judea en Samaria en tot het uiteinde der aarde' (Hand. 1:8).

Juist zoals alle andere historische feiten moesten de werken van Jezus – en vooral het meest buitengewone, dat God in Hem gewrocht heeft: zijn verrijzenis op de derde dag – door getuigen geloofwaardig worden gemaakt: 'Petrus en Johannes, Jacobus en Andreas, Filippus en Thomas, Bartolomeüs en Matteüs, Jacobus, zoon van Alfeus, Simon de IJveraar en Judas, Jacobus' broer. Zij allen bleven eensgezind volharden in gebed samen met de vrouwen, met Maria de moeder van Jezus en met zijn broeders' (Hand. 1:13-14). Schamele getuigen inderdaad, deze twaalf Galileïsche vissers – en het waren er nog slechts elf na het verraad van Judas – en die enkele verwanten van Jezus: na de tragedie van Golgotha, na de verrijzenis, na alles wat de Meester hun had gezegd over zijn rijk, waren zij nog in staat om bij Hem aan te dringen op de vestiging van een aards davidisch koninkrijk (Hand. 1:6). Maar zij waren Hem gevolgd vanaf het begin van zijn optreden: aan deze voorwaarde moesten alle leden van het college der apostelen voldoen en deze werd vooropgesteld bij de keuze van Mattias in de plaats van Judas: 'Dus moet een van de mannen die tot ons gezelschap behoorden gedurende de tijd dat de Heer onder ons verkeerde, te beginnen bij het doopsel van Johannes tot de dag waarop Hij van ons werd weggenomen, met een getuige worden van Zijn verrijzenis' (Hand. 1:21-22).

Al waren zij allen bereid om te getuigen voor hun verrezen Heer, ze slaagden er nog niet in de verpletterende universaliteit van het ambt waarmee zij bekleed waren ten volle te verwezenlijken. Pas toen de belofte die Jezus hun meer dan eens had gedaan in vervulling was gegaan, waren zij in staat hun Galileïsch dialect te verwisselen voor de universele taal van het evangelie: de Geest daalde op eider van hen neer en zij 'begonnen in vreemde talen te spreken, zoals de Geest hen ingaf zich uit te drukken' (Hand. 2:4). Toen pas kon Petrus aan Israël het begin van het ware messiaanse rijk en de vervulling van de profetieën verkondigen: 'Voor heel het huis van Israël moet dus onomstotelijk vaststaan dat God Hem én Heer én Christus heeft gemaakt, die Jezus, die gij gekruisigd hebt' (Hand. 2:36).

Voor het scheppen van de gemeenschap van het nieuw verbond waren er dus ooggetuigen van de verrezen Christus nodig én de nederdaling van de heilige Geest over de wordende Kerk om dit getuigenis geloofwaardig te maken en om er onmiddellijk de vruchten van te openbaren: 'die dag sloten zich ongeveer drieduizend mensen aan' (Hand. 2:41).

Tot op heden leeft de Kerk slechts op het getuigenis van de apostelen en in de kracht van de heilige Geest die in haar blijft sinds de dag van Pinksteren en zo is ze tegelijk 'heilig' en 'apostolisch'. De Geest heeft dan ook niets *toegevoegd* aan het werk dat Christus volbracht heeft, want 'het heeft de gehele Volheid behaagd in Hem (Jezus) te gaan wonen' (Kol. 1:19). 'De Geest legt getuigenis af, omdat Hij de waarheid is' (1 Joh. 5:6); 'Hij zal Mij verheerlijken, omdat Hij aan u zal verkondigen wat Hij van Mij ontvangen heeft' (Joh. 16:14). De komst van de Geest maakt het menselijk getuigenis van de apostelen over de historische verrijzenis van de Heer dus niet overbodig: Hij bezegelt het en waarborgt het als echt.

Dit laatste punt is heel belangrijk, wanneer men de betekenis der *boeken* van het Nieuwe Testament en de totstandkoming van de canon van de Schrift beschouwt. Deze boeken – de vier evangelies, de Handelingen, de brieven, de Apocalyps – hebben als wezenlijk object de persoon van Jezus Christus, de aard van zijn offer en het feit van de verrijzenis: ze zijn dus een geschreven vorm van de boodschap van de apostelen. Hun gezag ontlenen ze tegelijk aan hun apostolische authenticiteit en aan hun inspiratie. De traditie legt dan ook de nadruk op de apostolische echtheid van de evangelies van Marcus en Luca, al waren de schrijvers niet lid van het college van de Twaalf en al hebben ze waarschijnlijk Jezus niet gekend: om deze evangelies authentiek te verklaren, beroept ze zich op de prediking van Petrus en Paulus[1], wier prediking Marcus en Lucas op schrift zouden hebben gesteld. Aan deze rekbare opvatting van authenticiteit is het de danken dat in de canon ook geschriften als de Hebreeënbrief of de Apocalyps werden opgenomen, al stonden vanaf de eerste eeuwen sommigen aarzelend daartegenover: de apostolische authenticiteit is niet noodzakelijk een materiële authenticiteit, maar een door de Geest gewaarborgde apostolische oorsprong van de inhoud van de heilige Boeken.

Het apostolisch getuigenis zou geen werkelijke waarde hebben zonder het pinksterwonder, zonder de komst van de Geest over heel de Kerk, niet enkel over de Twaalf. De Kerk is dus gesticht door de apostelen en gebouwd op de apostelen, maar ook in de heilige Geest: nooit heeft men erover gedacht om aan de canon van geschriften een boek toe te voegen dat níet van apostolische oorsprong is, want de Geest openbaart alleen Christus, van wie de apostelen de getuigen waren. Maar het is de Geest in de Kerk die de grenzen van de canon aangeeft en die door de eeuwen heen de Kerk bewaart in de waarheid en in de trouw aan haar hoofd.

....

[1] Petrus en Paulus worden in de Byzantijnse liturgie korufaioi en coryfeeën genoemd.

Dit zijn de wezenselementen van de orthodoxe opvatting over de Schrift en de traditie. De Schrift bevat het *gehele* apostolische getuigenis en men kan er niets aan toevoegen dat onze kennis omtrent de persoon van Jezus, zijn werk en het heil dat Hij ons gebracht heeft kan aanvullen; maar dit geschreven getuigenis over Christus werd niet in de ledige geworpen – zoals de koran, die volgens de islamitische traditie uit de hemel viel, opdat de mensen hem in een onveranderlijke vorm zouden lezen – maar het werd gegeven aan een gemeenschap die door dezelfde apostelen gesticht was en die dezelfde Geest ontvangen had. Deze gemeenschap is de Kerk, die de Schrift ontvangen heeft die er de Waarheid in erkend heeft, die voor altijd de grenzen ervan vastgelegd heeft en die haar verklaart met de hulp van de Geest. Deze verklaring en deze erkenning noemt men de traditie.

De eerste jaren van de Kerk zijn beschreven in de Handelingen der Apostelen, geschreven door Lucas, de auteur van het derde evangelie. Dit boek wordt vrij scherp in twee ongelijke delen verdeeld: 1. De eerste twaalf hoofdstukken beschrijven de primitieve kerk van Jeruzalem: de stichting op de pinksterdag, haar interne leven, de werkzaamheden van haar bestuurders; 2. De rest van het boek, niet meer geconcentreerd rond de gemeenschap van Jeruzalem, maar rond de persoon van de apostel der heidenen die door Lucas hier Paulus wordt genoemd (Hand. 8:9), terwijl hij in de eerste hoofdstukken altijd de naam Saulus draagt.

De gemeenschap van Jeruzalem wordt geleid door het college van Twaalf, maar in dit college neemt Petrus duidelijk de eerste plaats in: hij spreekt in naam van allen en treedt op als hoofd. De beroemde woorden van Jezus op de weg van Cesarea die door het Jeruzalemse evangelie van Matteüs vermeld worden: 'Gij zijt Petrus en op deze rots zal Ik Mijn Kerk bouwen' (Mat. 16:18) herinneren waarschijnlijk aan deze rol van Petrus te Jeruzalem. De kerk van Jeruzalem was dan ook niet zomaar een particuliere kerk onder de andere: zij alleen was de Kerk, de 'rest' van Israël die door de profeten voorspeld was en die de Messias aanvaard had; de kerk der heidenen, waarvan Paulus de enige apostel zal zijn, kan nooit meer zijn dan een 'wilde scheur', geënt op de authentieke olijfboom (Rom. 11:17). Bestuurd door de twaalf apostelen zou ze de voorafbeelding zijn van het toekomstig Jeruzalem, de heilige stad die uit de hemel zal neerdalen en waarvan de ziener van de Apocalyps ons zegt: 'En de stadsmuur had twaalf grondstenen en daarop de twaalf namen van de twaalf apostelen van het Lam' (Apoc. 21:14). In de eerste twaalf hoofdstukken zijn voor Lucas de geschiedenis en de eschatologie zo nauw verweven dat het moeilijk is beide precies te omlijnen; in de rede van Petrus op het pinksterfeest wordt de komst van de Geest verklaard als de vervulling van een eschatologische profetie van Joël en het leven van de gemeenschap wordt beschreven als een voortdurend mirakel: 'Allen waren eensgezind en kwamen tezamen in de zuilengang van Salomon. Van de overigen durfde niemand zich bij hen te voegen, hoezeer het volk hen ook prees' (Hand. 5:12-13).

Hoofdstuk 12 geeft nauwkeurig het einde van deze uitzonderlijke periode in het leven van de Kerk aan. Het college van de Twaalf houdt op te bestaan: Herodes 'liet Jacobus, de broer van Johannes, met het zwaard ombrengen' (Hand. 12:2) en niemand dacht eraan om door een nieuwe keuze het symbolisch getal van de apostelen weer te completeren, zoals men dat gedaan had om Judas te vervangen. En Petrus van zijn kant ging na zijn arrestatie en zijn wonderbare bevrijding 'naar een andere streek' (Hand. 12:17). Hij zal zijn persoonlijk gezag van 'eerste apostel' behouden, maar dit zal verre van absoluut zijn, want Paulus zal er een rechtstreekse aanval op doen (Gal. 2); de eerste plaats te Jeruzalem zelf zal voortaan toekomen aan Jacobus, broeder des Heren (Hand. 15), die geen lid van het college van de Twaalf was. De rol die Petrus heeft gespeeld in de stichting van de Kerk zal, zoals we nog zullen zien, voortleven in het bisschoppelijk ambt, maar hij zal er zich voortaal toe bepalen de 'apostel van de besnedenen' (Gal. 2:7-8) te zijn, een ambt dat helaas in de geschiedenis geen briljante toekomst zal hebben, omdat Israël definitief zijn Messias zal verwerpen en de arme 'rest' die hem aanvaard had, zich helemaal zal oplossen bij de ondergang van Palestina in het jaar 70.

De historische toekomst behoorde dus aan de apostel der heidenen, Paulus, aan wie de Handelingen hun 13:28[e] hoofdstuk wijden. Door zijn reizen in heel het gebied van de Middellandse Zee ontstonden overal christelijke gemeenschappen, 'kerken van God', die alle het evangelie en de heilige Geest ontvingen, zoals eenmaal de kerk van Jeruzalem. Voor Paulus – die overigens met zijn grote missiereizen begon toen het college van Twaalf Jeruzalem reeds verlaten had – behield de Palestijnse gemeenschap een bijzonder gezag en het primaat van stichting; hij had erop gestaan – en wat had dat moeite gekost! – de rechtsgrond van zijn werkzaamheid onder de heidenen door haar te doen erkennen en hij vergat de collecte 'voor de broeders van Judea' niet, het symbool en de uitdrukking van de eenheid van de Kerk. Maar toch was elke kerk voor hem de 'Kerk van God', en daarin was er 'geen Griek en geen jood meer'. Hij eiste dat alle christenen die in dezelfde plaats woonden deel uitmaakten van één gemeenschap en op dit punt kreeg hij moeilijkheden door het bestaan van een joods-christelijke missie die parallel liep aan de zijne. Met verontwaardiging keerde hij zich te Korinthe tegen degenen die er onderscheiden gemeenschappen wilden vormen: 'Ieder van u schijnt zijn eigen leus te hebben: Ik ben Paulus: Ik ben Apollos: Ik ben Kefas: Ik van Christus. Is Christus dan in stukken verdeeld?' (1 Kor. 1:12-13). Want de christenen vormen samen Christus; ze zijn slechts één ondeelbaar lichaam dat zich in elke kerk moet openbaren in zijn totaliteit en ongeschondenheid. Deze moeilijkheden met de judaïzanten schijnen de betrekkingen van Paulus met Petrus, de apostel van de besnedenen, niet benadeeld te hebben. Beiden kwamen volgens de traditie, misschien enkele maanden na elkaar, te Rome met hun bloed getuigenis geven van de universaliteit van de verlossing in Jezus Christus. Deze gemeenschap in de dood van de twee 'eerste apostelen' – de eerste van de Twaalf die aan het hoofd had gestaan van de kerk van Jeruzalem en de eerste apostel van de heidenen – in de hoofdstad van het keizerrijk, droeg bij tot het aanzien die de kerk van Rome genoot, waar hun traditie zou blijven leven en waar hun relieken spoedig vereerd zouden worden.

Onder de voornaamste getuigen van de Verrezene tekent zich ook de mysterieuze figuur af van de 'beminde leerling' Johannes, de zoon van Zebedeüs. Evenals Petrus en Paulus wordt ook hij in verband gebracht met nieuwtestamentische geschriften en met een plaatselijke traditie, die van Efese. Hij was een van de leden van het college van Twaalf, stond persoonlijk dicht bij Petrus en speelde om deze reden een belangrijke rol in de primitieve kerk van Jeruzalem. Zijn intieme vriendschap met de meester schijnt hem een soort geestelijk primaat onder de apostelen gegeven te hebben, een primaat dat men kon stellen tegenover en vergelijken met het meer institutionele primaat van Petrus: de weerslag daarvan vinden we in de bladzijden van zijn evangelie. Zijn naam verschijnt echter slechts één keer in de brieven van Paulus: Johannes behoort met Jacobus en Petrus tot de 'zuilen' van de kerk van Jeruzalem (Gal. 2:9). We weten niet of hij daarna evenals Petrus deel heeft genomen aan de joods-christelijke zending van deze kerk. Wanneer de traditie ook al zijn werkzaamheid en zijn laatste levensjaren te Efese lokaliseert – een kerk, gesticht door Paulus (Hand. 19:8-9) – dan is het toch niet waarschijnlijk dat zijn naam verbonden kan worden aan welk verzet ook tegen de leer van Paulus. Zijn geschriften –

het zouden de laatste van het nieuwe testament zijn – dragen het stempel van een persoonlijke visie op de boodschap van Christus en de Byzantijnse kerk vereert hem met de titel van 'de theoloog'. Het sacramentele element krijgt er een plaats van de eerste rang en misschien is het niet toevallig dat men aan de johanneïsche traditie de instelling van het zogenaamde monarchisch episcopaat heeft willen toeschrijven.

Zelfs de protestantse exegese is meer en meer bereid om de belangrijkheid van het sacramentele element in het leven van de christenen der eerste eeuwen te erkennen. Het valt echter niet te ontkennen dat het doopsel en de Eucharistie, wezenselementen van de primitieve christelijke prediking, liturgische handelingen en daden van de gemeenschap vertegenwoordigen die een zekere structuur vereisen van de gemeenschap die ze verricht. Wat we nu weten van het primitieve eucharistische gebed, brengt dit in nauw verband met de joodse eredienst in de tijd van Christus en vooral met de gebeden, die in de Talmoed bewaard zijn en die men in sommige joodse broederschappen verrichte bij de gemeenschappelijke maaltijden. Christus en de apostelen vormden zelf een dergelijke broederschap en op de vooravond van de dood van de meester hielden ze zulk een maaltijd waarvan de evangelisten ons een korte beschrijving geven; in de loop van deze maaltijd zegende Jezus brood en wijn, duidde ze aan als zijn lichaam en bloed en droeg aan zijn leerlingen p om 'dit te doen' ter gedachtenis aan Hem.

Het feit dat we in het eucharistisch offergebed van de primitieve Kerk de liturgische elementen van het jodendom uit de tijd van Christus terugvinden verraadt de apostolische oorsprong van de christelijke eucharistische viering: de eerste gemeenschappen vierden de Eucharistie op dezelfde wijze als ze in de zaal van het laatste avondmaal door Jezus gevierd was; maar we staan voor de vraag, wie de christelijke bijeenkomsten voorzat en aldus de rol van het hoofd van een joodse familie of van de voorzitter van een broederschap vervulde. Deze vraag is voor ons heel belangrijk omdat het laatste avondmaal, voorbeeld en oorsprong van de christelijke Eucharistie, door de meester zelf werd voorgezeten en omdat als gevolg daarvan de voorzitter van een kerkelijke gemeenschap de woorden moet uitspreken die Hij heeft uitgesproken en het ambt bekleden, dat Hij heeft bekleed.

Het probleem kan, naar het schijnt, met grote waarschijnlijkheid voor de primitieve kerk van Jeruzalem worden opgelost: de eerste twaalf hoofdstukken van de Handelingen laten ons zien hoe Petrus het middelpunt van het college van Twaalf en het middelpunt van de Kerk zelf is. Deze plaats van Petrus te Jeruzalem schijnt de natuurlijke vervulling te zijn van de woorden van de Heer: 'Gij zijt Petrus en op deze rots zal Ik mijn Kerk bouwen' (Mat. 16:18); 'Wanneer ge eenmaal tot inkeer gekomen zijt, versterk dan op uw beurt uw broeders' (Luc. 22:32); 'Weid mijn schapen' (Joh. 21:15-17). Jezus was zelf de rots en de herder, maar Hij had aan een mens de bevoegdheid gegeven om dit ambt te bekleden: de apostel Simon-Petrus was deze man in de kring van de primitieve joods-christelijke gemeenschap, het enige en eschatologische voorbeeld voor alle andere christelijke kerken.

Maar Petrus verliet Jeruzalem 'voor een andere omgeving' (Hand. 12:17) en Jacobus verving hem als het hoofd van de kerk van Jeruzalem. Vanaf dat ogenblik waren de apostelen – de Elf (Jacobus, broer van Johannes, was dood: Hand. 12:2), Paulus en nog enkelen – de rondtrekkende getuigen van de verrezen Christus: overal waar zij kwamen stichtten zij christelijke gemeenschappen en ze lieten aan anderen de zorg over om ze voor te zitten en de sacramentele taken te vervullen. De apostel Paulus, bijvoorbeeld, diende slechts zelden zelf het doopsel toe, want, zo zei hij, 'Christus heeft mij niet gezonden om te dopen. Hij heeft mij gezonden om het evangelie te verkondigen' (1 Kor. 1:14-17) en een document uit de tijd die volgde op die van de apostelen, de *Didache*, die dateert van het einde van de 1ᵉ eeuw, licht dit toe: 'Ge moet elke apostel die bij u komt ontvangen als de Heer, maar hij moet slechts één dag blijven, of een tweede als dat nodig is; als hij drie dagen blijft, is hij een valse profeet' (11:4-5). Nadat Petrus en de andere leden van het college van de Twaalf de leiding van de kerk van Jeruzalem in andere handen hadden overgegeven, hebben ze meer rondreizend hun taak vervuld en geen enkel oud document zegt ons dat er apostelen persoonlijk aan het hoofd van een kerk hebben gestaan. Met name sint Ireneüs van Lyon beschrijft in de 2ᵉ eeuw de taak van de apostelen als een taak van stichten en bouwen: 'De zalige apostelen vertrouwden, nadat ze de Kerk hadden gebouwd en gesticht, aan Lonus de taak van het episcopaat toe ... Anacletus volgt hem op. Na hem valt als derde vanaf de apostelen het episcopaat te beurt aan Clemens' (Adv. Haer. 3:3).

Er wordt een duidelijk onderscheid gemaakt tussen het apostolaat – een reizend en universeel getuigenis – en het bisschoppelijk ambt, dat een sacramentele, administratieve en *plaatselijke* functie is[2].

De Handelingen en de brieven van Paulus schijnen een zekere collegialiteit in de leiding van de kerken te veronderstellen: men spreekt van *episkopoi* (opzichters), van *presbuteroi* (ouderen), van *prohistamenoi* (voorzitters). Maar op het einde van de 1ᵉ eeuw staat er slechts één persoon aan het hoofd van elke kerk, de *episkopos* of bisschop. Was dat een omwenteling in de structuur van de Kerk? Zeker niet, want onder de christenen van de 1ᵉ eeuw is er geen enkel protest opgegaan tegen de instelling van het monarchisch episcopaat, temeer

---

[2] Zie over dit onderwerp Jean Colson, *L'évêque dans les communautés primitives – Tradition paulinienne et tradition johannique de l'épiscopat des origines à saint Irenée*, Parijs 1951.

omdat ook de sacramentele structuur van de primitieve christelijke bijeenkomst heel vanzelfsprekend één enkele leider veronderstelde.

Heel het leven van de gemeenschappen was dan ook geconcentreerd rond de eucharistische viering; deze moet nu noodzakelijk worden voorgezeten door één persoon, die de taak vervult van de Heer. Deze functie van voorzitter had Petrus te Jeruzalem vervuld. Welnu, alle plaatselijke kerken die de apostelen gesticht hadden waren wezenlijk identiek aan die van Jeruzalem en ze beeldden dezelfde gemeenschaps- en eschatologische werkelijkheid uit: deze primitieve gemeenschap, zoals ze beschreven werd in de eerste twaalf hoofdstukken van de Handelingen, diende als onaantastbaar voorbeeld voor alle andere; had Petrus, toen hij te Jeruzalem verhaalde over het doopsel van Cornelius en andere heidenen, niet verkondigd dat 'de heilige Geest over hen was gekomen, zoals over ons in het begin?' (Hand. 11:15; Vgl. 10:44-47; 11:17). Ook de eerste en voornaamste getuige van het monarchisch episcopaat, sint Ignatius van Antiochië (eind 1ᵉ eeuw) beschrijft ons een christelijke kerk, van Magnesia of van Smyrna; ze heeft één enkele bisschop – beeld van God – en rondom hem, zoals te Jeruzalem, het college van de apostelen vertegenwoordigd door het presbyterium: 'Ik smeek er u om, doet toch alles in de goddelijke eendracht onder leiding van de bisschop die de plaats van God inneemt, van de presbyters die de plaats van de senaat der apostelen bezetten en van de diakens, die mij zo dierbaar zijn, aan wie de dienst van Jezus Christus is toevertrouwd' (Magn. 6:1). 'Dat allen de diakens eren als Jezus Christus, evenals de bisschop, die het beeld is van de Vader en de presbyters als de senaat van God en als de vergadering van de apostelen' (Trall. 3:1)[3].

....

[3] Zie vooral O. Culmann, *Les sacraments dans l'évangile johannique –*

De kern van de ecclesiologie van sint Ignatiatius is dat hij de plaatselijke kerk niet beschouwt als een *deel* van de hele Kerk, maar als de totaliteit die geleid wordt door Jezus Christus en *alle* apostelen. Wanneer er voor sint Ignatius een 'apostolische successie' in de Kerk is, dan bevindt zich deze in het collegiale ambt van de presbyters. Het ambt van de bisschop moet een weergave zijn van de Vader, Hij moet de oorsprong en het enige middelpunt zijn van de kerkelijke eenheid, zoals de Vader de oorsprong is van de godheid.

Het bisschopsambt, dat in de hoogste mate persoonlijk is, werd van de andere kant in de primitieve Kerk beschouwd als een voortzetting, in elke kerk, van het ambt dat Petrus te Jeruzalem vervuld had. In deze zin verklaarde men de woorden die Christus op de weg van Cesarea tot Simon Petrus gericht had. De grote promotor van deze gedachte was in de 3e eeuw sint Cyprianus, bisschop van Carthago: voor sint Cyprianus is het episcopaat één krachtens de eenheid in geloof – het geloof van Petrus – van alle kerken, en alle bisschoppen zetelen op de *cathedra una*, de éne leerstoel, die van Petrus die dit ware geloof belijdt[4]. Omdat de bisschop in de christelijke bijeenkomst de Heer vertegenwoordigt, treedt hij niet alleen op als de offeraar van de Eucharistie, maar ook als de leraar die de ware leer onderricht.

In een duidelijke hiërarchische ordening blijft de primitieve christelijke samenleving altijd en overal een sacramenteel en gemeenschapskarakter dragen.

De eucharistische zondagsbijeenkomst, de gemeenschappelijke maaltijd die ten doel had het toekomstig feestmaal aan

---

La vie de Jésus et le culte de l'Église primitive, Parijs 1951.

[4] Over deze ecclesiologie van sint Cyprianus, zie A. D'Ales, *La théologie de saint Cyprien*, Parijs 1922; D. de Labriolle in het voorwoord op *De unitate* van sint Cyprianus, coll. 'Unam sanctam' 9, Parijs 1942; P.-Th. Camelot, *Saint Cyprien et la primauté*, in *Istina* 1957, n. 4.

te kondigen en vooraf uit te beelden, was het ogenblik waarop de Kerk ten volle Kerk werd: daar was men in gemeenschap met de Heer, daar doopte men ook, daar onderrichtte men, daar koos men bisschoppen en presbyters; daar kwamen de naburige bisschoppen de nieuwgekozen bisschop wijden voor zijn ambt; daar vond men ook samen de oplossing voor de problemen die zich in de gemeenschap voordeden. Niets, zelfs de vervolgingen niet, kon de christenen afhouden van de deelname aan de zondagse maaltijd; de bijeenkomsten van dikwijls talrijke christenen werden gemakkelijk door de politie ontdekt en het gemeenschapskarakter van de *religio illicita* (verboden godsdienst) maakte deze laatste uiterst kwetsbaar. De christenen bleven echter doorgaan met hun eredienst en ze vervingen deze niet door een meer individueel en vergeestelijkt gebed: ze zagen in dit gemeenschapskarakter tot de kerk zelf van hun geloof. Zoals de gemeenschap van Jeruzalem 'legden zij zich ernstig toe op de leer der apostelen, bleven trouw aan het gemeenschappelijk elven en ijverig in het breken van het brood en het gebed' (Hand. 2:42): ze konden er niet bij ontbreken zonder de weg van het nieuw verbond te overtreden.

Zeker, een verstandig historicus zal het primitieve christendom niet idealiseren en zich niet verbeelden dat alle christenen van toen in alle opzichten volmaakt waren. Niettemin bleven, zolang de Kerk een kleine minderheid was en zolang het lidmaatschap van het nieuw Israël een zeker risico en in ieder geval een bewuste belijdenis van het geloof inhield, bepaalde *normen* van het kerkelijk leven meer vitaal. In dit opzicht – en alleen in dit opzicht – kan de Kerk van de eerste drie eeuwen beschouwd worden als de gouden tijd van de christelijke godsdienst en ook, binnen zekere grenzen, als normatief.

We kunnen bij deze boeiende periode niet lang blijven stilstaan, we hebben alleen op enkele bijzondere aspecten willen wijzen wegens hun belang voor de verdere geschiedenis van de Kerk.

2
HET CHRISTELIJKE KEIZERRIJK EN DE KERK
DE OECUMENISCHE CONCILIES

Gedurende drie eeuwen had het Romeinse Rijk tegenover het christendom een vijandige houding aangenomen die varieerde van een goedmoedige of minachtende tolerantie tot de meest uitgesproken en heftige vervolging. Toch hadden de eerste christelijke predikers dit rijk met eerbied bejegend; zij hadden er zelfs zekere verwachtingen over gekoesterd door het op natuurlijk plan een opvoedende taak toe te kennen, voor zover het rijk van God op aarde nog niet verwerkelijkt was: 'Ieder mens moet zich onderwerpen aan de gezagsdragers die boven hen staan, want er is geen gezag dan van God. Ook het bestaande gezag is door God ingesteld... De overheden zijn niet de duchten bij een goede, wel bij een slechte daad. Wilt gij dus zonder vrees voor het gezag leven, doe het goede en het gezag zal u prijzen. Want de overheid staat in dienst van God tot uw welzijn' (Rom. 13:1-4).

Deze verwachtingen werden helaas niet vervuld, want de overheid 'in dienst van God tot uw welzijn' vroeg aan de leerlingen van Christus om hun meester te verzaken en rechtvaardigde aldus de vervloekingen die de latere Bijbelse auteurs over haar uitspraken (Apoc. 14:5; 16:19-20; 18:9-14). Al was de politiek-godsdienstige leer van de romeinse staat tegelijk totalitair en syncretistisch, ze kon zich niet verzoenen met het absolute karakter van het evangelie, omdat dit de keizerlijke macht uit de goddelijke sfeer haalde en zich volkomen intolerant toonde tegenover de andere erediensten van het Pantheon. Omdat de christenen aldus elke godsdienstige basis aan het keizerrijk ontzegden, werden ze niet alleen religieuze maar ook politieke misdadigers en de wet proclameerde: *Non licet esse christianos* (het is niet geoorloofd christen te zijn).

De grondige verandering die in de 4e eeuw plaats vond in de betrekkingen tussen de christelijke kerk en de Romeinse staat maakt dat men sindsdien steeds de vraag stelt wat in de Kerk en de staat het gevolg van deze verandering is geweest. Heeft de staat zijn structuur en om zo te zeggen zijn 'filosofie' veranderd door een einde te maken aan de vervolging van de christenen? Of was er iets in de Kerk veranderd? Sinds de middeleeuwen werd het bij de christenen traditie de keizers te zien in een schema, waarin zij van vervolgers plotseling de volledig gelijken der apostelen werden, die in alles een absolute trouw aan het evangelie manifesteerden. De liberale en vooral de vrijzinnig-protestantse wetenschap van de 19[e] eeuw beweerde daarentegen dat het christendom zelf in de 4[e] eeuw onder staatsbeheer kwam en zozeer verheidenst werd dat het bijna verraad pleegde aan de boodschap van de apostelen. De historische waarheid ligt feitelijk in het midden van deze uiterste meningen.

Keizer Constantijn verleende een aantal privileges aan de Kerk, maar werd zelf pas christen op zijn sterfbed. Zolang hij regeerde bleef hij in grote trekken trouw aan de syncretistische beginselen die hij van zijn vader geërfd had en tegelijk beleed hij de christelijke grondbeginselen: het christelijk monotheïsme kwam bij hem in de plaats van het zonne-monotheïsme als uiterste punt van overeenkomst van alle erediensten en godsdiensten. In veel opzichten was deze houding van christelijk standpunt gezien aanvaardbaar, te meer omdat de persoonlijke ontwikkeling van Constantijn en zijn opvolgers duidelijk in de richting ging van een steeds grotere getrouwheid aan de leer van de Kerk. Deze ontwikkeling moest geleidelijk voeren tot wat men het 'christelijk keizerrijk' noemt, waarvan de soeverein de officiële titel van 'gelovige koning in Christus-God' voert en langzamerhand de christelijke leer in zijn bestuurssysteem doet binnendringen. Van de 4^e tot d^e 6e eeuw verleenden de keizers – Constantijn zelf en vooral Theodosius en Justinianus – aan de Kerk verschillende privileges, ze gaven haar een deel van de rechterlijke macht en ze verleenden haar het monopolie van de weldadigheid; op de heilige plaatsen van de christenen en op de graven van de martelaren bouwden zij prachtige kerken en in hun nieuwe hoofdstad – Constantinopel, het nieuwe Rome – bouwden ze kerken, niet meer toegewijd aan de Overwinning of aan de Gerechtigheid, zoals hun heidense voorgangers dat gedaan zouden hebben, maar aan Christus-Wijsheid (Hagia Sophia) of aan de Goddelijke Vrede (Hagia Irene).

Door de nieuwe godsdienst aan te nemen en door te trachten deze meer en meer tot basis van hun beleid te maken, wilden de keizers blijkbaar een nieuwe bezieling aan de staat geven en vooral de eenheid van het rijk veilig stellen. Geruggesteund door de bescherming van de keizer nam het christendom steeds grotere massa's van de bevolking in zich op en toen Justinianus in 529 de laatste heidense universiteit, die van Athene, sloot, kon hij zich ten slotte beschouwen als het hoofd van een geheel christelijke staat: de grenzen van zijn politieke macht vielen samen met die van de Kerk. Het hele volk van God werd beschouwd als verenigd onder de scepter van één soeverein: er waren niet meer een Kerk en een staat die hun wederkerige betrekkingen moesten regelen, maar er was één maatschappij waarbinnen twee parallel lopende hiërarchieën bestonden, de kerkelijke en de politieke, deze laatste met de keizer als hoofd[1].

---

[1] Over de theocratische opvattingen van Justinianus, zie A. Schme-

De staat van de christenheid werd aldus in het Oosten in praktisch dezelfde termen omschreven als in het Westen tijdens de middeleeuwen, met dit verschil, dat in het Oosten niemand er in geslaagd is de tijdelijke en de geestelijke macht in zijn hand te verenigen, zoals de pausen dat in het Westen zouden doen.

De Byzantijnse keizers hebben, te beginnen met Justinianus, wel enkele pogingen in deze richting gedaan. De politiek-godsdienstige eenheid die zij droomden te verwezenlijken, werd voortduren verbroken door dogmatische geschillen: de universele Kerk, waarvan zij de steunpilaar van het rijk hadden gemaakt, was nu eens door de ariaanse twisten, dan weer door de eindeloze christologische geschillen verdeeld. Om de eenheid te herstellen, namen de keizers hun toevlucht tot het houden van concilies, maar bij deze methode ontbrak het in hun ogen dikwijls aan snelheid en duidelijkheid; vanaf Justinianus begaven zij zich op de gevaarlijke weg van edicten over het geloof. Toen zagen ze zich voor het feit geplaatst, dat de Kerk hun geen leerstellige onfeilbaarheid toekende.

Justinianus en zijn opvolgers waren overigens te goede theologen om hun taak als een formeel cesaropapisme op te vatten. Het uitgangspunt van hun handelwijze is de zesde novelle van Justinianus, daterend van 16 maart 535: 'De grootste gaven die God aan de mensen geschonken heeft zijn het priesterschap en het keizerschap, het priesterschap voor de dienst van de goddelijke dingen, het keizerschap voor de orde van de menselijke dingen'. Het beoogde doel was een overeenstemming, een harmonie, tussen deze twee instellingen en niet een bevoogding van de ene door de andere. Deze harmonisering heeft nooit een scherpe juridische formule

....

mann, *De historische weg van de orthodoxie* (in het Russisch) New York 1954, p. 185v; vgl. van dezelfde auteur: *La théocratie byzantine et l'Église orthodoxe* in *Dieu vivant* n. 25.

gevonden; meer door een bepaalde mentaliteit dan door een bestuurssysteem was het mogelijk dat bepaalde keizers eigenmachtig optraden, maar de Kerk werd niet formeel aan de staat ondergeschikt gemaakt. De Byzantijnse kerk heeft altijd, en vooral na de 9ᵉ eeuw, patriarchen opgeleverd die in staat waren het hoofd te bieden aan de keizerlijke willekeur en de mistoestanden die door sommige keizers veroorzaakt en door enkele zwakkere prelaten aanvaard werden, waren bijna steeds het object van een latere kerkelijke veroordeling.

In de christelijke leer bestond feitelijk geen grond waarop men ook slechts zijdelings de macht van de keizers op godsdienstig gebied kon rechtvaardigen. Het sacrale karakter dat de keizerlijke macht in de heidense tijd had gehad kon in het christelijk keizerrijk hoogstens voortleven als een houding van het volk en een archaïsme. En toch beschouwde men de keizer, in zoverre hij regeerde over een in theorie christelijk rijk, in zoverre zijn macht theoretisch universeel was en de eveneens universele Kerk zijn steun en bescherming had aanvaard, als de uitverkorene van God, de weerglans op aarde van de hemelse macht van Christus en men paste in hofceremonies de Bijbelse titels op hem toe van de joodse koningen van het oude testament.

Dit alles – de verhouding tussen de keizer en de kerkelijke hiërarchie, de verhouding tussen staat en Kerk – bleef in de grond vrij onduidelijk. Deze onduidelijkheid en dit pragmatisme getuigen van een positief feit: de zin voor de fundamentele wankelheid van de betrekkingen tussen de Kerk en de wereld, het rijk van God en dat van de gevallen wereld was niet geheel verloren gegaan. Het wankele evenwicht dat in de eerste eeuwen van het christelijke keizerrijk bereikt was, ging pas te loor door het optreden van de eerste iconoclastische keizers, Leo III (717 – 741) en Constantijn V (741 – 775). Onder de keizers van het Oost-Romeinse Rijk waren zij de enigen die aanspraak maakten op de hoogste macht op tijdelijk en geestelijk gebied. In hun strijd tegen de beelden, trachtten ze alle uitingen van het godsdienstig leven onder hun macht te brengen en een werkelijk totalitaire theocratie te Byzantium te vestigen. Ongetwijfeld hadden ze bewust of onbewust op dit terrein de invloed ondergaan van de mohammedaanse kaliefen: men weet dat de islam, het volk van God, immers helemaal geen onderscheid kent tussen het tijdelijke en het geestelijke, tussen de kerk en staat. Constantijn V wilde zich daarom de titel 'koning en priester' (*basileus kai hiereus*) geven en de daden van willekeur, die reeds door Justinianus begonnen waren, doorzetten tot hun logische conclusie, namelijk het aardse rijk te beschouwen als een nauwkeurige uitbeelding van het rijk der hemelen.

Na een crisis van meer dan een eeuw (725 - 843) leden de iconoclasten te Byzantium een volkomen nederlaag. Opnieuw kwam er een evenwicht tussen Kerk en staat: later zullen we zien dat dit zelfs definitief geconsolideerd werd: ondanks de meest fantastische vooroordelen die omtrent het Byzantijnse cesaropapisme nog altijd stand houden en gevoed worden, zouden de keizers van het nieuwe Rome vanaf de 9e eeuw geen enkele mogelijkheid meer bezitten om op leerstellig gebied hun wil aan de Kerk op te leggen; de weinige pogingen van korte duur, die de Komnenen en vooral de Paleologen in deze richting zouden doen, zouden alle eindigen in een snelle nederlaag en ze zijn in niets te vergelijken met de geloofsdecreten van Justinianus, Zeno of Heraclius in de 6e en 7e eeuw.

De ware erfgenaam van het christelijk keizerrijk dat na de bekering van Constantijn geleidelijk tot stand kwam, is dus niet het cesaropapisme maar de christelijke maatschappij: het rijk en de Kerk vormden geen twee gemeenschappen meer, maar slechts de éne christelijke samenleving (*christeponumon politeuma*), de rechtgelovige *oikoumene*, waarvan de politieke en de godsdienstige machten slechts twee elkaar aanvullende aspecten waren. Deze toestand hield een groot gevaar in: men dreigde te vergeten dat het rijk van God, dat in de Kerk tegenwoordig is, een werkelijkheid is *die nog komen moet*, die aangekondigd en uitgebeeld wordt door de sacramenten en niet door het keizerrijk. De Kerk reageerde vanuit haar inwendig bewustzijn op verschillende manieren op dit gevaar, maar vooral door wezenlijke veranderingen in haar liturgische gebruiken en door het ontstaan van het monnikenwezen.

Vóór de 4[e] eeuw was de christelijke eredienst de eredienst van een vervolgde minderheid: deze uiterlijke omstandigheid hielp de christenen om het volkomen gemeenschapskarakter van hun liturgie te begrijpen en te verwezenlijken. Alleen de ware christenen, zij die bereid waren het evangelie in zijn volledigheid en in vol bewustzijn te aanvaarden, waren lid van de Kerk. De christelijke eredienst was het mysterie van de verzamelde gemeente. Vanaf de 4[e] eeuw werd hij langzamerhand de cultus van het priesterkoor. Kon het anders vanaf het ogenblik dat hij gevierd werd in de geweldige basilieken die Constantijn overal in het rijk liet bouwen, in de 'grote kerk' de Hagia Sophia, die tienduizenden gelovigen kon bevatten? Deze gelovigen waren zich bovendien nu bewust dat ze tot een bevoorrechte godsdienst behoorden, tot een rijkschristenheid en niet meer tot een gemeenschap die door 'de wereld' gehaat werd.

De Kerk had haar leer over de 'wereld' en haar bewustzijn van 'niet van de wereld te zijn' niet wezenlijk veranderd. In de nieuwe situatie waarin ze zich bevond, kon ze niet anders dan met nieuwe middelen het christelijk mysterie beschermen: vroeger had ze aan de niet-gedoopten de toegang tot de *kerk* ontzegd, in het vervolg zou ze de leken, waarvan velen alleen maar voor de vorm gedoopt waren, de toegang tot het *priesterkoor* verbieden ... De liturgie werd stilaan een 'officie', gezongen door de clerus in 'tegenwoordigheid' van het volk.

De prediking, de theologie, de symbolen legden voortaan de nadruk op het schrikwekkende mysterie van de tegenwoordigheid van God in de Kerk, op de gevaren van een 'onwaardig' deelnemen aan dit mysterie, aan de 'bemiddelende' rol die de clerus speelt om de mensen tot deze deelname te brengen.

Deze ontwikkeling in het kerkelijk bewustzijn, die ongetwijfeld enige wezenlijke aspecten van de christelijke eredienst op de achtergrond plaatste zonder ze te ontkennen, deze ontwikkeling was niettemin noodzakelijk in zoverre ze erin slaagde in de Kerk de zin voor het heilige te bewaren. Dit was hoognodig in een tijd waarin men algemeen het heilige en het profane slecht wist te onderscheiden. Terwijl de Kerk door de staat geadopteerd, beschermd en benut werd, handhaafde ze haar leer dat haar ware Heer de Koning was die nog komen moest en die zich nu nog slechts openbaarde in de versluiering van het sacrament.

Maar sommige christenen gingen nog verder. Zij wezen de nieuwe christelijke maatschappij geheel af; zij verlieten ze en gingen in de woestijn de bovennatuurlijke en eschatologische aard van de Kerk gestalte geven.

Het kan op het eerste gezicht verwonderlijk lijken, dat de Kerk in de eerste drie eeuwen geen monniken in de strikte zin van het woord gekend heeft. Tegenwoordig weet men hoe dicht de eerste christelijke gemeenschap in haar liturgie, haar organisatie en haar structuur bij het jodendom van die tijd stond, waartoe de apostelen allen hadden behoord. Het jodendom nu bezat een lange eremitische traditie die juist in de tijd van Christus een grote vernieuwing beleefd had: sint Johannes de Doper was daarvan de voornaamste vertegenwoordiger en later zagen de monniken in hem hun grote voorbeeld. Had de Heer zelf zich niet in de woestijn teruggetrokken voor een vasten van veertig dagen alvorens zijn taak te beginnen? Het nieuw verbond werd het eerst in de woestijn verkondigd als om goed te laten uitkomen dat aan de geschiedenis een nieuw begin werd gegeven en dat het nieuwe Jeruzalem niet te vergelijken was met het oude. Wanneer de eerste christelijken dit voorbeeld niet letterlijk volgden, dan dezen zij dit in het bewustzijn, dat overal waar hun gemeenschap zich vestigde, deze door een vijandige woestijn omgeven was. Het contrast tussen de Kerk en de wereld was voor hen zo duidelijk dat zij dit niet hoefden te onderlijnen door een bijzondere levenswijze: hun bestaan zelf was een profetische boodschap van het rijk dat komen zou.

Pas toen de vrede tussen het rijk en de Kerk getekend was, vluchtten de christenen *bij duizenden* naar de woestijn[2]. Sommigen leefden er afgezonderd, anderen vormden er gemeenschappen en zochten het ideaal te verwezenlijken dat reeds vorm gekregen had in de primitieve gemeenschap van Jeruzalem: 'Zij bezaten alles gemeenschappelijk; ze waren gewoon hun bezittingen en goederen te verkopen en die onder allen te verdelen naar ieders behoefte' (Hand. 2:44-45). In het bewustzijn van in de christelijke kerk een profetische taak te vervullen, beoefenden zij die men weldra monniken zou noemen de kuisheid: was hun taak niet de *bovennatuurlijk* aard van het rijk van God te verkonden? In dit rijk nu 'is er sprake meer van huwen of ten huwelijk gegeven worden, maar men zal zijn als de engelen Gods in de hemel' (Mat. 22:30). Hun voortdurende bezigheid was het gebed, de psalmodie in de gemeenschappen, het 'zuivere' of 'monologische' gebed bij de eremieten. Spoedig vestigden zich ook monniken in de steden en daar wilden ze in het hart van de nieuwe maatschappij getuigen voor de totale instelling op het eschatologische.

Er was veel afdwaling en bederf onder het monnikenwezen, maar het gros van de christelijke monniken bleef trouw

---

[2] Zie over dit onderwerp de zeer suggestieve bladzijden van L. Bouyer, *La vie de saint Antoine*, Abbaye de Saint-Wandrille 1950, p. 7-11.

aan de leer, de sacramentele en hiërarchische structuur van de Kerk en het werd in feite een blijvende instelling; het wist gedurende heel de middeleeuwen zowel in het Oosten als in het Westen de elite van de christelijke maatschappij tot zich te trekken. Het gevolg daarvan was dat in het Oosten vanaf de 6^e eeuw het bisschopsambt voorbehouden bleef aan de monniken en dat in het Westen het ideaal van het monastieke celibaat later uitgebreid werd tot de hele clerus. Het morele gezag van de monniken vormde anderzijds de beteugeling voor een te veel opgaan in de staat, waarvoor de Kerk soms gevaar liep. Onder hen leefde de grote traditie van mystiek en heiligheid voort, die door alle eeuwen heen het geestelijk leven van de Kerk van het Oosten bevrucht heeft.

Het ontstaan van de christelijke staat in de Grieks-Romeinse wereld van de 4^e eeuw maakte geen einde aan de leerstellige twisten die de eerste eeuwen van het christendom reeds gekend hadden. De regering van Constantijn en die van zijn opvolgers viel samen met de ariaanse crisis; deze werd bijna op de voet gevolgd door de christologische twisten en ten slotte werd het rijk van het Oosten in de 8^e eeuw geschokt door de grote beeldenstrijd.

Vóór Constantijn had de Kerk met haar eigen krachten de schisma's en ketterijen weten te bestrijden: iedere bisschop oefende in zijn eigen kerk een leergezag uit en 'zetelde op de stoel van Petrus'. Het kwam dus aan hem toe om de twisten over het geloof te beslechten en de ketters te veroordelen. Het gebeurde echter dat onenigheden onder bisschoppen of de verbreiding van een ketterij een nog plechtiger getuigenis voor de christelijke waarheid noodzakelijk maakten en dit getuigenis werd gegeven door de concilies. Wei8o-= gebruiken hier welbewust het woord 'getuigenis' om de ware betekenis van deze vergaderingen aan te geven; als mensen aan wie dezelfde genade in hum ambt werd toevertrouwd verenigden de bisschoppen zich niet om iets toe te voegen aan de genade die ieder van hen in volheid bezat – *in solidum* volgens een uitdrukking van sint Cyprianus van Carthago – maar om getuigenis af te leggen van hun eenstemmigheid in de ware leer. Daarom volgden de concilies in leerstellige kwesties nooit de procedure van de moderne parlementaire vergaderingen: het was er immers niet om te doen de opvatting van een meerderheid te doen zegevieren, maar om allen de geopenbaarde ware leer te doen aannemen. Hoeveel ketterse meerderheden – arianen, monofysieten, iconoclasten – hebben geen 'valse concilies' gehouden? Het feit alleen van de meerderheid kon dus niet als een onfeilbare maatstaf aanvaard worden en de Kerk gaf ten slotte gelijk aan een sint Athanasius of een sint Maximus, al hadden dezen op een gegeven ogenblik bijna alleen gestaan in hun verdedigen van de waarheid. De valse concilies hebben echter nooit schade toegebracht aan het gezag van het concilie als instelling, evenmin als de ketterse bisschoppen ooit het gezag van het episcopaat hebben geschokt: de bisschoppen waren zonder ooit, afzonderlijk of in concilie verenigd, als onfeilbaar te worden beschouwd, de normale getuigen van de ware leer en zij waren noodzakelijkerwijs de getuigen van de eindoverwinning van de rechtgelovigheid op de ketterij. Na tijdelijke successen van de ketterij herstelden de concilies, waarop de rechtgelovige eenstemmigheid aan het licht trad, de geopenbaarde waarheid.

Deze kerkelijke normen werden in de 4^e eeuw, evenals daarvoor, algemeen aanvaard. De steun van de keizer maakte echter een regelmatiger, veelvuldiger en universeler functioneren van het instituut van het concilie mogelijk. Zo besloot Constantijn, verontrust door de afmetingen die de ariaanse crisis aannam, een 'oecumenisch' concilie bijeen te roepen dat het episcopaat van heel de 'bewoonde wereld' zou samenbrengen.

Twee belangrijke elementen onderscheiden de oecumenische concilies van die welke vóór Constantijn gehouden waren: ze waren bijeengeroepen door de keizer en hun beslissingen werden beschouwd als wetten van het christelijk keizerrijk. De Kerk had weliswaar verplichtingen op zich genomen jegens het rijk, maar dit had op zijn beurt de verantwoordelijkheid op zich genomen om het ware geloof te beschermen; in deze omstandigheden was het vanzelfsprekend dat de keizer een duidelijke omschrijving van dit geloof vorderde, zodat hij het politieke en rechterlijke apparaat van de staat in de dienst daarvan kon stellen. Dit was de eigen taak van de oecumenische concilies, van de kant van de staat uit gezien.

De Kerk en de traditie hebben zich feitelijk nooit volledig naar het kader van deze keizerlijke belangen gevoegd: de oecumenische concilies werden op geen enkel ogenblik automatische organan van een leerstellige onfeilbaarheid. Zelden kregen ze de onmiddellijke instemming van heel de Kerk: het eerste concilie, dat van Nicea (325) werd gedurende bijna een halve eeuw verworpen voordat het eindelijk door allen werd aanvaard en tot symbool werd van het oecumenisch concilie bij uitstek. Eenmaal werd een concilie, dat van Efese (449), dat formeel vergaderde als oecumenisch, verworpen en het ging de geschiedenis in onder de naam van de 'Roverssynode'. Wat het oecumenisch concilie van Chalcedon (451) betreft: het kwam bijeen onder uitzonderlijke omstandigheden van vrijheid, het was bijzonder representatief voor de verschillende theologische stromingen en naar het scheen in staat om er een samenhangende synthese van te maken, maar het werd nooit erkend door de niet-Griekse delen van het Oost-Romeinse Rijk.

Een westerling van tegenwoordig is tamelijk ontgoocheld bij het zien van dit ontbreken van precisie en van normen: als hij katholiek is, is hij gewend de traditie op te vatten binnen de begrenzing van het leergezag van Rome en als hij protestant is binnen de Schrift alleen; hij kan moeilijk begrijpen hoe de kerkelijke continuïteit zich vermag uit te drukken in de kronkelpaden van de dogmatische geschillen; hij geeft de voorkeur aan de tastbare zekerheid die in het Westen geschapen werd door het pausdom van de middeleeuwen of hij vlucht in het beginsel van het *sola scriptura* (alleen de Schrift). De katholiek zal overwegen, dat een 'dogmatische ontwikkeling' nodig was om een beetje orde te scheppen in de chaos van de eerste eeuwen en om een rooms leergezag expliciet te maken dat de kerkvaders slechts impliciet hadden erkend; de protestant zal over het algemeen de basis van de dogmatische geschillen zelf verwerpen in zoverre de aanhangers daarvan zich volgens hem van de geschreven openbaring verwijderd hebben. De orthodoxe historicus ziet in de geschiedenis van de concilies een klaarblijkelijk getuigenis van de trouw van Christus aan zijn kerk: een wonderbare trouw die door geen enkele instelling juridisch gepreciseerd of op een uitputtende wijze uitgedrukt wordt. Zeker, de theologiehandboeken spreken over de onfeilbaarheid van de oecumenische concilies: en toch is het evident dat verschillende concilies die thans als oecumenisch erkend worden deze erkenning niet automatisch verkregen hebben en dat andere die formeel bestemd waren om oecumenisch te worden, werden verworpen. De Russische theologen van de negentiende eeuw, vooral A.S. Khomiakov, hebben zeer veel nadruk gelegd op de belangrijkheid van dit 'aanvaarden' door de hele Kerk van de conciliaire beslissingen en ze zijn niet de eersten geweest die dit gedaan hebben. Maar het is onjuist deze opvatting van het aanvaarden van de concilies te stellen tegenover de leer van hun onfeilbaarheid: een oecumenisch concilie dat werkelijk representatief is en in de naam van Christus verenigd is, ontvangt zeker zijn inspiratie van de Geest en is onfeilbaar. Maar het komt aan de Geest en aan de door Hem geleide Kerk toe om uit te maken of een oecumenische vergadering werkelijk haar opdracht vervuld heeft. Het concilie is niet een orgaan dat buiten het lichaam van de kerk staat. Uiteindelijk heeft de onfeilbaarheid van de Kerk steeds als enige drager de Geest van Waarheid die rust op het gehele kerkelijke organisme: dit organisme heeft zijn eigen wet de wet van de Geest en zijn eigen structuur, de hiërarchische structuur van de Kerk en beide zijn onderworpen aan de bewuste en persoonlijke belijdenis, door allen en in alles, van het ware geloof.

Historisch gezien is de tijd van de oecumenische concilies voor de orthodoxen een *normatieve* tijd: toen immers en niet in een latere periode (zoals dat het geval is met de Westerse christenheid) werd de dogmatische en canonieke vormgeving van hun geloof zoals wij dat nu kennen voor een groot deel vastgelegd.

De Orthodoxe Kerk erkent zeven concilies als oecumenisch:

1. *Het concilie van Nicea* (325) dat Arius veroordeelde en de mensgeworden Zoon van God als wezensgelijk met de Vader definieerde.
2. *Het concilie van Constantinopel* (381) dat een eind maakte aan de naweeën van de ariaanse crisis: de bronnen van de volgende eeuw schrijven eveneens aan dit concilie het aanvaarden toe van de zogenaamde geloofsbelijdenis van Nicea-Constantinopel, ons Credo.
3. *Het concilie van Efese* (431) dat de ketterij van Nestorius veroordeelde en verklaarde dat er in Christus geen twee personen naast elkaar stonden – God en een mens die Jezus heette – maar dat de godheid en de mensheid hypostatisch, dat wil zeggen in één persoon verenigd waren, de persoon van het Woord, Zoon van God. Daarom is Maria de moeder van Jezus, moeder van God (*Theotokos*).
4. *Het concilie van Chalcedon* (451) dat bij het aanvaarden van één persoon in Jezus Christus de monofysieten veroordeelde: deze laatsten wilden geen onderscheid maken tussen de persoon (*hypostasis*) en de natuur (*physis*): als

Christus één persoon is, zo beweerden zij, dan kan Hij geen twee naturen hebben, maar slechts één, de goddelijke. Het concilie hield staande dat er twee naturen in de ene persoon van het Woord zijn en dat deze naturen verenigd zijn 'zonder in elkaar over te gaan, elkaar te wijzigen, te verdelen of te scheiden'. Talrijke niet-Griekse Oosterse kerken (kopten, Ethiopiërs, Syrische jacobieten, Armeniërs) scheidden zich toen van de orthodoxe kerk af en namen monofysitische geloofsbelijdenissen aan.

5. *Het concilie van Constantinopel* (553) gedurende welke keizer Justinianus aan de monofysieten, die hij tot de Kerk wilde terugbrengen, wilde bewijzen dat het concilie van Chalcedon niet in het nestorianisme vervallen was. Daarom haalde hij dit nieuwe concilie over om drie theologen uit de 5e eeuw te veroordelen (de 'Drie Kapittels'), die verdacht waren van nestoriaanse neigingen.

6. *Het concilie van Constantinopel* (680) dat een afwijkende vorm van het monofysitisme, het monotheletisme, veroordeelde; volgens het monotheletisme heeft Christus wel twee naturen, maar slechts één wil: de goddelijke wil. Het concilie stelde daartegenover dat de mensheid in Jezus Christus geen abstracte werkelijkheid is, maar dat deze zich uit in een eigen wil die vrij en in alles aan de goddelijke wil onderworpen is. Christus heeft dus twee willen.

7. *Het concilie van nicea* (784) dat zich uitsprak over de rechtgelovige leer over de beelden (iconen) die Christus en de heiligen voorstellen; de Zoon van God is werkelijk vlees en een echte mens geworden: Hij kan dus uitgebeeld worden, evenals de heiligen. Deze beelden moeten vereerd worden, want het werkelijk voorwerp van de verering is degene die ze voorstellen; maar ze kunnen niet het voorwerp worden van aanbidding (*latreia*) omdat men deze alleen voor God mag verrichten. De verering

van de beelden werd bestreden door verschillende 'iconoclastische' Byzantijnse keizers.

Het werk van de oecumenische concilies bleef niet beperkt tot dit zuiver dogmatische aspect van het kerkelijk leven: het betrof eveneens de structuur en het bestuur van de Kerk.

In de tijd vóór Constantijn bepaalde geen enkele nauwkeurige regel de onderlinge verhoudingen van de lokale kerken. Deze verhoudingen werden vóór alles bepaald door het bewustzijn van alle christenen, te behoren tot één enkele Heer en tot één enkele algemene Kerk. Deze eenheid kwam op praktische wijze tot uiting wanneer een kerk haar herder verloren had: bij de wijding van de nieuwe bisschop was de tegenwoordigheid van meerdere bisschoppen van naburige bisdommen noodzakelijk. Deze wijdingen boden de gelegenheid voor gemeenschappelijk beraad en zo werden de concilies van beperkte omvang spoedig een regelmatige instelling; de lokale kerken groepeerden zich aldus in provincies die over het algemeen samenvielen met de administratieve indelingen van het rijk. Gewoonlijk waren de bisschoppen van de grote steden, de leiders van rijke gemeenschappen met veel leden, de voorzitters van de concilies; zij oefenden over hun collega's geen bijzondere *macht* uit, maar ieder erkende hen *de facto* als een autoriteit. Hun stem gaf dikwijls de doorslag in de gemeenschappelijke beslissingen.

Deze situatie werd in juridische vorm bekrachtigd door de concilies van het Constantijns tijdperk: dat waren de *canons* van de Kerk.

De wetgeving van het concilie van Nicea (325) is er aldus helemaal op gericht het bestuur van de Kerk te harmoniëren met dat van de staat, die in het vervolg de christenen welgezind is: de plaatselijke kerken worden gegroepeerd binnen de grenzen van een burgerlijke provincie en de bisschop van de hoofdstad, de 'metropoliet', zal het provinciaal concilie, die voortaan regelmatig samenkomt, presideren. Van de andere kant maakt canon 6 een uitzondering ten gunste van drie bisschoppen, die van Rome, Alexandrië en Antiochië, wier gezag in 325 aanmerkelijk verder reikte dan de grenzen van een enkele provincie. Het concilie van Nicea verleent hun officieel het recht om de bisschopskeuzen in meerdere burgerlijke provincies te bekrachtigen. De enorme belangrijkheid van deze drie steden, verreweg de grootste van het rijk, gaf bij deze beslissing de doorslag. Later zal men canon 6 van Nicea trachten te verklaren door te verwijzen naar de *apostolische oorsprong* van de drie kerken: een objectieve historicus zal dit argument, waar het concilie overigens geen woord over zegt, niet handhagen, want het kan met meer recht gelden voor andere kerken, al was het alleen maar Jeruzalem; aan de bisschop van Jeruzalem wordt wel eer toegekend (canon 7), maar Nicea laat hem onder het gezag van de metropoliet van Cesarea in Palestina blijven.

Het tweede oecumenisch concilie (Constantinopel 381) maakt een dergelijke uitzondering ten gunste van de kerk van Constantinopel, dat het 'nieuwe Rome', de hoofdstad van het keizerrijk is geworden, terwijl het primaat van het oude Rome handhaaft (canon 3).

Nog later, vooral te Chalcedon (451), wordt het hele Romeinse Rijk verdeeld onder vijf *patriarchen* – Rome, Constantinopel, Alexandrië, Antiochië en Jeruzalem – die het privilegie hebben om voor te zitten bij de keuze van de provinciale metropolieten en deze op hun beurt wijden dan weer de bisschoppen van hun provincie[3]. De wetten van Justinianus

---

[3] Feitelijk nam men in ieder patriarchaat een verschillend statuut aan: met name de bisschop van Alexandrië had vanaf de 4e eeuw alle privilegies van metropolieten afgeschaft en hij wijdde zelf alle bisschoppen van de burgerlijke 'diocesen' van Egypte, Lybië en de Pantapolis.

spreken over de vijf patriarchaten als over de vijf zintuigen van het rijk.

Deze voortgaande ontwikkeling van het bestuursapparaat leverde ook moeilijkheden op: vanaf de 5ᵉ eeuw voelde men de kiem van een mogelijk conflict omtrent de juiste plaats van de kerk van Rome. Terwijl de oostersen – die op de oecumenische concilies altijd ver in de meerderheid waren – de algemeen erkende privilegies van Rome vooral baseerden op het numeriek gewicht van de kerk van Rome en op het feit dat Rome de hoofdstad van het rijk was, realiseerde men zich te Rome zelf dat deze interpretatie kon uitlopen op de volledige ondergang van het Romeins primaat: was Constantinopel niet de nieuwe hoofdstad en in staat om de glorie van de oude te doen verdwijnen? Van de andere kant was Rome de *enige* apostolische kerk van het Westen: de relieken van Petrus en Paulus werden er sinds lang vereerd: voor het christelijk Westen was het ontegenzeggelijk het centrum van het christendom. Daarom trachtten de pausen, vooral sint Leo de Grote (440-461) zich te verzetten tegen de steeds verder gaande verheffing van de zetel van Constantinopel. Ze slaagden daar maar een heel korte tijd in, want deze verheffing lag in de aard van de situatie. Daarom namen vanaf patriarch Johannes de Vastende (582-595) de bisschoppen van het nieuwe Rome de titel van 'oecumenisch patriarch' aan, een benaming die overigens slechts als eretitel bedoeld was en die er zeker niet op gericht was om het primaat van Rome op te heffen.

Hoe dan ook, het valt niet te ontkennen dat tegen de achtergrond van deze conflicten langzamerhand twee ecclesiologieën tegenover elkaar kwamen te staan die beide hun eigen interpretatie hadden van het primaat dat allen aan Rome toekenden. Volgens de ene groep was dit primaat rechtstreeks van apostolische oorsprong en dus van goddelijk recht; voor de anderen was het slechts een kerkrechtelijk primaat waarvan de concilies de nauwkeurige inhoud konden bepalen en dat in ieder geval niet uitgeoefend kon worden tenzij met toestemming en onder controle van de andere kerken. De wetgeving van de oecumenische concilies spreekt zich in deze kwestie ten gunste van de laatste interpretatie uit[4].

Het is ons niet mogelijk om langer bij de geschiedenis van deze concilies stil te staan en het is derhalve voldoende om hun betekenis voor de Orthodoxe Kerk aan te geven: latere kerkelijke schrijvers vergelijken ze met de zeven zuilen van de Wijsheid of met de zeven gaven van de Geest. Deze symbolische verklaringen, die aan het cijfer zeven verbonden zijn, hebben natuurlijk slechts een betrekkelijke waarde: ze bewijzen het aanzien dat de concilies in de traditie genoten, maar ze verschaffen geen objectief theologisch gegeven. Wanneer de Orthodoxe Kerk ook al geen enkele concilie als oecumenisch erkent buiten de zeven die we hebben opgenoemd, dan beweert ze daarmee nog niet dat haar leergezag zich beperkt tot een bepaald historisch tijdperk en ook niet dat andere concilies of andere getuigen van de traditie zoals de kerkvaders en de liturgische teksten geen authentiek getuigenis van de waarheid kunnen geven. Aldus hebben, zoals wij later zullen zien, regionale concilies die later algemene erkenning vonden, in de 14[e] eeuw de orthodoxe leer van de genade gedefinieerd; andere concilies van de zestiende tot 19e eeuw hebben een daarmee te vergelijke betekenis gehad.

De zeven oecumenische concilies die door de orthodoxie erkend worden hebben alle plaatsgevonden in bijzondere

---

[4] Voor een meer gedetailleerde studie over deze kwestie, zie ons artikel *La primauté romaine dans la tradition canonique jusqu'au concile de Chalcédoine* in het tijdschrift *Istina* 1957, n. 4, p. 463-482; zie ook de opmerkelijke studie van Fr. Dvornik, *The idea of apostolicity in Byzantium and the legend of the apostle Andrew*, Cambridge, Mass. 1958.

historische omstandigheden: die van het christelijk keizerrijk. Maar al blijft de Kerk in haar wezen altijd dezelfde, de historische omstandigheden waarin zij leeft veranderen noodzakelijk: men zou tegenwoordig de *vorm* en de *procedure* van de oude concilies niet opnieuw kunnen realiseren. Het leven zelf schept deze nieuwe vormen en deze procedure: hun natuurlijke ontwikkeling doet niets af aan het blijvend karakter van de waarheid in de Kerk. Wanneer de Katholieke Kerk overigens *twintig* concilies als oecumenisch erkent, dan kan ze daarmee helemaal niet bewerend dat de laatste geheel dezelfde vorm en procedure gehad hebben als de eerste ... Het woord 'oecumenisch' wordt tegenwoordig trouwen op verschillende zaken toegepast en *het is zeer veelzinnig geworden*: wat uiteindelijk van belang is, is niet het aantal concilies die al of niet als oecumenisch gekwalificeerd worden, maar de kennis die de Kerk van zichzelf en van de waarheid heeft. Van haar kant verklaart de Orthodoxe Kerk zich trouw aan het geloof van de oude concilies – de gemeenschappelijke erfenis van het christelijke Oosten en Westen – en ze is zich bewust de Ene Kerk te zijn waarvan de concilies vroeger de uitdrukking waren.

3
HET SCHISMA EN DE POGINGEN TOT HERENIGING

Het schisma tussen Byzantium en Rome was ongetwijfeld de meest tragische gebeurtenis in de geschiedenis van de Kerk: de christelijke wereld viel uiteen in twee helften en deze verdeeldheid bepaalde grotendeels het lot zowel van het Oosten als van het Westen. De kerk van het Oosten die beweerde en nog steeds beweert in haar wezen de ware Kerk van Christus te zijn zag haar geografisch en cultureel werkterrein ineenkrimpen: op historisch plan ging ze op in de Byzantijnse wereld alleen. Wat de kerk van het Westen betreft, deze verloor, van orthodox standpunt gezien, het leerstellig en ecclesiologisch evenwicht van het primitieve christendom en deze verstoring van het evenwicht lokte de reactie uit van de zestiende eeuw, die van de reformatie.

Als we de grootte van deze ramp willen bepalen, dan zou het foutief zijn zich te vermeien in de romantiek van de 'onverdeelde' Kerk die gedurende de negen eerste eeuwen zou bestaan hebben: de christelijke gemeenschap heeft van het begin af aan schisma's en ketterijen gekend. Een grote en blijvende scheiding vond plaats in de 5^e en 6^e eeuw gedurende de christologische twisten: hele naties – Egypte, Ethiopië, Armenië, grote lagen van de bevolking van Syrië – verlieten de gemeenschap van de grote rechtgelovige Kerk en ze gaven deze de minachtende bijnaam van de 'melkitische' of 'keizerlijke'.

Deze laatste verloor aldus de gemeenschap met de eerbiedwaardige niet-Griekse tradities – semitische en koptische – en ze zag zich teruggebracht tot de Grieks-Latijnse wereld. In de 9e en 11e eeuw viel deze gemeenschap op haar beurt in twee stukken uiteen volgens de politieke en de taalgrens die toen de oude Romeinse wereld verdeelde.

Deze verschillende scheidingen kunnen intussen niet slechts als een soort voortschrijdende provincialisatie van de kerken beschouwd worden. De Griekse en de Latijnse kerk bewaarden beide tekenen van een ware katholiciteit; geen van beide werd een nationale kerk; beide bleven uitgesproken missionair: Rome ging voort met de evangelisatie van de jonge 'barbaarse' volkeren van Noord-Europa, Byzantium bekeerde de Slavische volkeren en spande zich gedurende al de eeuwen van zijn geschiedenis in om de terugkeer van de monofysitische christelijke gemeenschappen van het Oosten te bewerken. Men moet dus aannemen dat er achter de linguïstische, culturele en politieke redenen die de scheiding veroorzaakten ook diepe leerstellige verschillen bestonden. Bij het ontstaan van het schisma liepen de theologische en niet-theologische beweegredenen onontwarbaar door elkaar: het zou geen zin hebben een van beide motieven te willen ontkennen. We zullen zelfs zien dat de eigenlijke *theologische* redenen ten slotte beslissend waren, want deze stonden de oplossing van de moeilijkheden in de weg en bewerkten de mislukking van de herenigingspogingen: ze vormen tot onze tijd toe de grootste hindernis waarover de goede oecumenische wil struikelt.

We hebben al gezien dat van de 4e tot de 8e eeuw er reeds een ecclesiologische spanning bestond tussen het christelijk Oosten en Westen omtrent de ware inhoud van het primaat van Rome. Deze spanning was echter niet altijd merkbaar bij de opzettelijk dubbelzinnige beleefdheidsfrasen jegens de pausen, waarmee de oosterse prelaten nogal kwistig omsprongen; de pausen daarentegen vermeden het, hun aanspraken tot de uiterste logische consequentie door te voeren, namelijk het rechtstreekse gezag over de hele Kerk, omdat dit in strijd was met de traditionele praktijk van de Kerk; deze latente geladenheid trad in de 9^e eeuw aan het daglicht en nam het karakter van een openlijk verzet aan.

Het conflict had als politieke achtergrond het ontstaan van het Karolingische keizerrijk in het Westen.

Onze geschiedenishandboeken stellen Karel de Grote meestal voor als de man die in zijn eigen voordeel een sinds de 5^e eeuw verdwenen Romeins keizerrijk herstelde. In deze gedachtegang ging hij, toen hij in 800 door de paus te Rome gekroond werd, een troon bezetten die voor hem leeg was gebleven. Maar voor al zijn tijdgenoten was Karel de Grote slechts een indringer: het wettige Romeinse Rijk, waarvan Constantinopel de hoofdstad was, had nooit opgehouden te bestaan en strekte zich rechtens uit over heel de christenheid. Een van de voornaamste zorgen van de voormalige koning der Franken was zich door Byzantium, het nieuwe Rome, te doen erkennen: toen het plan van een huwelijk tussen Karel en de regerende keizerin Irene op niets was uitgelopen, besloot de frankenkoning om het gezag van Constantinopel te breken. Een van de middelen waartoe hij zijn toevlucht nam was de beschuldiging van ketterij: de keizer van het Oosten kon er geen aanspraak meer op maken de opvolger van de christelijke keizers te zijn, want hij vereerde de beelden en hij beleed dat de heilige Geest voortkomt 'uit de Vader door de Zoon' en niet 'uit de Vader en de Zoon'. Deze beschuldigingen, door Karel geuit in zijn bekende *Karolingische Boeken*, in 792 tot de paus gericht, waren formeel in tegenspraak met de beslissingen van het tweede oecumenisch concilie van Nicea (784) en ze leidden de eindeloze Grieks-Latijnse controverse over het *Filioque* in[1]. Verschillende westerse bisschoppen en theologen – Paulinus en Aquileja, Theodulf van Orleans, Smaragdus, abt van St. Mihiel – wierpen zich toen in de anti-Griekse strijd onder de bescherming van het hof van Aken. Zo kon Alcuinus in 799 aan Karel schrijven:

'Tot nu toe stonden drie personen aan de top van de hiërarchie in de wereld: 1. De vertegenwoordiger van de apostolische verhevenheid, de plaatsbekleder van de gelukzalige Petrus... 2. Dan komt de titelvoerder van de keizerlijke waardigheid die de wereldlijke macht uitoefent in het tweede Rome... 3. Dan komt de koninklijke waardigheid die onze Heer Jezus Christus voor u heeft weggelegd... Nu verlaten de kerken van Christus zich op u alleen, van u alleen verwachten ze het heil[2]...'

Men ziet in welke geest het nieuwe keizerrijk van het Westen gevestigd werd: een uitgesproken cesaropapistische theorie, misschien geïnspireerd door de iconoclastische keizers van het Oosten, van wie Karel althans gedeeltelijk de theologie overnam, moest tegelijk het pausschap en het traditionele keizerschap verdringen.

De kerk van Rome sprak zich wel ten gunste van de politiek van Karel de Grote uit, maar ze verzette zich krachtig

---

[1] Anti-ariaanse concilies in Spanje hadden in de 6e eeuw de tekst van het Credo van Nicea-Constantinopel geïnterpoleerd door er het woord *Filioque* aan toe te voegen, dat niet in het origineel stond. In de 8e eeuw verbreidde zich de nieuwe versie van het symbool in Gallië en de Frankische landen. De kerk van Rome had ze niet aangenomen en ze zou zich tegen de interpolatie verzetten tot de 11e eeuw. De meest volledige historische studie over de oorsprong van het *Filioque* is die van H. B. Swete, *On the history of the doctrine of the procession of the Holy Spirit (from the apostolic age to the death of Charlemagne)*, Cambridge 1876; vgl. ons artikel (in het Russisch): *Aan de oorsprong van de controverse over het Filioque* in *Pravoslavnaja Mysl'* IX, 1953.

[2] Correspondentie van Alcuinus n. 174,.

tegen de leerstellige aanvallen op het Oosten: de pausen Hadrianus I (772-795) en Leo III (795-816) namen de verdediging van het concilie van Nicea op zich en ze keurden de interpolatie in de geloofsbelijdenis af. Men moet hen in de geweldige verdienste erkennen, dat zij er in geslaagd zijn de eenheid van de christelijke wereld voor nog enige tijd te redden. Omdat politieke belangen ten slotte de Byzantijnen ertoe brachten om onder voorbehoud het Karolingische keizerschap te erkennen, hielden de anti-Griekse aanvallen in het Westen op, maar ze lieten sporen en geschreven documenten na, die spoedig nieuwe verwikkelingen zouden veroorzaken.

Een ernstig bezwaar van de nieuwe situatie, die ontstaan was door het rijk van Karel de Grote, was het overheersen in het Westen van een nieuw type christendom waarvan de leiders, afkomstig als ze waren uit de vanouds 'barbaarse' streken van Noord-Europa, slechts een oppervlakkige kennis bezaten van de Romeins-Byzantijnse wereld waarin de kerkvaders geleefd hadden en waar de oude concilies waren samengekomen. Nog ernstiger was het feit dat de geleerden van Aken zich bij hun uitspraken lieten leiden door een anti-Byzantijnse houding: de Karolingische Boeken en heel de literatuur die ze voortbrachten hadden geen andere strekking. Van de andere kant waren de Byzantijnen, als ze al de wijsheid opbrachten om de doctrinaire aanvallen van Karel de Grote geheel te negeren, er helemaal niet toe geneigd om ten opzichte van de jonge Karolingische cultuur het begrip en de liefde op te brengen die misschien de scherpe kanten hadden kunnen wegnemen: keizer Michael III kon in 864 over de Latijnse taal spreken als over een barbaars en Scythisch dialect dat niet in staat was om de fijne distincties van de theologie uit te drukken.

Deze zelfgenoegzaamheid van een oude beschaving die groot kon gaan op een Photius en een Psellos, toen het middeleeuwse Westen nauwelijks zijn eerste originele literatuur kon neerschrijven, belette de Byzantijnen om de nieuwe leerstellige houding van de Frankische christenheid ernstig te nemen.

De kerk van Rome was de enige die in staat was de tegenstelling te overbruggen: ze was de enige godsdienstige autoriteit waarmee de Franken rekeningen moesten houden en ze bewaarde voldoende Griekse tradities in zich om tegelijk het Oosten en het Westen te kunnen begrijpen. We hebben gezien dat de Romeinse pausen tegenover Karel de Grote met waardigheid hun taak als hoogste gezagsdragers vervuld hebben en een eeuw later zou Photius er Leo III dankbaar voor zijn[3].

De conflicten van de 9e en 11e eeuw barstten los toen de politieke belangen van het frankenrijk samenvielen met de canonieke aanspraken van de pausen, waardoor beide machten elkaar vonden in een gemeenschappelijk verzet tegen het Oosten.

Vanaf de 8e eeuw werd de geschiedenis van de pausen overheerst door het probleem omtrent de betrekkingen met het Karolingische Rijk; reeds in het begin, in de 8e eeuw, maar vooral in de 10e en 11e eeuw zagen zij zich sterk overheerst door het keizerlijk cesaropapisme; grote pausen slaagden er evenwel in zich te verzetten: Nicolaas I in de 9e eeuw en vooral de grote theoreticus van het middeleeuwse pausdom, Gregorius VII (1073-1085), wiens actie grotendeels was voorbereid onder het kortstondig bestuur van zijn voorganger Leo IX (1049-1054) en Nicolaas II (1059-1061). Deze reactie van het pausdom, die eindigde in zijn overwinning op het keizerschap, valt samen met een nieuwe zelfbewustwor-

....

[3] Photius weidt in zijn *Mystagogie over de heilige Geest*, die tegen het *Filioque* gericht is, uitvoerig uit over het verzet van deze paus tegen de interpolatie.

ding van het pausdom: om Hendrik IV in Canossa te krijgen moest de zetel van Rome meer zijn dan alleen maar een patriarchaat van het Westen, meer dan een apostolische zetel onder de andere; zijn ereprimaat en gezagsprimaat moest tegelijk een duidelijk zichtbare universele en absolute macht zijn.

De antiroomse polemisten hebben deze ontwikkeling dikwijls voorgesteld als een afschuwelijk pauselijk imperialisme. Maar daar was geen sprake van: de grote hervormingspausen hadden niets anders dan het welzijn van de Kerk en haar onafhankelijkheid op het oog; ze streden tegen de simonie en hervormden de zeden van de geestelijkheid; ze bereidden de ontplooiing van een christelijk Europa en een nieuwe beschaving voor. Maar deze grote pausen, die bijna allen uit Noord-Europa afkomstig waren en dikwijls in verband stonden met de hervormingsbeweging van Cluny, waren de erfgenamen van de Karolingische beschaving die, we zagen het reeds, bepaald was door een verzetshouding tegen het Oosten en die zich ontwikkeld had buiten de traditie van de oude kerkvaders om: deze zuiver Latijnse en Westerse beschaving was de gemeenschappelijke cultuur van de pausen en de keizers van het Westen. Daarom nam uiteindelijk de strijd tussen het *sacerdotium* en het *imperium* politieke vormen aan: de pausen bestreden de keizer met zijn eigen wapens, ze namen zijn methoden over en ze waren zijn bondgenoot in het streven om het prestige van het wettige Romeinse gezag, dat van Constantinopel, te vernietigen. Een orthodox historicus zal de eerlijke bedoelingen van de hervormingspausen en hun ijver voor het welzijn van de Kerk dus niet in twijfel trekken. Hij zal alleen de theologische en ecclesiologische waarde betwisten van een machtstheorie die hem voorkomt als strijdig met de geest van het evangelie. Hij zal weigeren de middeleeuwse ontwikkeling van het pausschap te verabsoluteren en hij zal in deze evolutie minstens gedeeltelijk de oorzaak zien van de laïcistische, reformatorische en antiklerikale reacties waarvan het Westen daarna het schouwtoneel werd.

Toen de pausen de kerk van het Westen wilden hervormen trachtten zij deze hervorming ook uit te breiden tot het Oosten, en dat mislukte. Deze nederlaag droeg er nog toe bij om de Westerse christenheid tot een monolithische en in zichzelf opgesloten eenheid te maken.

Nicolaas I (858-867) was de grootste van de hervormingspausen van de hoge middeleeuwen. In het Westen had hij te maken met een Karolingisch rijk dat in drie koninkrijken verdeeld was en in het Oosten met een Grieks rijk dat het toneel werd van een felle strijd tussen twee godsdienstige partijen. In beide gevallen deed men traditiegetrouw een beroep op zijn scheidsrechterlijke beslissing. Maar terwijl zijn voorgangers in de tijd van Karel de Grote *tussen twee* christenheden hadden moeten bemiddelen, diende hij nu de inwendige conflicten van beide op te lossen. Hij vond er de gelegenheid in om de hervormingen die hij noodzakelijk oordeelde bij beiden door te voeren.

We kunnen niet ver uitweiden over de crisis die samenhing met de echtscheiding van Lotharius II. Door handig profijt te maken van de rivaliteit tussen deze en zijn ooms Karel de Kale en Lodewijk de Duitser slaagde de paus er in om de uitspraken van meerdere concilies van het Frankisch episcopaat ongedaan te maken, om de bisschoppen van Keulen en Trier, ondanks hun verontwaardigde protesten, te Rome te veroordelen en ten slotte om de burgerlijke macht te doen toegeven. Tijdens een hevig conflict met de aarsbisschop van Reims, Hincmar, streefde hij er eveneens naar de rechten van de metropolieten die, zoals we gezien hebben, door het oecumenisch concilie van Nicea gevestigd waren, af te schaffen en een stelsel op te bouwen dat het hele episcopaat rechtstreeks aan de zetel van Rome zou onderwerpen. Om de nieuwe pauselijke politiek te steunen benutte de curie in het vervolg – geheel te goeder trouw – de pseudo-isidorische decretalen die juist in die tijd verschenen waren en die de wetgeving van de oude concilies vervingen door een monarchisch Romeins systeem[4].

Dit alles had zonder grote gevolgen voor de betrekkingen met het Oosten kunnen blijven. Men had een beroep kunnen doen op precedenten – vooral dat van Alexandrië – ten gunste van de centralisatie van de macht in de Kerk in de handen van de invloedrijke patriarchen. Maar Nicolaas vatte zijn hervormingen reeds duidelijk op als het uitvloeisel van een recht dat aan de zetel van Rome zelf toebehoorde en dat als gevolg daarvan een algemene geldigheid had. Juist op dat punt kwam hij in botsing met de kerk van het Oosten.

In 857 moest Ignatius, patriarch van Constantinopel, zijn troon afstaan aan een groot geleerde, theoloog en politicus, Photius. Het keizerlijk bestuur had deze verwisseling doorgedreven, maar te Byzantium – juist zoals in het Westen – ontzegde niemand aan de keizer een recht van toezicht bij de keuze van de patriarchen; dit recht bracht met zich mee een zekere zeggenschap van de patriarch in de politieke aangelegenheden: het tweevoudig bestuur van de keizer en de patriarch vormde feitelijk zelf het fundament van de Byzantijnse theocratie. Het zou geheel onjuist zijn, zoals we reeds gezien hebben, om dit systeem, vooral na de nederlaag van de iconoclasten, een vorm van cesaropapisme te noemen. In het geval van Ignatius verliep alles volgens de gevestigde vormen: de keuze van Photius had pas plaats n het formele ontslag van zijn voorganger[5].

---

[4] Over de 'valse decretalen' en hun rol in de geschiedenis, zie P. Fournier en G. le Bras, *Histoire des collections canoniques en Occident I*, 1931, p. 126-233; vgl. E. E. Amann, *L'époque carolingienne*, in *l'Histoire de l'Église* van Fliche-Martin, deel 6, Parijs 1947, p. 352-366, 387.

[5] Het standaardwerk over de photiaanse strijd is dat van Fr. Dvor-

Een groep aanhangers van Ignatius besloot echter de strijd voort te zetten en haalde hem over om zijn ontslag te herroepen. In overeenstemming met het oude concilie van Sardica deed men toen een beroep op Rome; dit was een heel uitzonderlijke eerbetuiging die de kerk van Byzantium betoonde aan het pausdom, dat tot dan toe zich nooit rechtstreeks bemoeid had met die disciplinaire kwesties van het machtig oecumenisch patriarchaat. Legaten van Nicolaas I waren aldus de voorzitters van een concilie te Constantinopel dat de keuze van Photius bevestigde (861). Op de vooravond van het conflict toonde Byzantium meer eerbied ten opzichte van het oude Rome dan ooit.

Toen er echter een kleine antiphotiaanse oppositie zich te Constantinopel bleef roeren, besloot Nicolaas gebruik te maken van de gelegenheid die zich voordeed, om de hervormingen waar hij in het Westen mee bezig was ook in het Oosten door te voeren; wanneer hij daar de rechten van de metropolieten ophief, waarom dan hier niet afgerekend met het veel grotere obstakel voor de Romeinse centralisatie: het Byzantijnse patriarchaat? Hij besloot dus de uitspraken van Constantinopel ongedaan te maken en om Ignatius en Photius te vragen, voor het gerecht te Rome te verschijnen, zoals hij dat ook gevraagd had aan en gedeeltelijk verkregen van de aartsbisschoppen van Keulen en Mainz. Het behoeft geen betoog dat niets in de toenmaals erkende conciliaire canons een dergelijke procedure rechtvaardigde. Het patriarchaat van Byzantium zweeg en gaf geen antwoord meer op de brieven van de paus.

De situatie werd nog ingewikkelder door de rivaliteit van zijn Byzantijnse en de Westerse missionarissen bij hun

....

nik, *The Photian schism, history and legend*, Cambride 1948. Bepaalde auteurs hebben detailkwesties in de uiteenzetten van vader Dvornik kunnen betwisten, maar niet zijn essentiële stellingen.

werkzaamheid in Bulgarije. De meeste Slavische volkeren stonden immers op het punt om de christelijk godsdienst aan te nemen; ze aarzelden slechts vanwege de politieke en godsdienstige druk die door de twee rivale grootmachten Byzantium en het frankenrijk op hen werd uitgeoefend. De heilige broers Cyrilus en Methodius, de apostelen van de Slavische volkeren, geraakten overal waar ze kwamen, eerst in Kazarië, later in Bohemen, in conflict met de Germaanse geestelijken die aan de nieuwbekeerden het Latijn als liturgische taal en een Westers rituaal opdrongen dat in de Mis het Credo met het *Filioque* bevatte. De Bulgaren ontvingen in 863 het doopsel uit de handen van de Byzantijnse geestelijkheid. In 865 echter besloot de Bulgaarse khan Boris, nadat hij zijn pogingen om van de Byzantijnen autonomie voor zijn kerk te krijgen had zien mislukken, zich in de Westerse invloedssfeer te begeven en hij gaf in zijn land alle bevoegdheden aan de Frankische geestelijkheid.

Tot dan toe hadden de pausen voor zover dit mogelijk was steeds een scheidsrechterlijke rol gespeeld tussen de Franken en de Byzantijnen. Hun neutraliteit bleef mogelijk zolang de Romeinse pontifex geen rechtstreekse jurisdictie uitoefende over de Germaanse missionarissen in de Slavische landen. Nicolaas nu zocht juist de Romeinse jurisdictie uit te breiden door de autonomie van de particuliere kerken af te schaffen en moest dus noodzakelijk partij kiezen in conflicten van minder betekenis die tot dan toe niet tot de rechtstreekse bevoegdheid van de pausen behoorden. In het geval-Bulgarije steunde hij uitgesproken de Franken tegen de Byzantijnen en kreeg zelfs met enige moeite gedaan dat het nieuwe hoofd van de Bulgaarse kerk niet door de Duitse keizer Lodewijk II maar door hemzelf benoemd werd. Hij schiep aldus vlak voor de poorten van Constantinopel een situatie die tot dan toe onbekend was: een kerk van de Frankische ritus – dat wil zeggen, die het *Filioque* aannam, dat tot dan toe in Rome onbekend was – en onder jurisdictie van Rome. De paus steunde aldus niet alleen politieke en culturele vijanden van Byzantium, maar hij gaf impliciet zijn zegen aan de interpolatie in de algemene geloofsbelijdenis.

In 867 beschuldigde patriarch Photius in zijn beroemde *Encyclica* Nicolaas I van ketterij en verbrak alle gemeenschap met hem.

Het is ons niet mogelijk hier alle verwikkelingen van het conflict gedetailleerd te beschrijven. Te Byzantium werd Photius zelf van zijn zetel beroofd als gevolg van een dynastieke staatsgreep. Ignatius en zijn aanhangers profiteerden van het conflict tussen Photius en Nicolaas I om hun positie te verstevigen; een nieuwe concilie (869-870) onder leiding van legaten uit Rome veroordeelde Photius en proclameerde krachtig het primaat van Rome. Dit was echter voor de partij van Ignatius slechts een kwestie van diplomatie: ze kon niet tot in het oneindige blijven steunen op beginselen die te zeer in tegenspraak waren met de eeuwenoude traditie van het Oosten. Tijdens de laatste zittingen van het concilie vernam patriarch Ignatius dat de Bulgaren weer van politiek veranderd waren: khan Boris verzaakte aan de Franken en vroeg aan de Byzantijnse kerk om hem een aartsbisschop te wijden. Ignatius trotseerde onmiddellijk de protesten van de legaten en ontving de Bulgaren geestdriftig; hij ontkwam enkel aan de excommunicatie door de paus doordat hij in 877 stierf. De partij van Ignatius te Byzantium was dus bij lange na geen 'pauselijke' partij.

Photus die zich intussen met Ignatius verzoend had, bevond zich in 877 weer op de troon van sint Johannes Chrysostomus. De Voorzienigheid wilde dat de opvolger van Nicolaas I en Hadrianus II vierkant brak met de politiek van zijn voorgangers: zo keerde de vrede in de Kerk terug.

Alle historische bronnen stemmen er inderdaad in overeen, dat paus Johannes VIII (872-882) het gevaar had begrepen dat de eenheid van de christenen bedreigde door de handelwijze van zijn onmiddellijke voorgangers. Zoals de pausen uit de tijd van Karel de Grote gaf hij de Grieken gelijk in het vraagstuk van de liturgische talen en van het *Filioque*. Hij steunde sint Methodius in Moravië tegen de Frankische missionarissen en vooral, zijn legaten veroordeelden op het concilie van Constantinopel van 879-880, (dat Photius plechtig in ere herstelde), met heel het Oosten de befaamde 'toevoeging' aan de geloofsbelijdenis[6]. Heel zijn leven bleef Photius paus Johannes dankbaar voor zijn bijdrage aan de eenheid van de Kerk en hij stelde hem ten voorbeeld aan degenen die te Byzantium het gezag van de pausen van Rome wilden ontkennen. Men kan er inderdaad niet aan twijfelen dat het concilie van 879-880 – waarvan de beslissingen deel uitmaken van alle orthodoxe canonieke verzamelingen – een voorbeeld is van de wijze waarop de Orthodoxe Kerk de eenheid opvat: een eenheid in geloof, waarvan het primaat van Rome een getuigenis kan zijn, maar waarvan het niet uit zichzelf de oorsprong is.

De 10[e] en de eerste helft van de 11[e] eeuw onderscheiden zich niet door een spectaculaire botsing tussen Oost en West. In deze tijd kende het pausschap het diepste verval van zijn geschiedenis, terwijl dit voor Byzantium juist de tijd was van de grote veroveringen van de Macedonische keizers en de grote culturele uitstraling van het nieuwe Rome, de tijd van Michael Psellos, van Simeon de Nieuwe Theoloog, de tijd ook van de grote Byzantijnse missies in de Slavische landen en de Kaukasus. De Byzantijnen konden gerust de paus zijn primaat

---

[6] Tot voor kort werd aangenomen dat Johannes VIII later zijn legaten desavoueerde en Photius opnieuw excommuniceerde. De moderne katholieke historici (Fr. Dvornik op. cit., vgl. ook V. Grumei, *Y eut il un second schisme de Photius*, in de *Revue des sciences philosophiques et théologiques 32* (1933) p. 432-457 hebben de verdienste dit 'tweede schisma' van Photius als een 'legende' te kwalificeren.

en zijn aanspraken negeren, want deze was niet in staat ze te doen gelden.

Zo gebeurde het dat ze alles bij elkaar weinig aandacht schonken aan een gebeurtenis van grotere betekenis: in 1014 kwam keizer Hendrik II naar Rome om zich door paus Benedictus VIII tot keizer te laten kronen; hij kreeg van de paus, die helemaal van hem afhankelijk was, gemakkelijk gedaan dat men bij de kroning een Germaanse ritus overnam, dat wil zeggen dat men onder de Mis het Credo met het *Filioque* zong[7]. Het feitelijk cesaropapisme van de Karolingische keizers liep aldus, begunstigd door de algemene onverschilligheid, erop uit dat Rome een leerstelling aannam die door het christelijk Oosten verworpen werd[8]. In ieder geval was vanaf het begin van de 11e eeuw de *communio in sacris* tussen de beide Romes in feite verbroken.

De strijd over het *Filioque* had evenals de andere geschilpunten tussen Rome en Constantinopel gemakkelijk beperkt kunnen blijven, evenals veel voorafgaande moei-

[7] Deze inlichting wordt vermeld door Bernon (*De officio missae* in de *Patrologie latina* vol. 142, kol. 1060-1061), die niet expliciet over het *Filioque* spreekt; we weten echter dat de pausen van de 9e eeuw het zingen van het Credo in de mis verboden hadden, juist om te voorkomen dat zij zo de geïnterpoleerde tekst zouden goedkeuren. Benedictus VIII was niet meer in staat hetzelfde te doen. Wij vermelden dat de Byzantijnse traditie Sergius IV (1009-1012), de voorganger van Benedictus VIII, de eerste paus noemt die in de ketterij van het *Filioque* gevallen is en die uit de diptieken van Constantinopel geschrapt zou zijn. Uit de onnauwkeurigheid zelf van deze getuigenissen blijkt hoe weinig gewicht de tijdgenoten aan de gebeurtenis gehecht hebben.

[8] Zoals G. Every zeer juist schrijft, was de inlassing van het *Filioque* in de geloofsbelijdenis te Rome van de kant van de paus een symbool van verbondenheid met het heilige Roomse keizerrijk (*The Byzantine Patriarchate*, Londen 1947, p. 170).

lijkheden. Maar in de 11ᵉ eeuw was er deze tragische wending in de toestand gekomen, dat het Oosten en het Westen door elkaar te negeren *het gemeenschappelijk ecclesiologisch criterium* verloren hadden dat het hun vroeger mogelijk gemaakt had elkaar te begrijpen. Toen zij de eenheid trachtten te herstellen – en dat hebben ze herhaaldelijk in de middeleeuwen geprobeerd – verhinderden hun uiteenlopende opvattingen over de Kerk hen om een gemeenschappelijke taal te vinden: voor de ene partij was de zetel van Rome de enige norm van de waarheid, voor de andere de Geest van Waarheid die op de hele Kerk rustte en die zich gewoonlijk uitsprak langs de weg van het concilie.

Een van deze herenigingspogingen had plaats in 1053-1054, een tijdstip dat men enige tijd beschouwd heeft als het begin van het schisma zelf[9]. De hoofdrol speelden daarin bisschoppen die in hun eigen kerk met een hervorming bezig waren, maar de geest van hun hervormingen was allerminst gunstig voor de verzoening.

De patriarch van Constantinopel, Michael Caerularius, was van zijn kant begonnen met de hervorming van de Latijnse kerken binnen de grenzen van zijn bisdom en zelfs van die in het hele patriarchaat. Deze kerken vastten op zaterdag, zongen met Pasen het Alleluja en handhaafden andere Latijnse gebruiken die de oorzaak van onenigheden onder het volk waren. De patriarch wilde hen op de betwiste punten tot de Byzantijnse gebruiken verplichten en toen ze zich daartegen verzetten besloot hij ze op te heffen. De Latijnen van Constantinopel zongen natuurlijk niet het Credo met het *Filioque*: daarom werd er in de 11ᵉ eeuw geen, of bijna geen melding van het *Filioque* gemaakt.

---

[9] Over de gebeurtenissen van 1054, zie vooral A. Michel, *Humbert und Kerullarios*, Paderborn 1924-1930; G. Every *o.c.* p. 153-169.

Gedurende deze tijd zette de beweging van Cluny en haar sympathisanten haar eigen hervorming voort waarvan de wezenlijke elementen reeds in de Frankische wereld aanvaard waren, maar die vrij grote tegenstand ontmoetten in Italië. Paus Leo IX, voorheen bisschop van Toul, en zijn omgeving, vooral kardinaal Humbert van Moyenmoutier, behoorden tot deze beweging, die in Italië naast andere hervormingen vooral het celibaat van de geestelijkheid trachtte te bevorderen. De tegenstanders vergaten niet om zich op het voorbeeld van de Grieken te beroepen, waarvan de priesters in overeenstemming met de traditie gehuwd waren. Dit alles lokte eindeloze discussies uit over heel ongevaarlijke onderwerpen tussen opponenten die dikwijls zeer goede bedoelingen hadden, maar slecht op de hoogte waren van de grote traditie van de Kerk.

Dit klimaat van wederkerig wantrouwen belette Michael Caeruliarius niet, op aandringen van de keizer tot Leo IX een schriftelijk aanbod tot hereniging te richten. Als antwoord op dit aanbod en mede om de disciplinaire en liturgische conflicten te regelen begaven zich in 1054 legaten naar Constantinopel. Hun leider was kardinaal Humbert. De keizer ontving hen met eerbewijzen, maar de patriarch wees elk contact met hen af: hij verweet hun, dat zij handelden op instigatie van Argyros, de Byzantijnse gouverneur van Italië, een man van Lombardische afkomst en van de Latijnse ritus, aan wie Cearularius zijn germaansgezinde politiek verweet. De patriarch trok bovendien de echtheid in twijfel van de pauselijke brieven die de legaten meebrachten: zijn vermoedens waren misschien gerechtvaardigd, want op dat ogenblik was Leo IX de gevangene van de Noormannen en hij kon naar het schijnt geen officiële documenten ondertekenen.

Toen de Byzantijnse prelaat niet inschikkelijk was, legden de legaten op het altaar van de Hagia Sophia de bekende excommunicatiebul neer, die de Grieken de meest onwaarschijnlijke beschuldigingen voor de voeten wierp; met name deze, dat ze het *Filioque* aan de geloofsbelijdenis *onttrokken (sic!)* hadden en dat ze het huwelijk van de geestelijkheid duldden. Als antwoord liet de patriarch de legaten door zijn synode excommuniceren, ondanks de moeite die de keizer zich getroostte om het conflict bij te leggen.

Het incident van 1054 tussen Rome en Constantinopel maakte geen eind aan alle contacten tussen Oost en West. De Oosterse patriarchaten bleven althans ten dele in communie met de Latijnen en te Constantinopel zelf bleven Latijnse kerken en kloosters bestaan[10]. De echte en definitieve breuk vond plaats ten tijde van de kruistochten.

Ook nu nog geeft men er zich in het Westen zelfden rekenschap van, welk een rampzalige rol deze expedities gespeeld hebben in de verhouding van de twee delen van de christenheid. Toen de kruisvaarders in de vanouds christelijke, maar door de Arabieren bezette landen van de Levant aankwamen, erkenden ze aanvankelijk de canonieke rechten van de plaatselijke bisschoppen en zij traden met hen in sacramentele gemeenschap: over deze kwestie hebben we talrijke getuigenissen die op de mest positieve wijze bevestigen dat de breuk op kerkelijk gebied op het einde van de 11ᵉ en gedurende de hele 12ᵉ eeuw nog niet definitief was. Maar de Latijnse vorsten en geestelijken maakten aan deze situatie geleidelijk een einde: de Oosterse bisschoppen werden vervangen door Latijnse. En vooral de beruchte vierde kruistocht maakte een einde aan de laatste sporen van eenheid die nog bestonden: de Venetiaanse vloot die de kruisvaarders naar het Heilig Land bracht boog af naar Constantinopel en plunderde 'de door God beschermde stad' uit. Heel het Westen verrijkte zich met Byzantijnse relieken en schatten

---

[10] Zie vooral G. Every *o.c.* p. 153-169.

en een Venetiaanse patriarch, Thomas Morosini, bezette met instemming van paus Innocentius III de stoel van Photius. Bij de leerstellige verschillen tussen de Grieken en de Latijnen kwam nu nog een nationale haat die ertoe bijdroeg om de herenigingspogingen nog onzekerder te maken.

Toch waren er talrijke herenigingspogingen. De paleologische keizers, vooral Michael VIII, de overwinnaar van de Latijnen en de hersteller van het rijk te Constantinopel, trachtten bijna allen herenigingsgesprekken op gang te krijgen. Het voornaamste motief dat de keizers tot deze stap aanzette was van politieke aard: de Turkse dreiging hing boven het Byzantijnse Rijk dat kleiner en kleiner werd en ten slotte nog slechts een enorme belegerde stad was. Alleen het Westen was nog in staat door een nieuwe kruistocht de invasie terug te slaan; de pausen eisten echter onophoudelijk de godsdienstige eenheid als voorafgaande voorwaarde voor een militaire expeditie. Op sommige ogenblikken trotseerden de keizers het verzet van de kerk en zij wierpen zich op een herenigingspolitiek die hun door de bittere noodzaak werd opgedrongen: zo liet Michael VIII zich op het concilie van Lyon vertegenwoordigen, aanvaardde persoonlijk de hereniging en plaatste een aanhanger van zijn ideeën, Michael Beccos, op de patriarchale zetel. Deze unie overleefde de eerste der paleologen nog niet één dag, want na zijn dood werd hij wegens zijn afval niet kerkelijk begraven. Keizer Johannes V (1341-1391) ging persoonlijk tot het katholicisme over (1396) maar hij bereikte geen tastbaar politiek resultaat. De Byzantijnse kerk verzette zich heftig tegen de 'politieke' eenheid, maar ze was niet principieel gekant tegen de gedachte van een hereniging die bewerkt en gesloten zou worden in overeenstemming met de oude gewoonte: daarom eiste ze een oecumenisch concilie waarop zij hoopte dat de orthodoxie het beslissende overwicht zou hebben. Lange tijd verwierpen de pausen de gedachte aan een concilie waarop beide partijen gelijk vertegenwoordigd zouden zijn. Deze opvatting kreeg echter de overhand in het begin van de 15ᵉ eeuw, in de tijd dat het grote Westerse schisma het pausdom zelf op zijn fundamenten deed wankelen; de pausen vreesden dat de Grieken met het concilie van Bazel tot een akkoord zouden komen en ze besloten om een echt herenigingsconcilie te houden.

Dit concilie, dat eerst te Ferrara en naderhand te Florence bijeenkwam (1438-1439), vormde aldus op zichzelf al een zekere morele overwinning voor het Oosten. Er kwam een belangrijke Griekse afvaardiging naar Italië met aan het hoofd de keizer en de patriarch van Constantinopel en er ontsponnen zich serieuze theologische debatten. Ze brachten aan het licht hoe moeilijk een wezenlijke overeenstemming zou te bereiken zijn: de geesten waren niet voorbereid om de ingenomen stellingen te herzien. Het probleem van het *Filioque* met name was geblokkeerd door de dogmatische beslissingen die de kerk van Rome reeds genomen had en die zij weigerde te herroepen. Het probleem van het primaat van Rome werd te Florence zelfs niet aangesneden. Nadat de discussies weken en maanden geduurd hadden zagen de Grieken zich voor een alternatief gesteld: ofwel instemmen met de opvatting van Rome ofwel alleen staan tegenover de Turken. Er was een sterke morele en financiële druk ten gunste van een beslissing voor het eerste. Ten slotte gaf de meerderheid toe en zij tekende het herenigingsbesluit. Alleen de metropoliet van Efese, Markos Eugenikos, bleef onwankelbaar. Een andere voortreffelijke theoloog, Scholarios, de toekomstige patriarch, had Florence voor het einde van de debatten verlaten.

Eenmaal teruggekeerd herriepen de Griekse afgevaardigden voor het grootste deel hun ondertekening, toen ze te maken kregen met de algemene afkeuring van het volk dat aan het Turkse juk de voorkeur gaf boven de afval. De metropoliet van Kiev, Isidorus, werd bij zijn terugkeer te Moskou gevangengezet; met grote moeite slaagde hij erin naar Rome te vluchten. Keizer Johannes VIII en zijn opvolger Constantijn bleven trouw aan de unie, maar zij durfden haar pas in 1452 officieel in de Hagia Sophia af te kondigen; het volgend jaar, 1453, hield kalief Mahomet II zijn intocht in het nieuwe Rome. De eerste zorg van de nieuwe patriarch, Gennadios Scholarios, was de herroeping van de unie van Florence.

Het staat buiten alle twijfel dat de diepe ondergrond van het schisma tussen Oost en West bestaat in de afwijkingen in de leer en de voornaamste verschillen betreffen de leer over de heilige Geest en de Kerk. Alleen deze leerstellige verschillen hebben verhinderd dat er voor moeilijkheden van minder betekenis op politiek, kerkrechtelijk en liturgisch terrein aanvaardbare oplossingen konden gevonden worden, want ondanks alles heeft men aan beide zijden zeer veel goede wil opgebracht om tot eenheid te komen. Wanneer de pogingen op een mislukking zijn uitgelopen, dan is dat vooral gebeurd omdat men de wezenlijke verschillen op het gebied van de leer nooit ernstig genoeg behandeld heeft. Vanaf de 13[e] eeuw werden alle onderhandelingen over de hereniging gevoerd tussen de pausen en de keizers in een verband waarin de politiek zwaarder woog dan de godsdienstige en de kerk van Byzantium bleef feitelijk buiten de dialoog staan. Toen reeds koesterden de Westersen volkomen valse ideeën over het Byzantijnse cesaropapisme; zij dachten dat het voldoende was om de keizer te bekeren en dat dan de kerk vanzelf zou volgen. In deze geest verkreeg het pausdom in 1369 de persoonlijke bekering van keizer Johannes VIII. Tot op de dag van vandaag toe wordt het cesaropapisme dikwijls beschouwd als de oorsprong van het Byzantijnse schisma: het valt echter historisch gezien niet te loochenen dat sinds de

11ᵉ eeuw de keizers doorlopend herenigingsgezind waren wegend het politieke belang dat daarachter school en dat zij de eenheid probeerden door te drijven met alle middelen tot brutaal geweld toe, en dat sinds de tijd van Michael Caerularius de Kerk zich daartegen verzette in de naam van het ware geloof. Door voortdurend te rekenen op de willekeur van de keizer om de eenheid te verkrijgen bouwden de pausen hun verwachtingen op een cesaropapisme dat in werkelijkheid niet bestond.

Maar zelfs wanneer zich een echte theologische dialoog ontwikkeld had, dan valt het nog te betwijfelen of deze wel spoedig geslaagd zou zijn. Dit kan men reeds besluiten uit de debatten van Florence waar ondanks alles een ernstige poging werd gedaan om tot een gesprek over de leer te komen. Er kon alleen overeenstemming komen op basis van een gemeenschappelijke traditie; de enorme ballast van de scholastiek, de leerstellige beslissingen waarmee deze werd uitgedrukt en de structurele hervormingen die de grote pausen uit de middeleeuwen in het Westen tot stand hebben gebracht maakten de dialoog zeer lastig.

Onze tijd, de tijd van de terugkeer naar de bronnen van de traditie, is aanmerkelijk gunstiger om elkaar over en weer te begrijpen. Misschien wordt het daardoor mogelijk dat men langzamerhand de gemeenschappelijke norm terugvindt, die vroeger de christenen in de trouw aan de ene waarheid bewaard heeft.

form
4
HET ERFGOED VAN BYZANTUIM: CANONIEKE STRUCTUUR, LITURGIE, SPIRITUALITEIT EN MONNIKENWEZEN

We hebben reeds gezien hoe de christologische twisten van de 5ᵉ eeuw de meeste niet-Griekse Oosterse gemeenschappen (kopten, Armeniërs, Syriërs, Ethiopiërs) van de Orthodoxe Kerk hadden afgescheurd, waarvan sommigen de beslissingen van het oecumenisch concilie van Efese (431) verwierpen en een nestoriaanse geloofsbelijdenis aannamen en anderen, die Efese wel aannamen, Chalcedon (451) verwierpen en in de ketterij vervielen die haaks op het nestorianisme staat, het eutychianisme of monofysitisme. Beide groepen afgescheidenen koesterden dezelfde achterdocht tegenover de Kerk van het rijk, die door de Byzantijnse *basileis* ondersteund werd en die in grote mate een Grieks-Latijnse kerk was geworden.

Ondanks de verliezen die de Byzantijnse kerk in het Oosten geleden had bleef ze evenals de Latijnse kerk actief missionair. Aldus kregen de meeste Slavische volkeren het evangelie vanuit Constantinopel en met het evangelie de liturgie, het canonieke recht en de vroomheidsvormen van Byzantium. De evangelisatiemethode van de Byzantijnen bestond wezenlijk hierin dat ze de Byzantijnse ritus vertaalden in de gesproken taal van het land en dat ze zodoende nieuwe gemeenschappen schiepen die in alles een nabootsing waren van de 'grote kerk' van Constantinopel. Deze methode verschilde fundamenteel van de Westerse die overal het Latijn als liturgische taal verplicht stelde; zij handhaafde echter de eenheid van eredienst met de pasbekeerde volkeren. Zeer spoedig was er in het hele Oosten een totale eenvormigheid, omdat de niet-Griekse gemeenschappen van het nabije Oosten, die de oude liturgieën van Antiochië en Alexandrië behouden hadden, in grote meerderheid de Orthodoxe Kerk hadden verlaten. Dit liturgisch centralisme was voor de Byzantijnen geen kwestie van beginsel: de Orthodoxe Kerk heeft altijd de veelheid van riten aanvaard, maar het cultureel en politiek aanzien van Constantinopel was in de middeleeuwen zo groot dat de liturgische uniformiteit vanzelf tot stand kwam, omdat de provincie van nature geneigd was de gewoonten van de verblindend schone keizerstad na te volgen. Zodoende namen de niet-Griekse gemeenschappen van Syrië, Egypte en Palestina die orthodox waren gebleven geleidelijk de 'melkitische' of 'keizerlijke' ritus over. Ook de kerk van Georgië, het afgelegen bolwerk van de aan Chalcedon trouw gebleven orthodoxie, die in de 4^e eeuw gesticht was en lange tijd onder de invloed van Antiochië gestaan had, nam de Byzantijnse liturgie over.

In de loop van de middeleeuwen namen aldus ook verschillende Slavische volkeren het christendom in de Byzantijnse vorm aan: eerst werden de Bulgaren (863), daarna de Russen (988) als geheel gedoopt onder de drang van hun vorsten Boris en Vladimir; de Serven werden geleidelijk gekerstend vanaf de 9^e eeuw, evenals de Walachen, Latijnse kolonisten die de streek van de Beneden-Donau bevolkten en later Roemenië zouden vormen. Byzantijnse missionarissen drongen eveneens in de 9^e eeuw tot in Bohemen door, waar Methodius een aartsbisdom stichtte dat later verdrongen werd door de Germaanse hiërarchie van de Latijnse ritus. In de 10ᵉ eeuw kerstenden ze de Alanen, een volk dat ten noorden van de Kaukasus woonde. De invloed van Byzantium strekte zich uit van de Middellandse Zee tot aan de Noordelijke IJszee en van de Kaspische Zee tot aan de Alpen: hij werd niet aan het wankelen gebracht door het politieke verval van het rijk en hij breidde de grenzen van de orthodoxe wereld uit tot aan de huidige diaspora.

Volgens canon 28 wijdde de patriarch van Constantinopel de bisschoppen voor de kerken in de missie. Hij trachtte hen ook zo lang mogelijk onder zijn toezicht te houden, wat niet altijd gemakkelijk was. Telkens wanneer Slavische volkeren het christendom aannamen, kwamen ze in de categorie van de 'beschaafde' volkeren, ze namen de Byzantijnse zeden over en ze verdroegen node de bevoogding door de Grieken. Deze Grieken leerden hun de Byzantijnse opvatting volgens welke er op aarde slechts één christelijke keizer was, die van Constantinopel, de beschermheer van de universele Kerk en de uitverkorene van God De een na de ander zouden de Serven en de Bulgaren de keizerskroon voor hun eigen koningen trachten te bemachtigen, maar ze zouden beiden de nederlaag lijden voor de muren van Constantinopel. Zij zochten compensatie door in hun eigen land nationale kerken te stichten, en Constantinopel zou zich verplicht zien om hun het recht te verlenen hun eigen bisschoppen te kiezen, om dit zodra mogelijk weer in te trekken als de omstandigheden gunstiger werden. Aan dit recht zou men later de naam *autocefalie* geven.

Zo ontstonden er naast de vier traditionele Oosterse patriarchaten Constantinopel, Alexandrië, Antiochië en Jeruzalem, Waarvan alleen het eerste een reële macht behield, in de middeleeuwen van de 9ᵉ tot de 15ᵉ eeuw een reeks Slavische autocefale kerken, waarvan de hoofden soms de titel van patriarch kregen. Met soepelheid paste het Byzantijnse canonieke recht zich aldus aan aan de wisselende omstandigheden van de geschiedenis, omdat de eenheid in geloof en niet de eenheid in organisatie de laatste band vormde met de plaatselijke kerken.

Dit systeem, waarvan de wezenselementen nu nog bestaan, behelst een organische ontwikkeling van de kerkelijke organisatie die door de eerste concilies is vastgelegd. Men herinnert zich dat ten tijde van Justinanus (527-565) deze structuur de vorm aannam van een 'pentarchie', waarbij vijf patriarchen in de Kerk een soort collectief primaat uitoefenden en de metropolieten in hun respectievelijke gebieden wijdden. Binnen deze pentarchie verleende een erehiërarchie de eerste plaats aan de bisschop van Rome, gevolgd door die van Constantinopel, Alexandrië, Antiochië en Jeruzalem. Het schisma tussen Oost en West verbrak de gemeenschap tussen de eerste van de patriarchen en zijn vier collega's: in de Orthodoxe Kerk ging aldus het primaat over op de patriarch van het nieuwe Rome. Het spreekt vanzelf dat deze hiërarchie van de zetels en deze overgang van het primaat niet als dingen van goddelijk recht werden beschouwd, daar alle bisschoppen gelijk waren in de sacramentele waarde van hun ambt. Maar de mythe van een ideale theocratie en van een onverdeelde christenheid, die in de tijd van Justinianus was opgekomen, bleef onveranderlijk in het bewustzijn van de Byzantijnen bestaan; zij hielden de nagedachtenis van de vroegere pausen in ere en zij waren algemeen bereid om het primaat van Rome te herstellen, mits in het Westen de orthodoxie hersteld werd. Zo had in de 15[e] eeuw een aartsbisschop van Sloniki, de eminente theoloog en liturgist Simeon, de volgende visie op de mogelijkheid tot hereniging: 'Het is niet nodig met de Latijnen te twisten over het primaat van Rome. Ze hoeven alleen maar aan te tonen dat (de bisschop van Rome) het geloof van Petrus en van de opvolgers van Petrus heeft en hij zal de privilegies van Petrus ontvangen en hij zal de eerste, de leider en het hoofd van allen zijn; hij zal de hoogste pontifex zijn'[1]. De eenheid van organisatie hangt dus van de eenheid van geloof af en deze moet duidelijk zijn uit zichzelf en niet bepaald worden door uitwendige criteria.

Ondanks het stand houden van de opvatting van de pentarchie verloren de oosterse patriarchaten met uitzondering van dat van Constantinopel voor het grootste deel hun oude glans. De veroveringen van de Arabieren maakten hun kudden kleiner in getal en isoleerden hen van de rest van de christenheid. De kerk van Constantinopel werd zodoende het werkelijke centrum van de orthodoxe wereld: de oude canons die haar een recht van appèl in de hele Kerk verleenden, het verval van de oosterse zetel, de expansie door de missionering en het aanzien van de 'grote kerk' de Hagia Sophia verleenden haar een gezag zonder weerga. Het politieke verval van het Byzantijnse Rijk zelf droeg ertoe bij om het aanzien van het patriarchaat te verhogen, dat op geestelijk plan de macht behield die de keizer meer en meer uit de vingers gleed[2]. Zo zag men in de 14ᵉ eeuw de patriarch zich bemoeien met alle godsdienstige en politieke kwesties van oostelijk Europa, de onderlinge twisten van feodale Russische vorsten bijleggen, met de koning van Polen onderhandelen over de toestand van zijn orthodoxe onderdanen en de herenigingspogingen met Rome doen mislukken. Maar nooit ontwikkelde zich dit feitelijk gezag in de richting van een aanspraak op onfeilbaarheid: de geschiedenis had overigens voorbeelden te over van ketterse patriarchen, zodat deze aanspraak geen vaste vorm kon aannemen en nog in 1347 werd Johannes Kalekas afgezet

---

[1] *Dialogus contra haereses*, Patrologia graeca vol. 155, kol. 120 B.
[2] Zie over dit onderwerp G. Ostrogorky, *Histoire de l'état byzantin*, Parijs 1956, p. 575.

omdat hij partij gekozen had voor de leerstellingen van een veroordeelde monnik, Akindynos.

De feitelijke centralisatie die de orthodoxe wereld vanaf de 11ᵉ eeuw kenmerkt heeft een Byzantijnse stempel gedrukt op alle historische aspecten van de Orthodoxe Kerk: wanneer men het noodzakelijk onderscheid weet te maken is ze in dezelfde zin Byzantijns als de Katholieke Kerk Rooms is. Men kan dit constateren op het terrein van de liturgie, van de vroomheid en van de structuur van het canonieke recht.

De christelijke liturgie heeft in de loop der eeuwen en in haar verspreiding over de landen van het Oosten en Westen waar het evangelie ingang vond verschillende vormen gekend die bepaald waren door de historische omstandigheden waarin de Kerk leefde. De kerk van Constantinopel bezat vóór de 4ᵉ eeuw geen eigen liturgische traditie en daarna heeft ze geleidelijk een eredienst gevormd waarin de invloed van Antiochië overheersend was. Deze ritus die in de 11ᵉ eeuw reeds in wezen zijn tegenwoordige vorm had[3] was een buitengewoon gunstig lot beschoren: hij wordt tegenwoordig in talloze talen gevierd en hij vormt de machtige band van eenheid tussen de orthodoxen van verschillende nationaliteiten die daarin allen de uitdrukking vinden van hun ene geloof. Het gebruik van de talen die door de gelovigen gesproken en begrepen worden heeft er machtig toe bijgedragen om de liturgie in het volk te doen wortelschieten en het volk ziet over het algemeen in zijn deelname aan het gemeenschappelijk gebed van de Kerk het wezenlijke kenteken van zijn lidmaatschap van het lichaam van Christus. Er is geen sprake van een ritualisme zonder meer, maar van een in gemeenschap opnemen van de evangelische

....

[3] De latere hervormingen, met name die van patriarch Philoteus in de 14ᵉ eeuw, betroffen slechts aspecten van minder betekenis in de liturgie en de rubrieken.

boodschap, samengaande met de overtuiging dat het nieuwe leven, dat door Christus gebracht is, zich openbaart en zich meedeelt in de sacramentele werkelijkheid van de christelijke eredienst. Daarom schenkt de orthodoxe leek altijd aandacht aan de vorm en de wijze waarop de eredienst wordt gevierd: hij zal nooit, zoals zijn westerse broer die gewend is aan de liturgische viering in een taal die hij niet verstaat, in de eredienst een handeling zien waarin alleen de priester actief is, maar hij zal zich verantwoordelijk voelen voor alles wat in de tempel van God gebeurt. Men zal gemakkelijk begrijpen dat deze stand van zaken liturgische hervormingen ten goede of ten kwade moeilijk maakt; er hebben echte schisma's kunnen ontstaan door veranderingen van weinig betekenis die in de liturgie werden aangebracht; de feitelijke controle die de hele Kerk zodoende op de liturgie uitoefent werpt bij voorbaat (en ten onrechte) een verdenking van heterodoxie op de riten die de Orthodoxe Kerk sinds de middeleeuwen niet gekend heeft en met name op de verschillende westerse riten. Deze bij uitstek levende liturgie, die zich wortelt in de taal van het land en dikwijls deze taal schept, is juist daarom een waarachtige leerschool van het geloof. Onder het Turkse en Mongoolse juk hebben de christenen van het Oosten in het blijvend karakter van hun liturgie het middel gevonden om aan de orthodoxie trouw te blijven. En deze eredienst blijft thans in Rusland de enige school om de waarheden van het geloof mee te delen aan de eenvoudige gelovigen die overstelpt worden met marxistische propaganda: de herleving van het christendom in de Sovjet-Unie bewijst opnieuw dat deze school uiterst vruchtbaar kan zijn.

Wij kunnen hier niet lang stilstaan om een gedetailleerde beschrijving te geven van de Byzantijnse liturgie[4]. De di-

...

[4] We verwijzen de lezer naar de talrijke publicaties over dit onderwerp, vooral naar de vertaling van de liturgische teksten die door de benedictijner priorij van Chevetogne gepubliceerd zijn (*La prière des*

verse liturgische kringen – dagelijkse, wekelijkse, jaarlijkse en paaskring – beantwoorden grotendeels aan die van de andere traditionele liturgieën in het Oosten en Westen. Anders dan in de Latijnse ritus zijn deze verschillende kringen buitengewoon rijk. Het psalterium en andere Bijbelse teksten, die het wezenlijke van de dagofficie vormen (vespers, completen, middernachtsgebed, metten, prime, terts, sext en noon), worden aangevuld door een groot aantal hymnen die de verschillende tijden van het liturgisch jaar weerspiegelen. Deze hymnen zijn bijeengebracht in drie boeken die elk bij een cyclus horen:

Het *Triodion* bevat de hymnen van de vasten en de paastijd; hiervan zijn er vele geschreven door de heilige Theodorus Studites (begin 11^e eeuw).

De *Oktoechos* (het boek van de acht tonen) bevat een cyclus van acht weken die op de eerste zondag na Pinksteren begint en die zich herhaalt tot aan de vasten van het volgend jaar; elke week wordt gekenmerkt door een bijzonder systeem van melodieën (toon of ikhos). Zo brengt de oktoechos elke dag van het jaar in verband met Pasen, het feest der feesten; de compositie ervan wordt door de traditie verbonden aan de naam van sint Johannes Damascenus (8^e eeuw).

Het *Minaion* beantwoordt ten slotte aan het feesteigen der heiligen en het behoort bij de feesten en de heiligen van de kalender die niet afhankelijk zijn van de paaskring.

Aldus is elke dag het officie samengesteld uit de combinatie van een onveranderlijk deel dat vooral Bijbels is, van een serie hymnen uit de *Oktoechos* of het *Triodion* (in de vasten zijn de twee soms gecombineerd) en van een andere serie die uit het *Minaion* genomen wordt. Het spreekt

....

églises de rite byzantin, 3 vol.). Vgl. ook S. Salaville, *Liturgies orientales – La Messe*, dl. I-II, Parijs 1942; Nicolas Cabasilas, *Explication de la divine liturgie*, coll. 'Sources chrétiennes' 4, Parijs 1943.

vanzelf dat alleen de kloosters in staat zijn het officie in zijn geheel te vieren, in overeenstemming met de aanwijzingen van het *Typikon*, een boek waarvan de tegenwoordige redactie teruggaat tot de 14e en 15e eeuw en dat de regels bepaalt volgens welke de verschillende mogelijke combinaties tussen de kringen gemaakt moeten worden. Het Byzantijns officie is dus in wezen monastiek en de parochies passen zich daarbij aan voor zover dit mogelijk is[5]: dit is een van de tekens van de uitzonderlijke plaats die de traditie van de Orthodoxe Kerk aan het monnikenwezen toekent.

In de oosterse kerk is het later dan in de westerse kerk gewoonte geworden om dagelijks de eucharistische liturgie te vieren; deze gewoonte is zelfs nooit helemaal algemeen geworden: de Orthodoxe Kerk kent feitelijk geen verplichting voor de priester om dagelijks de mis op te dragen – die niet zijn persoonlijke aangelegenheid is, maar een daad van de gehele Kerk – ze heeft grotendeels de opvatting van de liturgie als een 'gemeenschappelijk werk' bewaard: de vervulling ervan is een plechtige daad van de gemeenschap die normaal blijft voorbehouden voor de zondagen en de feesten. Wanneer ze ook al minder nadruk legt op het veelvuldig opdragen van de mis[6] dan is de vroomheid die de Orthodoxe Kerk van Byzantium geërfd heeft daarom niet minder rond het sacramentele leven geconcentreerd: terwijl de eucharistie tegelijk gedachtenis en eschatologische voorafbeelding is, is zij het ogenblik waarop de Kerk iden-

....

[5] Het patriarchaat van Constantinopel heeft ongeveer vijftig jaar geleden een verkort *Typikon* uitgegeven ten dienste van de parochiële behoeften. Dit nieuwe *Typikon* wordt gebruikt in de kerken van de Griekse taal.

[6] Geen enkele bepaling stelt de dagelijkse viering van de liturgie verplichtend of verbiedt deze. De dagelijkse liturgie wordt gevierd in vele kloosters en in de grote parochies.

tiek wordt met het rijk van God. Ze is de plechtigheid bij uitnemendheid van de 'achtste dag' van de week, de Dag van de Heer.

De liturgische verscheidenheid van de oude Kerk is gedeeltelijk in de Byzantijnse ritus bewaard gebleven: twee eucharistische liturgieën, die van sint Johannes Chrysostomus en die van sint Basilius, worden regelmatig gevierd. Een derde liturgie die te Jeruzalem en bij uitzondering elders gevierd wordt, wordt toegeschreven aan sint Jacobus, de broeder des Heren[7]. Gedurende de vasten wordt de eucharistie, in overeenstemming met de beslissingen van de oude concilies, alleen op zaterdag en zondag gevierd: de eigen betekenis van de vasten bestaat hierin, dat ze de christenen herinnert aan de vervallen staat waarin ze tot aan de parousie verkeren, ondanks de aankondiging van het heil die ze reeds ontvangen hebben. De vasten is dus een tijd van wachten die alleen onderbroken wordt door de liturgische vieringen op zondag en die eindigt in de jubelende paasmis, die een voorafbeelding is van de tweede komst van Christus. Gedurende de vasten viert men echter op sommige dagen 's avonds een communieritus met de heilige Gaven die om deze reden de voorafgaande zondag bewaard werden: dit is

....

[7] Wij behandelen hier niet het probleem van de authenticiteit van deze toeschrijvingen, die niet zo heel belangrijk is, want de liturgie is steeds de liturgie van de Kerk en niet van die of die kerkvader. De historici schijnen het er heden ten dage overeen te zijn dat de tekst van de eucharistische canon, die aan sint Basilius van Cesarea wordt toegeschreven, ook die van hem is. Johannes Chrysostomus heeft zeker de liturgie niet geschreven die later op zijn naam werd gezet en die de meest gebruikelijke eucharistische rite in de Orthodoxe Kerk is. De twee liturgieën ondergingen overigens structurele wijzigingen en zij kregen toevoegingen tot na de 4^e eeuw. Ook de liturgie van sint Jacobus behoort tot het Byzantijnse type. Men kan ze dus echt niet toeschrijven aan de broeder des Heren.

de *liturgia praesanctificatorum* (de liturgie van de te voren geconsecreerde Gaven) die wordt toegeschreven aan sint Gregorius de Grote, paus van Rome.

Zoals alle traditionele eucharistische gebeden heeft de Byzantijnse 'canon' de vorm van een plechtige dankzegging tot God de Vader door de bisschop of de priester in naam van heel de gemeente. Omdat de Kerk het lichaam van Christus, de Zoon van God, is, mag ze zich rechtstreeks tot de Vader wenden om het verlossingswerk van de Zoon te herdenken en om de nederdaling van de heilige Geest af te roepen 'over ons en over de Gaven die hier worden aangeboden' (liturgie van sint Johannes Chrysostomus) om ze te veranderen in het lichaam en bloed van de Heer. Dit trinitair karakter van de canon, die zijn hoogtepunt vindt in de slotaanroeping van de Geest (epiclese), wordt door de Orthodoxe Kerk als wezenlijk beschouwd en sinds de middeleeuwen beschouwt men de afwezigheid van deze aanroeping in de tegenwoordige Romeinse mis als een ernstig tekort. De Geest immers openbaart na de hemelvaart van Christus in de Kerk de genade van de verlossing: 'Wanneer echter de Helper komt, die Ik u van de Vader zal zenden, de Geest der waarheid die van de Vader uitgaat, zal Hij over Mij getuigenis afleggen' (Joh. 15:26).

De leer van de Orthodoxe Kerk legt een sterke nadruk op de werkelijkheid van de sacramentele verandering (*metabolè*) van brood en wijn in het lichaam en bloed van Christus. Maar noch de liturgie, noch de vaders, noch een aanvaarde orthodoxe tekst van vroeger dan de 16e eeuw neemt zijn toevlucht tot de term transsubstantiatie (in het Grieks: *metousioosis*) om dit mysterie uit te drukken. In de latere geloofsbelijdenissen die de bedoeling hadden het orthodoxe dogma te stellen tegenover de reformatorische theologie werd deze term gebruikt, maar met het uitdrukkelijk voorbehoud dat het slechts een term onder andere is en dat hij niet veronderstelt dat de Kerk de aristotelische filosofie over de stof en de vorm heeft aangenomen[8].

Naast de eucharistie aanvaardt de orthodoxie de zes andere sacramenten zonder overigens aan het cijfer zeven dezelfde absolute waarde te hechten als de westerse theologie van na Trente. Geen enkel orthodox concilie heeft dan ook precies het *aantal* sacramenten gedefinieerd. Het cijfer zeven is in het Oosten pas in de 13^e eeuw verschenen in het geschrift van de latijnsgezinde keizer Michael VIII Paleologus. Meerder orthodoxe Byzantijnse schrijvers, zoals Simeon van Saloniki (15^e eeuw) spreken formeel over *zeven* sacramenten; maar anderen, in de 15^e en 16^e eeuw, rekenen er ook andere gewijde handelingen onder, vooral het aannemen van het monnikshabijt en de zegening van het water op Epifanie. Sint Gregorius Palamas spreekt over het doopsel en de eucharistie als de sacramenten die op zich reeds 'heel het werk van de Godmens samenvatten'[9]; zonder de uitwerking van de andere sacramenten te ontkennen vestigt hij er zodoende een zekere hiërarchie onder. In datgene wat aldus een terminologische onnauwkeurigheid lijkt moeten we bij deze Byzantijnse theologen vooral de overtuiging zien, dat het christelijk mysterie slechts één mysterie is, waarvan de verschillende sacramentele handelingen verschillende aspecten uitdrukken. Het staat boven alle twijfel dat onder deze handelingen de eucharistie of het doopsel, of ook dat de verlossingsgenade niet werkzaam is in handelingen van sacramentele waarde zoals de zegening van het water. Toch komt men op een schools plan gemakkelijk tot deze leer en daarom wordt ze in de handboeken zeer algemeen aange-

....

[8] Zie vooral de Belijdenis van Dositheus (1672), art. 17.

[9] Zie onze *Introduction à l'étude de Grégoire Palamas*, Parijs 1959, p. 395.

nomen. We zullen daarom over elk van deze sacramenten enkele woorden zeggen.

Het *doopsel*, dat reeds kinderen kunnen ontvangen, wordt toegediend in de vorm van een drievoudige onderdompeling onder de aanroeping van de drie personen van de heilige Drie-eenheid.

Het *vormsel* is verwerkt in de ritus van het doopsel. De Orthodoxe Kerk beschouwt de christelijke initiatie, die bestaat in het doopsel, het vormsel en de gemeenschap met de heilige Geheimen, als een onafscheidelijk geheel dat als zodanig aan de nieuwe christen wordt meegedeeld. Dit onafscheidelijk karakter van het doopsel en vormsel[10] ligt ten grondslag aan de huidige wijze van toediening: beide sacramenten worden dan ook door de priester toegediend, terwijl in het Westen het vormsel voorbehouden blijft aan de bisschop[11]. In de Byzantijnse ritus bestaat het in een zalving met *heilig chrisma* dat speciaal voor de bisschop wordt gezegend[12]: vandaar dat men in het Oosten voor het vormsel het woord *chrismation* gebruikt.

Het sacrament van het *priesterschap* omvat de drie traditionele graden van het priesterschap – bisschopsambt, priesterschap en diaconaat – en twee lagere orden, het subdiaconaat en het lectoraat. Sinds de 6e eeuw (wetgeving van Justinianus, concilie *in Trullo*) worden de bisschoppen uitsluitend uit de

---

[10] Het vormsel wordt alleen los van het doopsel toegediend in sommige gevallen van verzoening van heterodoxen met de Kerk.

[11] In de primitieve Kerk was de bisschop de normale bedienaar van het doopsel en het vormsel.

[12] In de tegenwoordige praktijk bezitten alleen enkele eminente bisschopszetels het privilegie om het heilig Chrisma te bereiden en te wijden; het wordt daarna over de bisdommen en de parochies verdeeld.

monniken gekozen. Maar een gehuwd man kan tot diaken en priester worden gewijd[13].

Het *huwelijk* wordt met grote plechtigheid gevierd in een ritus die 'kroning' wordt genoemd. Het gebod van Christus over de enigheid van het huwelijk wordt als absoluut beschouwd en de clerus heeft hieromtrent zeer strenge disciplinaire voorschriften – een man die met een weduwe gehuwd is mag niet tot priester worden gewijd – maar echtscheiding wordt toegestaan in het geval waarin de genade van het sacrament klaarblijkelijk zijn uitwerkingskracht gemist heeft, hetzij door de fout van een van de echtgenoten (echtbreuk), hetzij door de materiële onmogelijkheid om de huwelijksband te verwerkelijken.

De *biecht* is tegenwoordig een 'private' handeling geworden, zoals ook in het Westen. Ze betekent van de ene kant de verzoening van een zondaar die door zijn zonden van de Kerk verwijderd werd en van de andere kant een 'genezing van de ziel' of belijdenis. De verschillende absolutieformules die gebruikt worden, hebben alle een deprecatieve vorm: het is een gebed van de priester om de vergeving van de penitent; in deze gebeden is het steeds God die vergeeft, en niet de priester. Maar in de 17^e eeuw heeft de metropoliet van Kiev, Petrus Maghila, in het Slavisch rituaal dat hij uitgegeven heeft, een gebed van Latijnse inspiratie ingevoerd dat een absolutieformule bevat die door de priester wordt gegeven in de eerste persoon (*ego te absolvo*, ik ontsla u …). Deze formule wordt tegenwoordig in de Russische kerk gebruikt.

Het liturgisch leven staat zodoende centraal in de orthodoxe vroomheid: het is de uitdrukking en verwerkelijking van het mysterie van Gods tegenwoordigheid in de Kerk, het

---

[13] Het huwelijk na de priesterwijding en het tweede huwelijk van priesters die weduwnaar zijn, is absoluut verboden.

verkondigt de dogmatische waarheid; het ordent ook in grote mate het morele gedrag van de gelovigen door ze nu eens aan te zetten tot boete en vasten, dan weer tot verheerlijking van de Schepper en tot de vreugde van het messiaanse gastmaal. Het legt een zeker ritme in hun leven door elke avond en elke morgen, elke dag van de week, elke tijd van het jaar en ook elke belangrijke gebeurtenis in het leven van de mens – geboorte, huwelijk, ziekte, dood – in verband te brengen met de grote feiten van de openbaring en door bij elk van deze gelegenheden de ene genade van de verlossing mee te delen.

Omdat de liturgie in haar wezen een eredienst van de gemeenschap is, krijgt het gebouw dat regelmatig als omlijsting van de gemeente dient geheel vanzelfsprekend een bijzondere betekenis. En ook hier heeft Byzantium een kunst geschapen die er in heel de loop van haar ontwikkeling op een merkwaardige wijze in slaagde de christelijke dogma's uit te beelden en antwoord te geven op de problemen van het godsdienstig bewustzijn. De belangrijke plaats die deze kunst in de oosterse kerk heeft verworven was van zulke betekenis dat ze in de 8e en 9e eeuw de grote iconoclastische crisis opriep: alleen een kunst die zeer nauw verbonden is met de dogma's en het godsdienstig leven kon tegelijk zulk een onstuimig verzet opwekken en een zo grote massa hartstochtelijke verdedigers vinden. In de loop van deze strijd heeft de Kerk de dogmatische aard van deze beeldenverering vastgelegd: daarover heeft het 8e oecumenisch concilie (Nicea 787) zich uitgesproken. De vaders verkondigden: 'Wij bepalen dat de heilige beelden in kleur, in heilige kerken van God, op het liturgisch vaatwerk en de liturgische kleding, op de muren en meubels, in de huizen en langs de wegen moeten worden uitgestald: het beeld van onze Heer God en verlosser Jezus Christus, dat van onze vorstin, de onbevlekte en heilige moeder van God; die van de eerbiedwaardige engelen en die van de heilige mensen. Deze voorstellingen brengen elke keer als ze worden gezien degenen die ze beschouwen ertoe om degenen die ze voorstellen te gedenken en te beminnen. Wij bepalen eveneens dat ze mogen worden gekust en het voorwerp van verering en hulde (*timètik proskunèsis*) mogen zijn, maar niet van een echte aanbidding (*latreia*) die alleen mag geschieden voor het Voorwerp van ons geloof en die alleen aan het goddelijk Wezen toekomt ... De eer die aan het beeld wordt bewezen wordt in werkelijkheid bewezen aan degene die het voorstelt; wie het beeld vereert, vereert in feite degene die is afgebeeld'.

Het onderscheid dat het zevende concilie maakt tussen 'cultus' of 'aanbidding' (*latreia*) van God en de verering (*proskunèsis*) van de heilige iconen is vooral gericht op de weerlegging van de beschuldiging van afgoderij, die de rechtgelovigen van de iconoclasten te horen kregen. Ze is nu nog volledig actueel, vooral om aan de protestanten de juiste betekenis van de iconen in de orthodoxie duidelijk te maken: men spreekt nog al te dikwijls van een cultus, van een aanbidding van de heilige iconen, woorden die hier toch niet gebruikt dienen te worden, omdat ze niet dezelfde betekenis hebben als het Griekse *latreia* dat door de beslissing van Nicea formeel is uitgesloten. Niettemin wordt er een positieve dogmatische waarde gehecht aan de verering van de beelden: deze waarde is in haar wezen gebaseerd op de realiteit van de menswording van het Woord. De Zoon van God, zo betogen al de verdedigers van de beelden, van sint Johannes Damascenus tot patriarch Nicephorus, is werkelijk mens geworden: eerst onzichtbaar, onkenbaar en niet weer te geven, is hij zichtbaar en kenbaar geworden en kan Hij uitgebeeld worden in het vlees dat het zijne was. Maar dat vlees is in de godheid opgenomen: het is zelf bron van genade geworden. De beelden die het voorstellen moeten dus dit goddelijk karakter weerspiegelen: daarom is de Byzantijnse kunst met haar conventies en haar traditionalisme uitermate geschikt gebleken om een christelijke kunst te worden... Zoals alle dogmatische geschillen van de eerste eeuwen, had ook de iconoclastische strijd betrekking op de christologie: eigenlijk verwierpen de iconoclasten de werkelijkheid van de menswording en ze verdedigden de opvatting van een volkomen transcendente God; de rechtgelovigen daarentegen bevestigden de werkelijkheid van een menselijke natuur Christus, maar ze vergaten niet dat deze natuur vergoddelijkt was, dat ze toebehoorde aan de ene persoon van het Woord en dat dus de afbeeldingen van Christus, zoals die van heilige Maagd en van de heiligen die in Christus deel hebben in de vergoddelijking, heilige beelden moeten zijn en vereerd moeten worden.

Deze beelden vormen dus een wezenselement in de orthodoxe vroomheid. Sommige beelden hebben de naam van wonderdadig te zijn en ze zijn als zodanig erkend door de Kerk, die daarvoor speciale liturgische feesten heeft ingesteld: evenals hoe de portretten van bijzonder gevierde of dierbare mensen in ons heel sterke gevoelens kunnen opwekken, zo kunnen ook bepaalde iconen het voorrecht bezitten om degene die ze voorstellen zeer dicht bij het hart van de gelovigen te brengen, daden van geloof in hen opwekken en ten slotte de goddelijke almacht openbaren.

Deze verschillende aspecten van de vroomheid en van het geestelijk leven die het Byzantijnse christendom gekenmerkt hebben en nog kenmerken, hebben in de middeleeuwen de krachtigste verdedigers gevonden onder de *monniken*. We hebben reeds opgemerkt dat het christelijk monnikenwezen in de 3^e tot 4^e eeuw is ontstaan als een reactie tegen de nieuwe toestand van betrekkelijk gemak die de Kerk onder de bescherming van het rijk was ingegaan. De elite van de christenen gaf er de voorkeur aan naar de woestijn te vluchten en aldus te getuigen dat het rijk van God een toekomstig rijk is en dat de Kerk hier beneden geen blijvende toevlucht kan vinden. Het voortdurend succes van het monastieke idee te Byzantium bewijst dat het eschatologische bewustzijn hier nooit verzwakt is: het Byzantijnse monnikenwezen werd zelfs de steunpilaar van de Kerk tegen de willekeur van de vorsten en het voorkwam dat de Kerk een verlengstuk van de staat werd. De Byzantijnse maatschappij kende aan de monniken deze uitzonderlijke taak toe; in de kloosters zocht men dan ook de kandidaten voor het bisschopsambt, daar kreeg de *lex orandi* van Byzantium haar definitieve vorm en de monniken waren het die op de iconoclasten een schitterende morele overwinning behaalden en aldus de terugkeer van de keizerlijke macht naar de rechtgelovigheid bewerkten.

In de loop van zijn geschiedenis heeft het monnikenwezen verschillende vormen gekend van het totale anachoretisme, waarvan de oorsprong teruggaat tot de woestijnen van Egypte of Palestina, tot de grote gemeenschappen die bestuurd werden door de *Regels* van sint Pachomius of sint Basilius.

Het eremitisme dat in het Oosten ook hesychasme wordt genoemd (*hèsuchia* betekent rust, geestelijke verademing) is gebaseerd op de voortdurende beoefening door de monnik van het inwendig, aanhoudend en monologisch gebed; sint Johannes Climacus schreef in de 7e eeuw: 'Dat de naam van Jezus zich vasthechtte aan uw ademhaling, dan zult ge de vreugde van de rust ondervinden'[14]. Als burger van het rijk der hemelen bevindt de monnik zich in voortdurende gemeenschap met zijn Heer, hij herhaalt, voortdurend en zonder onderbreking, gedurende zijn arbeid en zelfs gedurende zijn slaap, een kort gebed waarbij hij de naam van Jezus aanroept, nu eens het *Kyrie eleison*, dan weer: 'Heer Jezus Christus, Zoon van God, ontferm u over mij'. Soms zal hij zelfs een letterlijke betekenis aan de woorden van sint Johannes

---

[14] *Echelle du paradis, degré 27*, Franse vertaling in J. Gouillard, *Petite Philocalie*, Parijs 1953, p. 117.

Climacus hechten en het gebed van Jezus verbinden met het ritme van zijn ademhaling. Hij zal het rijk van God binnen in zichzelf zoeken: het doopsel en de eucharistie verlenen immers aan elke christen het voorrecht om in Christus te leven en in zijn hart de gave van de heilige Geest te bezitten. Uit het hesychasme zijn grote orthodoxe mystieken voortgekomen: sint Maximus Confessor (7e eeuw), sint Simeon de Nieuwe Theoloog (11e eeuw), sint Gregorius de Sinaïet (14e eeuw). In de 14e eeuw stonden de hesychasten op de bres om onder leiding van de grote theoloog sint Gregorius Palamas, aartsbisschop van Saloniki, de orthodoxie te verdedigen tegen de verwoestingen van een filosofie die een werkelijke gemeenschap tussen God en de stervelingen onmogelijk verklaarde. Dit was voor Palamas de aanleiding om door een reeks conciles (1341, 1347, 1351) theologische formuleringen te laten aannemen die de volle werkelijkheid onderschreven van de gemeenschap met God, die toegankelijk is voor de christenen in de Kerk; de Griekse vaders noemen deze gemeenschap 'Vergoddelijking'[15].

Naast het hesychasme heeft het christelijk Oosten nog een ander soort kloosterleven gekend dat in het Westen klassiek is geworden: de grote aan een regel gebonden liturgische gemeenschap. Sint Pachomius en vooral sint Basilius van Cesarea hebben aan de monniken van hun tijd *Regels* gegeven, die op een merkwaardige wijze door de eeuwen hebben standgehouden. Sint Theodorus, abt van het grote klooster Stoudion te Constantinopel en verdediger van de rechtgelovige leer tegen het iconoclasme (9e eeuw), was in de Byzantijnse tijd de grote systematicus van deze regel. De monniken van Stoudion, die in alles aan de abt onderworpen

....

[15] Vgl. Jean Meyendorff, *Saint Grégoire Palamas et la mystique orthodoxe*, Parijs 1959 en *Introduction à l'étude de Grégoire Palamas*, Parijs 1959.

waren, hadden een strikt gereglementeerd gebruik van hun tijd, dat verdeeld was over de kerk, de eetzaal en de arbeid. In de kloosterlijke gemeenschappen van dit soort kregen de Byzantijnse liturgie en hymnografie hun beslissende ontwikkeling: de oude hymnografie, vooral die van Romanus de Zanger, de geniale dichter van de 6^e eeuw, was gegoten in een strenge vorm die zich aanpast aan de vormen van een kloosterlijk officie, dat thans als zodanig door de Kerk in haar geheel is aangenomen.

Zowel de hesychastische als de cenobitische richting hebben in de Byzantijnse kerk bestaan en ze bestaan nog in de huidige orthodoxie. Al kwamen ze af en toe in conflict, ze kenden verschillende vormen van naast elkaar bestaan. Soms zagen de grote gemeenschappen in hun midden mystieken verschijnen die de zuiverste hesychastische spiritualiteit beoefenden terwijl ze zich aanpasten aan de regels van de gemeenschap: zo kon een sint Johannes Climacus abt zijn van het grote klooster van de Sinaï; zo kon het hesychasme in de 10^e tot 11^e eeuw bloeien in de grote gemeenschap van Stoudion, met sint Simeon de Vrome en sint Simeon de Nieuwe Theoloog. De oorspronkelijke vorm van het kloosterleven, de federaties van kloosters, zoals we die kennen op de berg Athos, op de berg Olympus en op de berg Sint Auxentius, duldde in zijn midden tegelijk grote gemeenschappen en hesychastische kluizen. Van deze gemeenschappen bestaat nu nog alleen die van de berg Athos. Oorspronkelijk was het schiereiland van de Athos bewoond door Anachoreten; sint Athanasius (10^e eeuw) stichtte er de eerste grote 'laura'; later werd het hele grondgebied van de Athos verdeeld onder de grote kloosters die verbonden waren door een centraal bestuur, het *protaton*. Maar de verschillende statuten, die in de loop van de geschiedenis nogal eens varieerden, waren steeds berekend op de aanwezigheid van *skiti* en *kellia* waarin hesychasten wonen, die zich wijden aan het 'zuiver gebed'.

De Regels van de gemeenschappen voorzien ook in het beoefenen van het 'Jezusgebed' door de monniken.

Zo toont het Byzantijnse monnikenwezen een merkwaardige eenheid van inspiratie en tegelijk laat het aan de verschillende persoonlijke temperamenten de mogelijkheid tot hun recht te komen. De monnik is, of hij nu alleen of in gemeenschap leeft, een profeet van het rijk dat komen moet. Zijn taak is een charismatische taak, die bestemd is om de Kerk en de wereld te dienen. Het is merkwaardig in dit verband vast te stellen, dat de Kerk steeds geweigerd heeft richtingen goed te keuren die de monniken van de Kerk isoleerden en die hun een opdracht toeschreven die *wezenlijk* verschilde van en stond boven die van de andere christenen; als instelling zijn de kloosters in de Orthodoxe Kerk steeds onderworpen aan het gezag van de bisschop van het gebied waarin ze zich bevinden en zo zijn ze opgenomen in het leven van het bisdom. De Kerk van het Oosten heeft nooit kloosterorden gekend die 'exempt' waren van de canonieke onderdanigheid aan de diocesane bisschoppen. Het monnikenwezen is dus geroepen om zijn bijzondere zending in en voor de Kerk te vervullen.

De liturgische riten van Byzantium, de onuitputtelijke rijkdom van de godsdienstige kunst, het geestelijk gezag van de monniken, het gebruik in de liturgie van een taal die alle gelovigen verstaan, de gehuwde clerus die dus psychologisch dicht bij zijn kudde staat, een opvatting van de Kerk die een grote verantwoordelijkheid van heel het volk in het kerkelijk leven toelaat, al deze elementen – waaraan Byzantium de vorm heeft geschonken die we thans kennen – hebben het mogelijk gemaakt dat de Orthodoxe Kerk door de eeuwen heen een buitengewoon organisch kerkelijk leven behouden heeft. Van Byzantium heeft ze ook minder positieve historische trekken geërfd, vooral de opvatting van een sacrale staat, die heel wat excessen van het moderne nationalisme verklaart In onze tijd vooral moeten we in deze erfenis onderscheid maken tussen de traditie van de Kerk, de uitdrukking van het openbaringsgegeven, en de menselijke tradities die zich in het verloop van de geschiedenis onvermijdelijk ophopen. Het maken van dit onderscheid doet dikwijls pijnt, maar het helpt ons soms vooruit en het kan alleen gemaakt worden met de hulp van de Geest die 'alle waarheid leert'. Hij leidt, zonder iets aan de menselijke vrijheid te kort te doen, de Kerk naar haar uiteindelijke voltooiing.

5
TEGENOVER DE ISLAM
DE GELOOFSBELIJDENIS VAN DE 16ᴱ EN 17ᴱ EEUW

In de eerste jaren van zijn offensief in de 7ᵉ eeuw stiet de islam reeds op de christenheid van het Oosten. Het Byzantijnse Rijk, dat nog onder Heraclius (610-641) uitgestrekte gebieden van de oude Romeinse wereld, waaronder het Heilig Land, op de Perzen heroverd had, moest wijken voor de Arabische veroveraars en Syrië, Palestina, Egypte en Noord-Afrika aan hen prijsgeven.

De godsdienstige toestand in die gebieden droeg in grote mate bij tot het succes van de islam: de kerken van de Syrische en koptische taal hadden een grote afkeer van de Grieken en de keizer, zij verwierpen de orthodoxie van Chalcedon, die de Byzantijnse keizers hen lange tijd met geweld hadden willen opleggen en zo ontvingen zij hun nieuwe meesters met welwillendheid. Soms boog de orthodoxe hiërarchie zelf voor het onvermijdelijke en in haar zorg voor de blijvende belangen van de Kerk nam zij dezelfde welwillende houding aan: zo onderhandelde sint Sophronius, patriarch van Jeruzalem en beroemd bestrijder van het monotheletisme, in 638 over de overgave van de belegerde heilige stad. Het keizerlijke leger en vooral de vloot slaagden er echter in om in 678 de Arabieren tot staat te brengen; in 718 liep weer een muzelmanse aanvalsgolf te pletter tegen de geduchte muren van

Constantinopel: deze Byzantijnse successen hadden aan de andere kant van de christelijke wereld dezelfde betekenis als de overwinning van Karel Martel bij Poitiers in 732.

Op godsdienstig plan gaf de vestiging van de islamitische macht over de voormalige oostelijke provincies van het rijk aan het oecumenisch patriarchaat van Constantinopel een zo goed als enig gezag in de rechtgelovige Kerk van het Oosten. Zo kon, zoals we reeds gezien hebben, Photius in overeenstemming met paus Johannes VIII een soort diarchie van Rome en Byzantium in de christelijke wereld vestigen. Daarna waren de patriarchen van Alexandrië, Antiochië en Jeruzalem feitelijk, zo niet rechtens, in grote mate afhankelijk van hun collega in de hoofdstad en zij namen, althans in zaken van algemeen belang, nooit een standpunt in dat tegengesteld was aan het zijne.

Te beginnen bij de 11[e] eeuw brachten nieuwe binnendringers die uit Azië gekomen waren, de Turken, het Arabisch kalifaat onder hun macht en ook zij stieten op Byzantium. Toen ze tot de islam bekeerd waren, vormden ze een voortdurende bedreiging van het Rijk dat, weliswaar in de 13[e] eeuw verzwakt door de geweldige roverij in 1204 door de kruisvaarders bedreven, hun toch vier eeuwen lang weerstand zou bieden.

De strijd die zo lang kruis en halve maan tegenover elkaar bracht en die nu nog zijn weerslag heeft in talrijke Byzantijnse liturgische teksten, was niet de enige wijze waarop de islam en de oosterse christenheid in de middeleeuwen met elkaar in contact kwamen. Orthodoxe theologen, van sint Johannes Damascenus (8[e] eeuw) tot keizer Johannes Cantacuzenus (14[e] eeuw), gaven in hun weerleggingen van de islam aan de Byzantijnen een zekere kennis van de leer van de Koran. De keizers van de 8[e] eeuw, dezelfden die op de Arabieren beslissende overwinningen wisten te behalen, werden aangetrokken door bepaalde aspecten van de Arabische beschaving:

ze begonnen wel de grote iconoclastische strijd, maar vestigden ook, direct of indirect, duurzame culturele betrekkingen tussen Bagdad en Constantinopel[1]. Belangrijke Byzantijnse prelaten en grote geleerden, zoals Photius, Constantijn de Wijsgeer en Nicolaas de Mysticus, hadden contacten met muzelmanse geleerden. Zelfs op het terrein van het geestelijk leven en de mystiek is er een zekere wederkerige beïnvloeding aannemelijk tussen de islamitische *dhikr* (de methode om het voortdurend noemen van de naam van God met de ademhaling te verbinden) en het orthodoxe hesychasme van de 13[e] en 14[e] eeuw[2]. We moeten echter opmerken dat de Arabische wijsbegeerte op het Byzantijnse denken zo goed als geen invloed heeft gehad: de Byzantijnen hadden steeds een rechtstreekse toegang tot Aristoteles behouden, en zij hoefden hem nooit, zoals de Latijnen, te ontdekken via de Arabische vertalingen en commentaren.

Al deze elementen van wederkerige kennis waren ongetwijfeld de voorbereiding op het feit dat het christendom het Turkse juk zou overleven. Veel belangrijke Byzantijnen voorzagen gedurende de laatste jaren van het Rijk de mogelijkheid dat dit zou bezwijken. Ze wisten dat het christendom over het algemeen door de Ottomanen geduld werd[3]. Wat de

---

[1] Over de banden die bestonden tussen de islam en het iconoclasme van Byzantium, zie A. Grabar, *L'iconoclasme byzantin – Etude archéologique*, Parijs 1957.

[2] Zie over dit onderwerp L. Gardet, *Un problème de mystique comparée: la mention du Nom divin (dhikr) dans la mystique musulmane*, in *Revue thomiste* 1952, III, P. 642-679; 1953; I, p. 197-216. Vgl. onze *Introduction à l'étude de Grégoire Palamas*, p. 201-203.

[3] Sint Gregorius Palamas verbleef in 1354 noodgedwongen in het bezette gebied van Klein-Azië: hij geeft een gunstige beschrijving van het leven dat de christenen daar leidden. (Zie onze *Introduction* p. 157-162).

laatste Byzantijnse keizers betreft, hun wanhopige pogingen om een westerse kruistocht tegen de indringers op de been te krijgen brachten hen er steeds duidelijker toe om het orthodoxe geloof te verzaken en de Roomse 'nieuwigheden' te aanvaarden. Daarom kon op de vooravond van de val van Byzantium een belangrijke hoffunctionaris, groothertog Lucas Notaras, openlijk verklaren: 'Het is beter dat de Turkse tulband in onze stad regeert dan de Latijnse mijter'[4]. En daarmee sprak hij beslist de opvatting van velen uit.

De inname en de plundering van Constantinopel door de legers van Mahomet II in 1453 was nochtans een van de grootste rampen in de geschiedenis van de christenheid. In 1456 viel Athene; het Parthenon, dat 1000 jaar lang een christelijke kerk was geweest die aan de heilige Maagd was toegewijd, werd, evenals de Hagia Sophia van Constantinopel, een mohammedaanse moskee. In 1460 maakten de Turken zich meester van de Byzantijnse Peloponnesus en in 1461 van Trebizonde, de laatste resten van het Griekse keizerrijk. De twee orthodoxe Servische staten bezweken in 1459 en 1463. Het Ottomaanse Rijk strekte zich uit over heel de oosterse christenheid met uitzondering alleen van Rusland, dat zich integendeel juist bevrijdde van het Mongoolse juk en dat zodoende eeuwen lang de steunpilaar werd van de orthodoxie in het Oosten.

Onder het Turkse bewind kon de Kerk intussen haar hele bestuurlijke structuur behouden en deze werd zelfs verstevigd door de privilegies die de veroveraar aan de oecumenische patriarch van Constantinopel verleende. Mahomet II stond immers de canonieke keuze van een nieuwe patriarch toe en gekozen werd Gennadios Scholarios, die tegelijk de leider van de anti-unionistische partij en een hartstochte-

---

[4]   Ducas, *Histoire XXXVIII*, Bonn, p. 264.

lijk bewonderaar van Thomas van Aquino was. Hij verleende hem persoonlijk de investituur en sprak de formule uit: 'Wees patriarch, bewaar onze vriendschap en ontvang alle voorrechten die de patriarchen, uw voorgangers, bezaten'. Deze voorrechten bestonden in de onschendbaarheid van de persoon van de patriarch en, door zijn tussenkomst, van alle bisschoppen; verder de vrijstelling van belasting en *het burgerlijk gezag over alle christenen van het Ottomaanse Rijk*. Deze werden in het muzelmanse recht immers behandeld als één volk (*millet*), waarbij geen rekening werd gehouden met verschillen in belijdenis, taal of afkomst. De islam, het volk van God, had hen onderworpen, maar ze behielden het recht om hun interne aangelegenheden zelf te regelen volgens de voorschriften van hun godsdienst en onder de enige en persoonlijke verantwoordelijkheid van de orthodoxe patriarch, die een soort christelijke kalief was en verantwoording moest afleggen aan de sultan. Zo zag de Griekse hiërarchie zich bekleed met een feitelijk gezag, dat tegelijk godsdienstig en burgerlijk was en dat veel uitgebreider was dan dat van vóór de Turkse verovering. De patriarch van Constantinopel kreeg een bijna onbegrensde macht, niet alleen over de gelovigen van zijn patriarchaat, maar ook over die van de andere oosterse patriarchen, die theoretisch toch zijn gelijken waren, en zelfs over de heterodoxe christenen van het Ottomaanse Rijk. De bisschoppen begroetten de titularis van de oecumenische zetels als 'hun soeverein, hun keizer en hun patriarch'[5]. Deze nam voortaan de onderscheidingstekens aan die vroeger aan de keizer waren voorbehouden: hij droeg een mijter in de vorm van een keizerskroon, hij zetelde op een tapijt dat de afbeelding van de Romeinse adelaar droeg en hij liet de haren groeien op de wijze van de keizers en de hoge burgerlijke

[5] *Historia patriarchica*, Bonn, p. 264.

beambten van Byzantium[6]. Doordat hij *millet-bachi*, hoofd van het christenvolk, of in het Grieks: ethnarch, was geworden, trad de patriarch sindsdien op als de regent van een onderworpen rijk.

Het ethnarchisch systeem, dat door de Turken in het leven geroepen was en dat nu nog voortleeft op Cyprus en in de landen van de Levant, waarborgde de onafhankelijkheid van de christelijke kerk. Het was echter gebaseerd op een opvatting die de islam gemeen had met het jodendom: het volledig gelijkstellen van het volk van God met een concrete sociologische grootheid. Zo groepeerde de islam alle gelovigen van Allah en zijn profeet en zo stond daarnaast het volk van Jezus … Binnen de christelijke *millet* maakte de Ottomaanse macht geen onderscheid van volkeren en ze stelde er zich mee tevreden de keuze van de patriarch en de bisschoppen goed te keuren. Dit bestuur had belangrijke gevolgen voor het leven van de christenen van het Nabije Oosten:

1. Het zonderde hen af in een soort *getto* waar ze niet buiten durfden te komen, ook niet als op een gegeven ogenblik hun materiële welstand betrekkelijk gunstig was en zelfs niet als ze een werkelijke invloed uitoefenden bij de Verheven Porte. Elke missie naar buiten, elke evangelisatie van niet-christenen was hun onmogelijk geworden en ze zou als een politieke misdaad beschouwd zijn: in het Oosten was alleen de Russische kerk in staat om naar het voorbeeld van Byzantium het bekeringswerk onder niet-christenen voort te zetten.
2. Doordat de patriarch als ethnarch van de christenen een officiële persoonlijkheid van het Turkse Rijk was, werd hij met zijn bestuursapparaat noodzakelijk en automa-

---

[6] Vrij spoedig hadden eveneens de bisschoppen dezelfde privilegies. In Rusland werden ze pas in de 17[e] eeuw ingevoerd onder patriarch Nikon, waar ze natuurlijk elke politieke betekenis verloren.

tisch deelgenoot aan het verschrikkelijke corruptiesysteem dat in de aangelegenheden van de Porte heerste. Iedere nieuwe verkiezing hield een flinke betaling aan het Turkse bestuur in, die elke keer werd vastgesteld bij de *berat* van de investituur: deze som werd soms aan de kas van het patriarchaat onttrokken en dan werd ze door de nieuw gekozene tijdens diens pontificaat weer aangevuld door middel van corresponderende heffingen op de bisdommen, en soms betaalde de patriarch ze uit zijn persoonlijke middelen. Op kleinere schaal gebeurde hetzelfde bij de keuze van een bisschop, want ook deze moesten alle door een *berat* van de sultan worden goedgekeurd. Omdat bovendien de titularissen van de oecumenische zetel vrij dikwijls, volgens de willekeur van de Ottomaanse politiek, wisselden, werd de corruptie een chronische kwaal. In de 18^e eeuw, een van de donkerste perioden voor de kerk van Constantinopel, volgden achtenveertig patriarchen elkaar op in drieënzestig jaar! Alleen heiligen konden bij zulk een bestuur tegen hun taak opgewassen zijn en het feit dat de Griekse kerk vier eeuwen Turkse overheersing overleefd heeft, lijkt wel een echt wonder.

3. Doordat de patriarch van Constantinopel ethnarch van alle christenen van het Turkse Rijk was geworden, had hij de gelegenheid om zijn gezag ook te vestigen over alle andere centra van de orthodoxie. Het Bulgaarse patriarchaat van Trnovo kreeg vanaf 1349 een Griekse titularis van het oecumenisch patriarchaat. Patriarch Samuel I hief in 1776 de autocefale kerk van Ochrida op en daarna het Servisch patriarchaat van Pecs. Deze centralisatie ging helaas samen met onderdrukkingsmaatregelen tegen de Slavische bevolking: er werden Griekse bisschoppen voor hun bisdommen benoemd en het Slavisch werd als liturgische taal afgeschaft. Het was voor de plaatselijke geestelijkheid totaal onmogelijk om zich tegen deze

maatregelen te verzetten, omdat het Phanar in naam van de sultan tegelijk een godsdienstig en burgerlijk gezag over haar uitoefende. Het nationalisme, de kanker van de moderne orthodoxie, leefde dus ook krachtig onder het Turkse regime: enerzijds het Griekse nationalisme dat de orthodoxie gelijkstelde met het hellenisme en anderzijds het Slavisch nationalisme dat in de 19^e eeuw in de zeer weinig christelijke sfeer van revolutie en wederkerig wantrouwen het herstel van de autocefalie van de eigen kerken verkreeg. De onderlinge twisten waren de schande van de Orthodoxe Kerk in de sombere jaren van het Turkse juk. Maar af en toe vlamden felle uitbarstingen van antichristelijk fanatisme op en vergoten nieuwe martelaren hun bloed voor Christus: de meeste beroemde van hen is de oecumenische patriarch Gregorius V, die op Pasen 1821, na de plechtige liturgie gevierd te hebben, door de Turken aan de grote koetspoort van het patriarchaat werd opgehangen[7].

Dankzij haar liturgie en de geschriften van de kerkvaders, die in de kloosterbibliotheken bewaard bleven, behield de Kerk onder het Turkse bewind echter het wezenlijke van haar boodschap. Het gemeenschappelijk gebed in de kerken en de verbazingwekkende rijkdom van de Byzantijnse liturgische teksten maakten dat de Grieken en de andere volkeren van de Balkan en het Midden-Oosten trouw bleven aan het geloof en zich hechter aansloten bij een Kerk die nochtans verstoken was van scholen, boeken en een onderlegde geestelijkheid.

Enige uitstekende mensen van de Kerk wisten echter de theologische traditie van Byzantium te doen standhou-

---

[7] Deze poort blijft, ook nu nog, altijd gesloten als herinnering aan de dood van sint Gregorius V.

den. Sommigen waren autodidacten, anderen gingen in het Westen studeren en raakten dikwijls onder de rechtstreekse invloed van hun katholieke of protestantse leermeesters. De opvattingen van de reformatie en de contrareformatie drongen in het Oosten door en de Kerk moest in stoffelijk en geestelijk allerellendigste omstandigheden getuigenis afleggen van de orthodoxie. De theologen van de 17e en 18e eeuw deden dat om zo te zeggen op het gevoel af, en ze gebruikten katholieke argumenten tegen de protestanten en de protestantse tegen de katholieken. De politiek was niet vreemd aan deze wisselende beïnvloeding: in zijn betrekkingen met de Porte verzekerde het patriarchaat zich nu eens van de steun van de katholieke ambassadeurs van Oostenrijk of Frankrijk, dan weer van hun protestantse collega's van Engeland of Nederland, en deze maakten allen van hun invloed gebruik om de patriarchen op de troon te helpen of af te zetten ...

In de 15e en 16e eeuw, de eerste decennia die op de val van Constantinopel volgden, had het patriarchaat een modus vivendi met het Turkse Rijk gevonden en het had van die kant nog niet veel pressie ondervonden. Er werden regelmatig concilies gehouden en deze konden de zaken van de Kerk in vrijheid behandelen. Enige daarvan waren gewijd aan de betrekkingen met de christenen van het Westen: dat van 1454 onder patriarch Gennadios Scholarios verwierp officieel de uni van Florence; dat van 1484 werd gehouden in tegenwoordigheid van drie andere oosterse patriarchen en het publiceerde een speciale verzoeningsritus voor katholieken die tot de orthodoxie overgingen[8]. Op het einde van de

....

[8] Dit officie bevat het sacrament van het vormsel. In de praktijk had er, vooral op de Griekse eilander die onder Venetiaans bestuur stonden, concelebratie plaats door katholieke en orthodoxe priesters samen tot in de 18e eeuw. De oorzaak hiervan – voor beide confessies was dit canoniek gezien problematisch – moet men zoeken zowel in

16ᵉ eeuw had er een eerste contact plaats tussen de theologie van de reformatie en de orthodoxie: in 1573-1574 richtte zich een belangrijke groep lutheraanse theologen van de Tübinger School tot de oecumenische patriarch Jeremias II met de in het Grieks vertaalde tekst van de Augsburgse Confessie en ze vroegen hem om daarover zijn mening te geven. Het lange antwoord van de Griekse prelaat is een zeer interessant document, omdat het laat zien op welke wijze een orthodoxe theoloog in die tijd vanuit zijn getto te Constantinopel kon oordelen over het protestantisme, *alleen* aan de hand van de Augsburgse Confessie. Dit oordeel was vriendelijk, maar streng: het werd gevolgd door een briefwisseling tussen beide partijen, maar zonder praktische gevolgen[9].

In de 17ᵉ eeuw namen de betrekking van Constantinopel met de westersen een ongunstige wending. Deze relaties werden overheerst door het tragische geval van Cyrillus Loukaris, een van de geleerdste Grieken van zijn tijd, die ruim tien jaar in Italië had doorgebracht, vloeiend Latijn schreef, sint Thomas van Aquino in zijn homilieën aanhaalde, betrekkingen onderhield met de Duitse humanisten Nöschel en Sylburg en achtereenvolgens tot patriarch van Alexandrië (op de leeftijd van dertig jaar in 1602) en van Constantinopel (1620) gekozen werd. Hij was leerling, verwant en beschermeling van de grote prelaat Meletius Pigas, die zijn voorganger was op de zetel van Alexandrië. Het scheen dat een grote toekomst voor hem was weggelegd en hij verwierf ook de dankbaarheid van de Grieken voor zijn ijver om het peil van het onderwijs omhoog te werken en om een hernieuwing van het hellenisme te bevorderen. Te Constantinopel kwam hij onder de invloed

....

de politieke toestand (Italiaanse overheersing) als in het verlangen om het schisma niet als een voldongen feit te beschouwen.

[9] Zie over deze correspondentie de werken van prof. E. Benz, vooral *Wittenberg und Byzanz*, Marburg 1949.

van de reformatorische theologie – de ambassadeur van Holland, Cornelius Haga, verschafte hem de nodige boeken – en hij publiceerde in 1629 te Genève in het Latijn zijn bekende *Belijdenis*, die in alle punten met het zuiverste calvinisme overeenstemde. De eerste bedoeling van Loukaris was de bestrijding van de invloed en het proselitisme van de Katholieke Kerk; zijn westerse vorming en zijn veelvuldig contact met calvinisten brachten hem tot het protestantisme. De *Belijdenis* neemt immers de leer van het *sola scriptura* aan met uitsluiting van de deutero-canonische boeken, ze verwerpt de reële tegenwoordigheid in de eucharistie, ze ontdoet de leer over de kerkelijke hiërarchie van alle theologische inhoud, ze keurt de beeldenverering en de heiligenverering af als vormen van afgoderij. De protestanten meenden in de persoon van Cyrillus Loukaris de bijval van heel de kerk van het Oosten voor de leer van de reformatie verworven te hebben; het is dan ook geen wonder dat de *Belijdenis* na 1629 vier Franse, één Engelse en twee Duitse vertalingen kreeg! In 1633 verscheen ze, eveneens te Genève, in het Grieks[10].

De katholieke mogendheden, Frankrijk en Oostenrijk, grepen echter vrij snel in. Ze verleenden financiële en politieke steun aan een groep bisschoppen die Loukaris afzetten. De patriarch werd onder beschuldiging van een samenzwering met de Russen door de Turken afgezet en gewurgd. Zijn lichaam, dat in de Bosporus was geworpen, werd opgevist en begraven op het eiland Halki.

De *Belijdenis* verwerkte in het Oosten een geweldige beroering. Ze werd veroordeeld door zes achtereenvolgende

---

[10] Het originele manuscript van Loukaris wordt bewaard in de bibliotheek van Genève; het is op zich al voldoende om authenticiteit van de *Belijdenis* te bewijzen, die vanaf de 17e eeuw sommigen meenden in twijfel te kunnen trekken in de hoop het persoonlijk prestige van een oecumenisch patriarch te redden.

plaatselijke concilies: Constantinopel 1638 (drie maanden na de dood van Loukaris), Kiev 1640, Jassy 1642, Constantinopel 1672, Jeruzalem 1672 en Constantinopel 1691.

In verband met deze anti-protestantse reactie schreef de metropoliet van Kiev, Petrus Morghila, op zijn beurt een *Orthodoxe Belijdenis* (1640), die bedoeld was om in zijn bisdom als catechismus te dienen. Moghila (in het Roemeens Movila) was op elfjarige leeftijd wees en hij werd opgenomen in een *hospodar* in Moldavië, daarna maakt hij zijn studies in Polen, werd monnik en vervolgens archimandriet te Kiev in de Laura van de Krypten. Hij stichtte een drukkerij en een school die beroemd werd en oefende in de orthodoxie een duurzame invloed uit. Hij trachtte het intellectuele leven de orthodoxe geestelijkheid op een hoger peil te brengen en vooral wilde hij ze behoeden voor het uniatisme dat in sterke mate gestimuleerd werd door de koningen van Polen. Het geval van Loukaris zat Moghila des te meer dwars omdat hij de katholieke theologen een zwaarwegend argument in de hand speelde: de Orthodoxe Kerk was in de persoon van haar oecumenische primaat protestant geworden! Om zijn Kerk van deze beschuldiging vrij te pleiten besloot Moghila een systematische leer van de orthodoxie te geven die even nauwkeurig en even duidelijk was als die van de Latijnen: praktisch beperkte hij er zich toe de toenmaals verspreide katholieke catechismussen, vooral die van Canisius, te kopiëren. Verschillende omstreden kwesties waarvoor de theologen van Kiev zich niet voldoende competent beschouwden (de Leer over het vagevuur en het ogenblik van de consecratie van de heilige gaven) werden aan de patriarch van Constantinopel voorgelegd: Moghila zelf loste ze op in de geest van de opvatting der Latijnen. Zo wierpen Moghila en zijn medewerkers, die slecht op de hoogte waren van de traditionele orthodoxe theologie, zich blindelings in het simpelste latinisme. De *Orthodoxe Belijdenis* werd te Kiev in 1640 goedgekeurd, maar ze werd aanmerkelijk verbeterd op het concilie van Jassy (1642) waar een Griekse theoloog, Meletius Syrigos, de Latijnse tekst van Moghila in het Grieks vertaalde en hem wijzigde in de gedeelten die betrekking hadden op het vagevuur en de instellingswoorden van de eucharistie: in beide gevallen werd de oorspronkelijke Byzantijnse opvatting hersteld. In deze nieuwe vorm werd de *Orthodoxe Belijdenis* goedgekeurd door de synode van Constantinopel in 1643[11]. Maar zelfs in haar correctie blijft ze zowel in geest als in vorm het meest Latijnse document dat ooit door de orthodoxe hiërarchie werd goedgekeurd. Ze oefende grote invloed uit op de theologie van de handboeken, die pas tegen het midden van de 19e eeuw begon aan een echte 'terugkeer naar de bronnen'.

Naast Petrus Moghila begaf zich nog een andere ijveraar voor de orthodoxie in de strijd tegen het protestantisme, patriarch Dositheus van Jeruzalem. Deze autodidact wilde in het Oosten de patristische wetenschap bevorderen en daarom liet hij in Roemenië (de patriarchaten van het Oosten beschikten over geen enkele drukkerij) belangrijke verzamelingen van Byzantijnse theologische teksten uitgeven. Nointel, een Frans diplomaat met jansenistische neigingen, die verzot was op theologie, was door Lodewijk XIV benoemd tot ambassadeur bij de Porte en deze wendde zich tot verschillende belangrijke orthodoxe prelaten en ook tot Dositheus om hun hun mening over de *Belijdenis* van Loukaris te vragen. Dositheus schreef toen een gedetailleerde en systematische weerlegging daarvan en hij liet deze goedkeuren door een concilie dat in 1672 te Jeruzalem gehouden werd. Dit document, dat zowel bekend is onder de titel *Belijdenis van Dositheus* als onder die van *Handelingen van het concilie van Jeruzalem*, is het gewich-

---

[11] De Latijnse tekst van de *Belijdenis* samen met de gedetailleerde commentaren werd gepubliceerd door A. Malvy en H. Viller in *Orientalia christiana*, vol. 8, Rome 1927.

tigste orthodoxe dogmatische geschrift van dei tijd. Zijn gezag is onbetwist: nog in de 19[e] eeuw hechtte de beroemde Philaretus van Moskou er grote waarde aan. Zeker, Dositheus gebruikt onder de invloed van Moghila heel wat latinistische termen, maar zijn centrale inspiratie is heel wat wezenlijker orthodox dan die van de metropoliet van Kiev: tegenover het calvinisme van Loukaris stelt Dositheus het sacramenteel realisme van de orthodoxe, een leer over de kerkelijke hiërarchie die gebaseerd is op de sacramentele natuur van de Kerk en een orthodoxe uiteenzetting van de verering van de heiligen en de heilige iconen[12].

De reactie van de Orthodoxe Kerk tegenover de reformatie was dus duidelijk genoeg om elk misverstand uit te sluiten. De *Belijdenissen* van Moghila en Dositheus hebben hier ontegenzeggelijk een positieve rol gespeeld, al droeg hun theologie dan ook min of meer latiniserend karakter. Dit latinisme getuigt overigens, vooral bij Dositheus, niet zozeer van een bijzondere sympathie voor de Katholieke Kerk als wel van de afwezigheid van een systematische theologie opleiding. Hoe zou die ook mogelijk zijn geweest na twee eeuwen Turkse overheersing en met een volledig gemis aan scholen en aan boeken?

Een soort vitaal instinct van zelfbehoud en een onbeperkte trouw aan de waarheid van de Kerk, zoals ze bewaard werd in de – steeds levende! – liturgie en in de geschriften van de vaders vormt de verklaring van de reactie van de orthodoxen op de pogingen van de katholieken en de protestanten om

---

[12] De *Belijdenis* van Dositheus en andere leerstellige geschriften uit de 17e eeuw zijn gepubliceerd in alle collecties van symbolische boeken van de orthodoxie (Kimmel, Mihalescu). De meest recente en de volledigste van deze collecties is die van I. N. Karmiris, *Ta dogmatika kai ssumlika mnèmeia tès orthodoxou katholikès ekklesias*, 2 vol. Athene 1953.

de kerk van het Oosten te gebruiken als een middel in de strijd, waarin zij tegenover elkaar stonden. Want juist hierin bestond het hoofdmotief waarom de westerse ambassades zich bemoeiden met de aangelegenheden van het orthodoxe patriarchaat. Voor de protestanten bevatte deze verouderde en verstarde Kerk daarom niet minder een oud getuigenis tegen het katholicisme, dat zelfs van heel wat oudere datum was dan dat van Luther en Calvijn: men moest haar dus zien te winnen voor de beginselen van de reformatie. Voor de katholieken bleven, hoe slecht ook de reputatie van de Grieken in het Latijnse Westen geweest mag zijn, de orthodoxe bisschoppen de opvolgers van Johannes Chrysostomus en Basilius: de Latijnse missionarissen in het Oosten schommelden dan ook voortdurend tussen een uiterste tolerantie jegens de orthodoxen die zelfs tot een *communio in sacris* ging en een fel proselytisme dat niet alleen de Grieken tot een unie met Rome wilde brengen, maar ze ook verlatijnsen.

Tegenover deze pogingen was de reactie van de Kerk niet minder duidelijk. Deze reactie nam een concrete vorm aan in de beslissing van de synode van 1755 die te Constantinopel gehouden werd en waaraan behalve de oecumenische patriarch Cyrillus V ook de patriarchen van Alexandrië en Jeruzalem deelnamen en die de opname van Latijnen in de Orthodoxe Kerk behandelde: de beslissing van 1484 werd gewijzigd en de synode bepaalde dat de Latijnse en Armeense doopsels ongeldig waren en dat een orthodox doopsel door onderdompeling noodzakelijk was om in de Kerk te worden opgenomen. Men paste op de Latijnen en op de monofysitische Armeniërs de strengste bepalingen over de ketters toe[13].

....

[13] Tegen dezelfde tijd nam de Russische Heilige Synode, die zich tot dan toe met de beslissingen van 1484 (vormsel) had geconformeerd, daarentegen een ruimere maatregel en ze schreef voor dat in geval van de opname van een rooms-katholiek in de Orthodoxe Kerk alleen

Deze beslissing werd door enige bisschoppen bestreden, maar ze werd aangenomen onder de druk van de fel anti-Latijnse Griekse bevolking van Constantinopel. In de Griekstalige landen bleef ze van kracht in het begin van de 20^e eeuw.

Deze verschillende episoden uit het leven van de Kerk onder het Turkse juk voegden dus niets van betekenis toe aan de geschiedenis van de Orthodoxe theologie, maar ze leverden het bewijs van een zekere vitaliteit van de Griekse orthodoxie en van de wil van de orthodoxen om onder moeilijke omstandigheden zichzelf te blijven. Het fanatisme waarvan sommige de Grieken blijk gaven in hun verzet tegen het Westen was dikwijls niet meer dan een begrijpelijke reactie tegenover het prolesytisme van de Westerse missionarissen. Hebben deze laatsten, die gekomen waren met de moeilijke opdracht om de muzelmannen te bekeren, geen compensatie gezocht en aldus aan de Griekse en Arabische christenen de enige schat ontnomen die de geschiedenis hun ongeschonden behouden had: hun orthodox geloof?

....

een orthodoxe geloofsbelijdenis en een boetedoening vereist werden. Het gebrek aan eenheid van de orthodoxen in hun houding tegenover bekeerlingen uit het katholicisme heeft een pendant in soortgelijke onzekerheden bij de katholieken: terwijl men in de 14e eeuw in Hongarije en Polen orthodoxen die katholiek werden herdoopte (zie ons artikel *Le projèt du concile oecuménique en 1367* in *Dumbarton Oaks Papers*, XIV, 1960), werd de gemeenschap *in sacris* tot in de 18e eeuw op grote schaal toegepast op de onder Venetiaans bewind staande Griekse eilanden (zie vooral W. de Vries, *Das Problem der 'communicatio in sacris cum dissidentibus' im Nahen Osten zur Zeit der Union*, in *Ostkirchlichen Studiën* 6, 1957, p. 81-106). Aan katholieke zijde werden de verschillende praktijken uniform gemaakt in de 19^e eeuw, maar er blijft een zeker verschil in gewoonte bestaan tussen de ruimere Russische praktijk (boete) en de Griekse praktijk die teruggekeerd is tot de beslissingen van 1484 (vormsel).

Dit fanatisme raakt overigens in de leerstellige documenten van de 19[e] eeuw meer en meer op de achtergrond en het maakt plaats voor een rustige zekerheid die geconsolideerd wordt als er weer scholen worden opgericht en publicaties verschijnen. Zo gaven de orthodoxe patriarchen een uitvoerig antwoord op sommige initiatieven van de pausen. In januari 1848 richtte Pius IX zich bij gelegenheid van zijn pauskeuze tot 'de oosterse' om hen op te roepen tot eenheid met Rome. De vier oosterse patriarchen – die van Constantinopel, Alexandrië, Antiochië en Jeruzalem – antwoordden met een encycliek aan alle orthodoxen, die mede ondertekend werd door negen en twintig metropolieten. Nadat de orthodoxe prelaten hadden verklaard dat het 'papisme' een ketterij is, spraken zij de wens uit dat Pius IX zich zelf zou bekeren tot de waarachtige katholieke, apostolische en orthodoxe kerk: 'want', zo zeggen ze, 'geen patriarch en geen concilie hebben bij ons ooit nieuwigheden kunnen invoeren omdat het lichaam van de Kerk, dat wil zeggen het volk zelf, de bewaker van het geloof is'. De encycliek van 1848, waarvan de tekst van te voren door metropoliet Philaretus van Moskou schijnt te zijn goedgekeurd, vond een grote verspreiding en zij bezit ook nu nog een groot gezag als uitdrukking van de orthodoxe ecclesiologie[14]: de Kerk vormt als bewaarster van de waarheid één lichaam en geen enkel lid, geestelijke of leek, is uitgesloten van een actieve taak in het gemeenschapsleven van dit organisme.

In 1894 deed Leo XIII een nieuwe oproep in de encycliek *Praeclara gratulationis*, waarop de oecumenische patriarch Anthimus antwoordde met een andere encycliek waarin de 'Roomse nieuwigheden', vooral het dogma van de onbevlekte ontvangenis van Maria en van de pauselijke onfeilbaarheid,

---

[14] Oorspronkelijke tekst in Karmiris *o.c.* p. 905-955.

opnieuw gebrandmerkt werden, en waarin de eenwording alleen overwogen werd op basis van het onverdeelde geloof van de eerste eeuwen[15].

Trouw aan de leer en gehechtheid aan de traditie, dat zijn de grondtrekken die de orthodoxe schrijvers van deze donkere tijd kenmerken en die hun gedachten bepalen, zelfs daar waar de afwezigheid van een eigenlijke theologische vorming hen ertoe brengt om protestantse argumenten tegen de katholieken en katholieke argumenten tegen de protestanten aan te voeren. Maar sommigen hebben belangrijke pogingen gedaan om voor hun tijdgenoten de mogelijkheid te scheppen zelf toegang te hebben tot de bronnen van de orthodoxie: de Schrift en de kerkvaders. Eén naam verdient de speciale vermelding: Nicodemus de Hagioriet, een monnik van de berg Athos, die in 1782 in samenwerking met Makarios, bisschop van Korinthe, te Venetië een grote verzameling teksten van kerkvaders over het gebed publiceerde. Deze verzameling, die *Philocalie*, beleefde een buitengewoon succes in heel de orthodoxe wereld. Door de *Philocalie* maakte de moderne wereld kennis met de mystieke traditie van de Griekse vaders; ze werd in het Slavisch, Russisch en Roemeens vertaald en ze vormt in vele orthodoxe landen de oorzaak voor een geestelijke herleving. Nicodemus, die onlangs (1955) door de Orthodoxe Kerk werd heilig verklaard, is eveneens de auteur van verschillende andere werken over het geestelijk elven, die soms rechtstreeks hun inspiratie putten uit westerse schrijvers zoals Scupoli en Ignatius van Loyola en die dan worden aangepast aan de oosterse christelijke mystiek. Ook was hij in de Griekse kerk een bevorderaar van de veelvuldige communie. Met Nicodemus en zijn talrijke leerlingen beleefde de spiritualiteit van de woestijnvaders, van de Sinaï en van

---

[15] Tekst in Karmiris *o.c.* p. 932-946.

de hesychasten van de Athos een opmerkelijke herleving, waarvan de gevolgen nu nog merkbaar zijn.

Zo is de Orthodoxe Kerk, ondanks de rampen in haar geschiedenis, in het Nabije-Oosten staande gebleven: de rijkdom van haar liturgie en haar geestelijke traditie hebben in moeilijke omstandigheden hun grote waarde bewezen. Maar deze omstandigheden hebben aan de christelijke cultuur die van Byzantium is uitgegaan belet om zich organisch te ontwikkelen en om alle vruchten te dragen die in normale omstandigheden hebben opgeleverd. In de 20^e eeuw begon een nieuwe periode van haar geschiedenis door de val van het Ottomaanse Rijk, de definitieve vrijwording van de Slavische, Griekse en Roemeense landen van de Balkan, de onafhankelijkheid van de Arabische volken, de oprichting van een Iaïcistische republiek in Turkije en de emigratie van de Grieken van Klein-Azië. Wij zullen op de tegenwoordige toestand van de Orthodoxe Kerk in deze gebieden nog terugkomen.

önd
6
DE RUSSISCHE KERK VANAF HET BEGIN TOT 1917

Vanaf de 9^e eeuw, de eeuw van de bekering der Slavische volkeren, drongen Byzantijnse missionarissen door in Rusland. Zij deden het voorbereidend werk voor de bekering van de prinses sint Olga zelf (955) en voor die van sint Vladimir van Kiev (988), die tot gevolg had het 'doopsel van de Russen', dat wil zeggen de instelling van het christendom als staatsgodsdienst in het vorstendom Kiev. Sinds de tijd van de heilige Cyrillus en Methodius was men op grote schaal begonnen met de vertaling van de Bijbel en de liturgische boeken in het Slavisch ten behoeve van de Bulgaren en de Slaven van Moravië: voor de Russen was dit reeds een belangrijke aanwinst, waarover zij eveneens konden beschikken. Het Slavische dialect van de voorsteden van de Saloniki, dat Cyrillus en Methodius reeds in hun vertalingen hadden gebruikt, werd zodoende het Kerkslavisch, tot onze tijd toe de gemeenschappelijke liturgische taal van alle Slavische orthodoxen.

Door het doopsel trad het vorstendom Kiev vanzelf binnen in het verband van de beschaafde Europese staten en het nam er een van de voornaamste plaatsen in. Jaroslav, de zoon van Vladimir (1036-1054), bouwde in zijn hoofdstad een kathedraal die werd toegewijd aan de Goddelijke Wijsheid en hij liet ze versieren door de beste kunstenaars van Constantinopel. Hij huwde zijn dochters uit aan de voornaamste vorsten van Europa: zo werd Anna van Rusland koningin van Frankrijk ... Maar de betrekkingen van Rusland met Europa werden plotseling onderbroken door de inval van de Mongolen (1140), die Rusland eeuwenlang van Europa afzonderde. Beproevingen bleven de orthodoxe wereld in de loop der eeuwen dus niet gespaard, waardoor haar normale ontwikkeling, vanaf de tijd der oecumenische concilies tot onze dagen toe, voortdurend door catastrofen werd onderbroken: zo maakten de veroveringen van de Arabieren, Mongolen en Turken een abrupt einde aan centra van geestelijk leven zoals Alexandrië, Antiochië, Kiev en Constantinopel.

Kerkelijk maakte de metropool van Kiev, die onder Vladimir was opgericht, tot de 15e eeuw deel uit van het patriarchaat van Constantinopel. Op enkele uitzonderingen na waren de metropolieten van Kiev Grieken die uit Byzantium afkomstig waren, de rest van het episcopaat en de geestelijkheid werd in het land zelf gekozen. Het oecumenisch patriarchaat beschouwde Rusland als één enkel en onmetelijk missiebisdom dat sterk gecentraliseerd was. Dit systeem schiep een canonieke en administratieve traditie die de metropoliet van Kiev, later de patriarch van Moskou, tot het enige hoofd van de Russische kerk maakte, terwijl de andere bisschoppen strikt aan zijn gezag onderworpen waren: de oosterse patriarchaten van de Balkan, die volgens de canons van de oude concilies en metropolen verdeeld waren, hebben nooit een dergelijke autocratie van de patriarchen gekend. Toch bood het Russische systeem enkele voordelen, in zoverre het de metropoliet van Kiev, die door Constantinopel benoemd werd en onafhankelijk was van plaatselijke politieke omstandigheden, tot de hoogste rechterlijke instantie van het Rijk maakte.

De Mongolen waren op godsdienstig gebied verdraagzaam en zij lieten de Kerk alle voorrechten die ze in het voormalige Rijk van Kiev genoot. Enkel de willekeur van enige khans die van de vorsten bij hun investituur in de Gouden Horde (bij Astrakan) de vervulling van heidense riten eisten, maakte Russen tot martelaar: zo werden de heilige Michaël van Tchernigov, zijn vriend Theodorus en sint Romanus van RIazan ter dood gebracht omdat ze geweigerd hadden deze riten te vervullen. Maar dat waren losstaande gevallen en over het algemeen werd de verdraagzaamheid van de Mongolen erkend en gewaardeerd. Zo kon sint Alexander Nevsky, een grootvorst van Nowgorod, het enige vorstendom dat de Mongolen niet onderworpen hadden, een verbond met de khan aangaan dat geen enkele aantasting van zijn godsdienstige overtuiging behelsde, en tegelijk een verbitterde strijd voeren met de indringers uit het westen die zich ten doel hadden gesteld de 'schismatieken' te onderwerpen. Zo versloeg hij achtereenvolgens de Zweedse kruisvaarders (1240) en de Duitse Orde (1242). Zo bracht de westerse 'kruistochtmentaliteit' na de Byzantijnen ook de Russen ertoe het Aziatische juk te verkiezen boven het imperialisme van de Roomse christenheid.

De Orthodoxe Kerk kon met haar inwendige opbouw voortgaan. Ze kende zelfs opmerkelijke successen in haar geloofsverkondiging: er zijn talrijke voorbeelden van bekeringen van Mongolen tot het christendom en in 1261 werd een bisschopszetel gesticht te Saraï, de hoofdstad van de Gouden Horde! Missiekloosters zoals Valamo en Konev aan het Ladogameer en Solovki aan de Witte Zee begonnen met de evangelieprediking onder de Finse stammen van het noorden. Ten slotte vertaalde in de 14^e eeuw de merkwaardige missionaris sint Stefanus van Perm de Bijbel en de liturgie uit het Grieks, dat hij goed kende, in de Zyriaanse taal. In zijn bezorgdheid om de pasbekeerden geen enkele vorm van unificatie op te dringen schiep hij voor hen een nieuw alfabet en weigerde hij steeds de politieke hulp die de grootvorst van Moskou hem aanbood. Hij was de eerste bisschop van Perm, de hoofdstad van het land van de Zyrianen.

Als geestelijke erfgename van Byzantium moest ook de Russische kerk aan het monnikenwezen de belangrijke taak schenken die het in het christelijk Oosten was toebedeeld. Reeds bij het begin van het christendom in Rusland stichtte sint Theodosius het beroemde 'Klooster van de Crypten' te Kiev; de ontelbare filialen van de 'Laura der Crypten' werden de geestelijke haarden van het zuiden en het westen van Rusland dat later de naam van de Oekraïne kreeg. In het noorden stichtte sint Sergius van Radonega de Laura van de Drievuldigheid (thans Zagorsk). Zijn volgelingen verspreidden zich over heel het bosrijke gebied van het noorden[1]. Als missionarissen, bouwers, ontginners en geleerden namen de monniken in het godsdienstig leven van die tijd een zeer belangrijke plaats in.

De stad Kiev, de oude en weelderige hoofdstad van Rusland, werd verschillende keren door de Mongolen uitgeplunderd. Toen ze teruggebracht was tot de staat van een vervallen dorp hield ze op de residentie van de metropoliet te zijn. De primaatszetel was korte tijd Vladimir, daarna werd hij onder metropoliet Petrus (1300-1326) verplaatst naar Moskou. Dit was een gebeurtenis van historische draagwijdte, waardoor Moskou, tot dan toe een onbetekenend vorstendom, de nieuwe hoofdstad werd. Onmiddellijk staken in het zuiden separatistische neigingen het hoofd op: de vorsten van deze gebieden, die onderworpen waren aan de soevereiniteit van de koning van Polen en de grootvorst van Litouwen, eisten van Constantinopel de oprichting van een aparte metropolitane zetel en ze bereikten ten slotte hun doel in de 15e eeuw, toen Moskou met betrekking tot Byzantium autocefaal werd.

De onafhankelijkheid of autocefalie[2] van de kerk van Rusland werd afgekondigd bij gelegenheid van de aanvaarding

....

[1] Zie P. Kovalevsky, *Saint Serge et la spiritualité russe*, Parijs 1957.
[2] In het orthodoxe canonieke recht betekent de term 'autocefalie'

door de titelvoerende metropoliet, de Griek Isidorus, van de beslissingen van het concilie van Florence (1439-1440). Wij hebben in het voorafgaande reeds de historische omstandigheden onderzocht waarin dit hereningingsconcilie gehouden werd en hoe zijn beslissingen spoedig door de Griekse kerk zelf verworpen werden. Metropoliet Isidorus was persoonlijk een krachtige voorstander van de eenheid. Was hij bij de sluiting van het concilie niet door de paus tot kardinaal-priester benoemd? Toen hij in 1441 te Moskou aankwam, droeg hij plechtig de mis op in de kathedraal van Maria Dormitio, noemde daarin de paus met name en kondigde de eenheid met Rome af. Na drie dagen beraad liet grootvorst Basilius hem arresteren en enige maanden in een klooster opsluiten; daarna gaf hij hem de gelegenheid om te ontvluchten naar Litouwen.

Na lange aarzelingen en een langgerekte correspondentie met Constantinopel, waar de unie van Florence niet officieel was afgekondigd, besloten de Russen zelf een nieuwe metropoliet aan te stellen: zo werd Jonas in december 1448 op de zetel van Moskou verheven. Dit gebeurde met heel veel omzichtigheid om iedere mogelijkheid van betekenis met het oecumenisch patriarchaat te vermijden, want men wist dat de unie van Florence er niet lang zou standhouden. Inderdaad verzaakten de Grieken onmiddellijk na de inname van Constantinopel aan het concilie van Florence. Moskou had intussen reeds zijn eigen metropoliet en het wilde een recht dat het door de omstandigheden bemachtigd had, bewaren.

Op de psychologische achtergrond van deze gebeurtenissen speelde vanaf de 15^e eeuw het diepe en algemene vertrouwen van de Russen tegen de rechtgelovigheid van de Grieken

....

het recht van een groep bisdommen om hun primaat te kiezen. De grenzen van autocefalieën vallen dikwijls, maar niet altijd, samen met staatkundige grenzen.

een grote rol. Hadden deze niet het ware geloof van Florence verraden en waren ze door God niet gestraft toen deze Byzantium overleverde aan de Turken? Voortaan was Moskou het 'derde Rome': het oude Rome was ketters, het nieuwe zuchtte onder het juk van de Turken, alleen het derde was staande gebleven. De theocratische opvatting van een universeel christelijk rijk vond zodoende in Moskou haar laatste toevlucht: spoedig namen de grootvorsten de titel van tsaar (Slavische variant van Cesar) aan en beschouwden zij zich als de wettige opvolgers van de keizers van Byzantium. Maar op zuiver kerkelijk terrein werd deze theorie nooit tot haar laatste consequentie doorgevoerd: de zetel van Moskou maakte er ondanks zijn macht en zijn rijkdom nooit aanspraak op om het oecumenisch primaat van Constantinopel over te nemen. Er waren in Rusland altijd mensen die nederiger, gezonder en nuchterder redeneerden dan de propagandisten van het derde Rome.

Zo hadden er gedurende de hele 16ᵉ eeuw onder de geestelijkheid en in de gehele Russische samenleving hevige controversen plaats tussen twee partijen die een heel verschillende kijk hadden op de godsdienstige toekomst van Rusland[3]. De ene partij had als leider de geleerde abt Joseph van Volock en zij bouwde al haar verwachtingen op het nieuw christelijk rijk van Moskou: haar aanhangers waren voorstanders van een zo vroegen zij zich af, als onze vaders in de oude gebruiken zalig geworden zijn? Waarom de verdorven Grieken, die God voor hun ontrouw gestraft heeft, als maatstaf nemen? Een primitieve redenering, inderdaad, maar een zekere logica ontbrak er toch niet aan; bovendien werden de hervormingen

....

[3] Over de twisten in de 16ᵉ eeuw en hun gevolgen, zie onze studie *Une controverse sur le rôle sociale de l'Église, - La querelle des biens ecclésiastiques au XVI siècle en Russie*, Chevetogne 1956 (uittreksel uit het tijdschrift *Irenikon*, 1955 en 1956).

met geweld en fanatisme doorgedreven en sommige maatregelen, zoals de verplichting voor de geestelijken om lange haren te dragen, waren volstrekt niet gerechtvaardigd door de praktijk van de oude Byzantijnse kerk; deze gebruiken waren door de neo-Grieken aangenomen tijdens de Turkse bezetting. Nikon werd ten slotte afgezet en door een concilie veroordeeld (1666-1667); de oosterse patriarchen zelf, voor wie hij het had opgenomen, namen er aan deel en bevestigden zijn afzetting. Zijn hervormingen werden echter niet opgeheven en het schisma (*raskol*) van de 'oude gelovigen' van Rusland bleef nog eeuwenlang taai voortleven[4].

De pretentie van de patriarch om de keizer te beheersen, zoals Nikon dat gewild had, was een doorn in het oog van de jonge Peter de Grote, die de onstuimige voortvarendheid van de grote prelaat overnam, maar in de tegenovergestelde richting: na de dood van patriarch Adrianus (1700) verbood hij eenentwintig jaar lang het houden van de verkiezing van een nieuwe patriarch en in 1711 publiceerde hij zijn befaamd *Geestelijk Reglement*, dat door Theophanes Prokopovitch, bisschop van Pskov, was opgesteld en waarbij het patriarchaat werd opgeheven en een collegiaal orgaan, de Heilige Synode, samengesteld door bisschoppen en twee of drie priesters, aan het hoofd van de Kerk werd gesteld. Volgens het Reglement moest een procureur, een leek die door de keizer benoemd werd, noodzakelijk bij de besprekingen aanwezig zijn, zonder daarom formeel lid van de Synode te zijn en deze stond in feite aan het hoofd van het bestuursapparaat van de Kerk.

Dit systeem van geïnspireerd op het kerkelijk bestuur van de protestantse landen van Europa; het beschouwde de keizer wel niet formeel als hoofd van de Kerk (in de teksten draagt

---

[4] Over Nikon en de Raskol, zie het monumentale proefschrift van P. Pascal, *Avvakum et les débuts du Raskol*, Parijs 1938.

hij de dubbelzinnige titel van 'hoogste rechter van het aanwezige college') maar het onderwierp de Kerk aan de staat op het wijze die te Byzantium of in het oude Rusland volkomen onbekend was. De orthodoxe patriarchen kregen een oproep om het nieuwe bestuur te erkennen en ten slotte gaven zij toe, nadat Dositheus van Jeruzalem, wiens ijver voor de orthodoxie we reeds gezien hebben, tevergeefs geprotesteerd had tegen de hervormingen van Peter de Grote in hun geheel.

De provincies die later de Oekraïne zouden vormen (in het Russisch betekent 'Oekraïne' 'de uiterste grens') en die politiek van Moskou gescheiden waren, beleefden heel andere, soms tragische lotgevallen. Na de verkiezing van Jonas voor de zetel van Moskou, behield Isidorus minstens in naam zijn gezag over de bisdommen die zich op Pools en Litouws grondgebied bevonden. Hij nam in 1458 ontslag; te Rome wees men een opvolger voor hem aan en deze werd geconsacreerd door de in Rome wonende geünieerde patriarch van Constantinopel: deze opvolger was Gregorius Bolgarin, die gedurende een tiental jaren in de kerk van de Oekraïne de eenheid met Rome handhaafde. Maar in 1470 sloot hij zich weer officieel bij de orthodoxie aan en hij erkende opnieuw het gezag van de oecumenische patriarch van Constantinopel; deze wees na zijn dood in 1472 een orthodox tot opvolger aan.

Vanaf deze datum waren de Russische bisdommen van Polen en Litouwen praktisch onafhankelijk en zij stonden voortdurend onder de druk van de katholieke koningen van Polen. Deze druk werd vooral uitgeoefend door middel van een patronaatsrecht, waardoor de koning en enige edelen de kandidaten voor het priesterschap en de bisschopsambt konden benoemen en de bepaalde goederen van de Kerk konden beheren. De oppositie tegen het latinisme werd vooral vertegenwoordigd door orthodoxe lekenbroederschappen die er soms in slaagden het patronaatsrecht over hun kerken te kopen, werken te publiceren ter verdediging van de orthodoxie en orthodoxe scholen financiële hulp te bieden. Ongetwijfeld hebben niet de apathische, van de koning afhankelijke en corrupte geestelijken, maar deze leken het orthodoxe geloof in de Oekraïne gered.

In 1596 ondertekende de metropoliet van Kiev, Michael Ragoza, en de meerderheid van de bisschoppen te Brest-Litovsk een acte van eenheid met Rome. Dat is de oorsprong van de geünieerde Oekraïense kerk. De meerderheid van de leken bleef echter orthodox en zij sloten zich aan bij twee bisschoppen en een exarch van de oecumenische patriarch, aartsdiaken Nicephorus. Bij de dood van de twee enige orthodoxe bisschoppen (1607-1610) bleven de gelovigen tien jaren zonder herders en werden zij bestuurd door de geünieerde bisschoppen die hun door de koning van Polen werden opgedrongen. Maar in 1620 kwam Theophanes, de patriarch van Jeruzalem, naar Kiev en herstelde er de orthodoxe hiërarchie. Eerst leidde deze hiërarchie een half clandestien bestaan, maar ten slotte werd ze door de staat erkend. Deze gebeurtenissen, de omstandigheden waaronder de unie werd opgelegd en allerlei excessen werken bij de orthodoxen een haat op die eeuwen zou blijven duren tegen het Roomse gezag, dat in deze gebieden feitelijk geïdentificeerd werd met dat van de koningen van Polen.

Terwijl de Orthodoxe Kerk in moeilijke omstandigheden leefde, werd ze bestuurd door enkele voortreffelijke prelaten, vooral metropoliet Petrus Moghila (1632-1647). Beroemd door zijn *Belijdenis*, waarover we reeds gesproken hebben, stichtte Moghila te Kiev een school, waarin het onderwijs grotendeels op Latijnse leest geschoeid was; hij hervormde de liturgie en het bestuur en trachtte op deze wijze de achterstand die de orthodoxen op de Latijnen hadden, op te heffen.

In 1686 werd als gevolg van de Russische overwinningen op de Polen de Oekraïne door het keizerrijk van Moskou geannexeerd en de metropool van Kiev werd met formele toestemming van de patriarch van Constantinopel onder het patriarchaat van Moskou gesteld. Vele theologen verhuisden van Kiev naar Moskou en Peter de Grote vond onder hen waardevolle medewerkers bij zijn op het Westen georiënteerde hervormingen. Zij brachten er westerse onderwijsmethoden en opvattingen, die een langdurige invloed uitoefenden op de Russische theologie.

Na de verdelingen van Polen keerde een groot deel van de geünieerden (uniaten) tot de orthodoxie terug (in 1839 drie bisschoppen en talrijke gelovigen te Polozk). Het grootste deel van hun kerk, in Galicië, dat eerst onder Oostenrijks, later onder Pools gezag stond, bleef trouw aan Rome tot 1946. Het is te vrezen dat de recente terugkeer van deze ongelukkige kerk tot de orthodoxie geschied is onder soortgelijke omstandigheden als die waaronder ze vroeger met Rome was verenigd geworden.

De synodale periode in de geschiedenis van de Russische kerk 91721-1917) heeft tegenwoordig geen goede pers en ze wordt dikwijls een klassiek voorbeeld genoemd van slaafse onderworpenheid van de kerk aan de staat. Intussen was het godsdienstig leven zo intens en in veel opzichten zo creatief, dat we een oppervlakkig oordeel over een dergelijke kunstmatige situatie moeten vermijden: de mensen uit die tijd zagen zelf in dat dit stelsel niet canoniek was en zij legden zich erbij neer zonder het van harte te accepteren. Het staatsapparaat dat de Kerk beknelde en als het ware vastschroefde liet het bewustzijn dat de Kerk van zichzelf had intact; het legde enkele activiteiten aan banden, het schiep werkelijk betreurenswaardige toestanden – de geestelijkheid werd een soort aparte kaste – maar het kerkelijk leven zelf bleef gaaf.

Wij zullen een ogenblik stilstaan bij drie positieve aspecten van het godsdienstig leven in Rusland in die tijd: het geestelijk leven, het onderwijs en de missies.

Het christelijk Oosten heeft steeds een bijzonder respect opgebracht voor het kloosterleven: in Byzantium waren de kloosters de erkende centra van geestelijk leven. Op dit terrein waren de Russen de trouwe leerlingen van de Grieken. Gedurende het synodale tijdperk was hun trouw aan het monastieke ideaal bijzonder belangrijk voor de toekomst van de spiritualiteit van de Russische kerk, in zoverre het een tegenwicht vormde tegen de verstaatsing van het bestuursapparaat van de Kerk. De grootste Russische heiligen van die tijd werden in de kloosters gevonden.

Reeds in de 18e eeuw trok een bisschop van Voronesj, sint Tychon, zich de laatste zestien jaren van zijn leven terug in het klooster van Zadonsk en hij wijdde zich daar aan de contemplatie en het schrijven van geestelijke werken. Dostojevski inspireerde zich op hem en schiep in *De bezetenen* de figuur van dezelfde naam. Hij verwierf een grote faam als meester van het geestelijk leven. Openstaande voor het Duitse piëtisme was Tychon de profeet van de volledige verzaking aan alle wereldse dingen: de overdrijving zelf die hij op dit punt in zijn leer legde is een zeer goede illustratie van de reactie bij veel Russische christenen in die tijd op het aanmatigen secularisme van de hervormingen van Peter de Grote. De kloof tussen de nieuwe politieke werkelijkheid en de geestelijke tradities werd pas enigszins overbrugd bij de Russische intellectuele en geestelijke renaissance in de 19e eeuw.

De grote traditie van de patristische spiritualiteit herleefde met de vertaling van de *Philocalie* van Nicodemus in het Slavisch (St. Petersburg 1793) door Païsij Velikovski, een monnik van de Athos, die de stichter was van het klooster van Neamt in Moldavië. Van toen af bezaten de Russen in hun eigen taal een verzameling van fundamentele teksten over het gebed, de ascese en de mystiek van de kerkvaders. Spoedig daarna leefde in het klooster van Sarov de grootste van de moderne orthodoxe heiligen, Serafim, en de *startsi* van Optina werden de zieleleiders van de Russische geestelijke elite[5]. Gogol, Dostojevski, Vladimir Solovjev en Alexis Khomiakov zochten voortaan in de Kerk en in de geestelijke traditie van de orthodoxie hun diepste inspiratie. Op de vooravond van de revolutie nog bezegelde de bekering van belangrijke marxistische intellectuelen zoals Struve, Frank, Boelgakov en Berdjajev de verzoening van de geest en de stof onder de soevereiniteit van Christus: deze verzoening werd op intellectueel plan bereikt, maar ze was niet in staat de ontwikkelingen tegen te houden die door te veel sociale en economische oorzaken reeds lang waren voorbereid.

Al speelden deze geestelijke stromingen zich min of meer af aan de periferie van het bestuursapparaat van de Heilige Synode – de hervormingen van Peter de Grote hadden van de Russische maatschappij een gesloten kastensysteem gemaakt, dat bestond uit de adel, de geestelijkheid en de boeren – toch leverde ook de officiële Kerk haar bijdrage aan het intellectuele leven van het land, vooral doordat zij een onderwijsstelsel in het leven riep dat in de 19e eeuw een opmerkelijk hoog peil bereikte.

Op het einde van de 17e eeuw werd te Moskou een 'academie' gesticht: deze term werd in Rusland gebruikelijk om er een hogere theologische school, een grootseminarie, mee aan te duiden. Ondanks de bedenkingen die men tegen de latiniserende theologen van Kiev had waren zij het, de

....

[5] Over deze beweging in haar geheel, zie vooral E. Behrsigel, *Prière et sainteté en Russie*, Parijs 1950; I. Kologrivor, *Essai sur la sainteté en Russie*, Brugge 1953; V. Zenkovsky, *Histoire de la philosophie russe*, Parijs, 2 vol. 1957-1958.

leerlingen van Petrus Moghila, die de programma's en de methoden van de nieuwe school ontwikkelden. Gedurende heel de 18e eeuw studeerden de toekomstige clerici van de Russische kerk in het Latijn en uit handboeken die geschreven waren volgens de methoden van de Latijnse scholastiek. Het systeem werd pas in 1808 gewijzigd, maar sommige elementen ervan bleven bestaan tot 1867 en zijn invloed duurde nog langer. Al waren deze methoden vreemd aan de orthodoxe traditie, zuiver op het plan van het onderwijs werden er tastbare resultaten mee bereikt, vooral toen er naast de academie van Moskou nog drie andere academies werden opgericht, die van St. Petersburg (1809), Kiev (1819) en Kazan (1842). De studenten vond men onder de beste leerlingen van de seminaries die in de loop van de 19e eeuw in de meeste bisdommen gesticht werden. In 1914 telde de kerk van Rusland 58 seminaries met 20.500 leerlingen, waarvan slechts een gedeelte tot priester werd gewijd; de meeste anderen kwamen als leek in het onderwijs, daar de Kerk ook ten dele het lager onderwijs beheerste en godsdienstleraren verschafte aan de seculiere onderwijsinstituten. In het geheel waren in 1914 40.150 scholen van allerlei soort van de Kerk afhankelijk[6].

Geleidelijk werden de gebreken van het in de 18e eeuw ingestelde systeem overwonnen en de academies brachten in de 19e en 20e eeuw een groot aantal theologen, historici en liturgisten voort, wier werken op vele gebieden nog steeds gezag hebben, ook al werden ze, jammer genoeg, weinig bekend in het Westen, waar slechts een miniem aantal slavofielen Russisch leest. Met name op het gebied van de patristiek werd grote aandacht besteed aan de vertaling

---

[6] *La documentation* Française, n. 1931, 9-10-1954, *Le problème religieux en U.R.S.S.*, II p. 5.

van teksten: de werken van de kerkvaders zijn meer in het Russisch vertaald dan in enige andere Europese taal[7].

Zo vormde de kerk van Rusland in 1914 een indrukkende macht van bijna honderd miljoen gelovigen die over 67 bisdommen verdeeld waren[8]; de 67 regerende bisschoppen hadden als helpers bij hun taak 82 hulpbisschoppen, 50.105 priesters, 15.210 diaken, 21.330 monniken en 73.299 vrouwelijke religieuzen. Het aantal mannenkloosters bedroeg 1.025, het aantal vrouwenkloosters 473[9].

Gedurende de synodale tijd zette de Russische kerk haar missiewerk voort en breidde zij zich naar het Oosten uit. We hebbe gezien dat in de tijd van de Mongoolse overheersing Russische missionarissen begonnen waren met de kerstening van de verschillende volkeren in Europees Rusland. Dit werk werd voortgezet in de 15e en 16e eeuw, begunstigd door de inname van Kazan (1552) en van Astrakan (1556) en door de geleidelijke verovering van Siberië. De missionaire werkzaamheid van verschillende aartsbisschoppen van Kazan (sint Gurij, sint Barsanuphus, sint Germanus) legde in de 16e eeuw een hechte kern van christelijke Tartaren rond deze stad. Philotheus, metropoliet van Tobolsk (1701-1727) zond missionarissen tot Kamtchatka (1705) en tot Irkoetsk in oostelijk Siberië (1724). Hij was de eerste die zijn missieactiviteit uitbreidde tot buiten de grenzen van

....

[7] Zie C. Kern, *Les traductions russes des textes patristiques, Guide bibliographique*, Chevetogne 1957.

[8] Na de middeleeuwen en de tijd toen Rusland slechts één enkele missiemetropool van het patriarchaat van Constantinopel vormde, was het aantal Russische bisdommen naar gewoonte zeer beperkt.

[9] N. Zernov, *The russians and their church*, Londen 1945, p. 143; *Pamjatnaja Knizka* (Jaarboek van de regering) 1916, p. 466-472. Verg. J. S. Curtiss, *The Russian Church and the Soviet State*, Boston 1953, p. 9-10 (geeft de officiële cijfers van 1914).

het Russische Rijk en hij zond missionarissen naar China (1714), waar in de voorsteden van Peking reeds sinds 1689 een christelijke orthodoxe kolonie bestond van voormalige Russische gevangenen die in de Chinese bevolking waren opgegaan. Op het einde van de 18e eeuw gingen monniken van Valamo aan het Ladogameer zich op Alaska vestigen, dat toentertijd Russisch bezit was en zij stichtten er een kerk met het Aleoetisch als liturgische taal.

In 1830 stichtte archimandriet Macarius, kenner van het Hebreeuws en een van de beste vertalers van de Bijbel in het Russisch, de missie van de Altai in West-Siberië en hij vertaalde de Schrift en de liturgie in de verschillende dialecten van die streek. In 1903 waren 25.000 inwoners van de streek christen en zij hadden een volledige liturgie in hun taal. Oost-Siberië kende eveneens zijn apostel in de persoon van Johannes Venimianov die eerst als priester (1824-1840), later als bisschop met een groep medewerkers zich onvermoeibaar inzette voor de bekering van de Eskimo's en de Indianen van Alaska, van de Aleoeten en Koerillen en van de Jakoeten in Siberië. In 1868 werd hij tot metropoliet van Moskou benoemd en hij stichtte in de hoofdstad een 'Orthodoxe Missieorganisatie' die de activiteiten op missiegebied van Rusland coördineerde en die na dertig jaar werkzaamheid zich kon verheugen over de bekering van 124.204 heidenen tot het evangelie.

Het geheel van de missieactiviteiten van de Russische kerk kreeg een nieuw keerpunt toen midden in de 19e eeuw aan de academie van Kazan een echt centrum van missiestudies werd opgericht. Het hoofd en de ziel van dit centrum was een leek, de hoogleraar N. I. Ilminsky, een opmerkelijk talenkenner die tegelijk de Bijbelse talen (Hebreeuws en Grieks), het Arabisch en de verschillende talen van Centraal-Azië tot in de perfectie kende. Om het hoofd te bieden aan de snelle vorderingen van de islam onder de Tartaarse bevolkingsgroepen namen Ilminsky en zijn team het besluit om de Bijbelse en liturgische teksten niet meer in een literaire taal te vertalen die door de massa slecht werd verstaan, maar in de verschillende gesproken dialecten. Zo werd een echte bibliotheek van de orthodoxie gevormd ten dienste van de Tartaren, de Jakoeten, de Boerjaten, de Toengoezen, de Votaken, de Mordven, de Tcheremissen, de Ostjakische Samojeden en de Kirgiezen. In 1903 werd alleen al in de streek van Kazan de liturgie van sint Johannes Chrysostomus gevierd in meer dan twintig talen. In 1899 telde het bisdom Samara 128 leden van de clerus (74 priesters, 17 diakens en 37 lectors) die Tchoevakisch kenden en onder hen waren 47 priesters, 12 diakens en 20 lectors van Tchoevakische afkomst.

Buiten de grenzen van Rusland is de missie van Japan verreweg de meest beroemde. Ze is nu nog actief, zoals we verder zullen zien[10].

De orthodoxe missieactiviteit in Azië heeft van de 15e tot de 19e eeuw over het algemeen de Russische koloniale expansie gevolgd, maar met belangrijke uitzonderingen, met name in Japan. Hetzelfde was trouwens het geval met de westerse missies, zowel de protestantse als de katholieke: zij vielen in Afrika en Azië samen met de koloniale bezetting van deze landen door de mogendheden van Europa. Het succes van de orthodoxe missies vooral tegenover de islam werd evenwel vergemakkelijkt door de Byzantijnse traditie om de liturgie over te zetten in de verschillende gesproken talen en door een zekere bekwaamheid van de Russen om zich geheel aan te passen aan het leven van de veroverde landen.

....

[10] Over de orthodoxe missies, zie vooral de monumentale werken van J. Glazik, *Die russisch-orthodoxe Heidenmission seit Peter den Grossen*, Münster 1959, dat een overvloedige Russische bibliografie geeft. Vgl. ook E. Smirnoff, *Russian orthodox missions*, Londen 1903 en S. Bolshakoff, *The Foreign Missions of the Russian Orthodox Church*, Londen 1943.

In ieder geval is de geschiedenis van deze missies voldoende om een valse opvatting over de synodale periode van de Russische kerk recht te zetten: al was ze uiterlijk geheel in het staatsapparaat opgenomen, ze bracht in die tijd heiligen en apostelen voort die de beste getuigen zijn van de verbazingwekkende vitaliteit van het Russische christendom.

7
DE UITDAGING
VAN DE COMMUNISTISCHE STAAT

De eerste decennia van de 10ᵉ eeuw waren in alle opzichten beslissend voor de wereldgeschiedenis en de christenen van Rusland bevonden zich aan de vooravond van een belangrijke wending. De rol die zij in de gebeurtenissen hebben gespeeld en de verbazende wijze waarop zij deze overleefden bewijzen, dat de Russische kerk volstrekt niet slechts een raadje in de machine van het oude tsaristische bewind is geweest, zoals men zich dat nu nog soms voorstelt. Heel de 19ᵉ eeuw foor hebben de knapste koppen van die tijd voortdurend de hervormingen bestudeerd die nodig waren om zich te kunnen doen gelden in de moderne wereld en vooral de noodzaak om ten opzichte van de staat een grotere onafhankelijkheid te krijgen. Bij de revolutie van 1905, als gevolg waarvan Nicolaas II een grondwet toestond die een bijna totale vrijheid van beweging en van spreken garandeerde, werd de Kerk geschokt door een ware gisting op intellectueel en sociaal gebied. De Russische godsdienstige tijdschriften van die tijd (1905-1917) voerden heftige discussies over de hervormingen die in het kerkelijk leven moesten worden aangebracht. De Heilige Synode erkende de noodzaak om een landelijk concilie van de kerk van Rusland te houden – sinds Peter de Grote had een dergelijk concilie nooit bijeen kunnen komen – en zij stelde een preconciliaire commissie samen om de werkindeling ervan op te maken. Het Russische episcopaat werd uitgenodigd om een programma van hervormingen in te dienen; de antwoorden van de bisschoppen vormen een van de interessantste documenten uit die tijd. Over het algemeen spraken zij zich uit ten gunste van ingrijpende hervormingen die aan de Kerk de mogelijkheid zouden waarborgen om haar zending op een meer onafhankelijke en meer rechtstreekse wijze voort te zetten. Een vrij grote meerderheid sprak zich uit voor herstel van het patriarchaat.

Zo was de Kerk beter dan men over het algemeen denkt voorbereid om aan de gebeurtenissen het hoofd te bieden. De voorlopige regering-Kerensky gaf aan de Kerk de mogelijkheid om het concilie bijeen te roepen dat sinds twaalf jaar in voorbereiding was. De vergadering, die in augustus 1917 te Moskou bijeenkwam, bestond uit 265 geestelijken en 299 leken: ze was gekozen door een indirecte stemming in de bisdommen en ze was een weerspiegeling van de kerkelijke stromingen die in de 19^e eeuw in de Russische kerk de overhand hadden; deze hadden de tendens de leken met de bisschoppen en de geestelijkheid de verantwoordelijkheid voor de aangelegenheden van de Kerk te geven in alle rangen van het bestuursapparaat. Het concilie, dat zitting hield tot augustus 1918, gaf een nieuw statuut van de Kerk uit, dat voorzag in het herstel van het patriarchaat, de verkiezing der bisschoppen door de diocesen, en de vertegenwoordiging van de leken in de parochieraden, de diocesane raden en het hoogste bestuur van het patriarchaat. 31 Oktober 1918, zes dagen na de omverwerping van de voorlopige regering door de communisten, werd Tychon, metropoliet van Moskou, tot patriarch gekozen. De keuze van de bisschoppen kon niet in alle bisdommen plaatsvinden, maar te Petrograd, waar de revolutie toen volop woedde, werd door de geestelijkheid en de gelovigen de populaire bisschop Benjamin tot metropoliet gekozen. Zo streed de Kerk dus niet voor het oude regime, maar enerzijds bevestigde zij haar onafhankelijkheid ten opzichte van de staat en anderzijds steunde ze op het volk zelf bij de keuze van haar nieuwe leiders.

Maar bij de meeste leden van het concilie van 1917-1918 en bij de meeste Russen van die tijd ontbrak het aan een voldoende duidelijke leer over de verhouding van de Kerk en de nieuwe Russische staat. Gedurende het korte bewind van Kerensky was het streven naar onafhankelijkheid in kerkelijke kringen zeer positief, maar er was geen duidelijke leer over de onafhankelijkheid van de staat ten opzichte van de Kerk. De leiders van de Kerk hebben dan ook reeds aanstonds van hun verantwoordelijkheid voor het lot van Rusland kunnen getuigen door van de voorlopige regering stoffelijke steun te eisen voor de orthodoxie als de overheersende godsdienst in de nieuwe republiek; verder door het leger op te roepen om de strijd tegen Duitsland voort te zetten en later door plechtig de door Lenin gesloten vrede van Brest0Litovsk te veroordelen. Deze daden bewijzen dat de Kerk zich bij het begin niet volledig van de staat wilde scheiden en dat zij, toen deze scheiding eenmaal door de overmacht van de omstandigheden tot stand was gekomen, zich niet wilde onthouden van het uitspreken van een oordeel over de daden van de regering. Zij had haar inwendige hervorming ter hand genomen en voltooid, maar haar houding tegenover de verschillende fasen van de revolutie werden telkens in de concrete situatie bepaald door het geweten van haar leiders en in het bijzonder door haar hoofd, patriarch Tychon.

Als een actieve minderheid die de klappen van de zweep kende zegevierde de communistische partij met een onvoorzien gemak over de politieke desintegratie waarin Rusland toen verkeerde. De Kerk stond toen oog in oog met een regering die besloten was de godsdienst als zodanig te bestrijden: Marx had de godsdienst gedefinieerd als opium voor het volk.

In haar houding jegens de verschillende godsdiensten en heel speciaal jegens de Orthodoxe Kerk heeft de Sovjetregering van 1918-1960 blijk gegeven van een opmerkelijke vasthoudendheid aan haar leer[1], maar haar tactiek is, en dit is even merkwaardig, veranderd. Het schijnt dat men dit feit niet moet verklaren door een bewust machiavellisme van de partij op het terrein van de godsdienstpolitiek, maar door de contradicties, waaraan haar analyse van de godsdienstige toestand in Rusland mank gaat. Het marxistische dogma is immers in het Westen tot stand gekomen en het is uitgegaan van een situatie die anders was dan die waarin Rusland zich in 1918 bevond: 'Het christendom,' schreef Engels, 'is meer en meer het voorrecht van de heersende klasse geworden, en deze gebruikt het als een breidel voor de lagere klassen'[2].

Volgens deze leer was het voldoende een klasseloze maatschappij te vestigen om de godsdienst uit te roeien. In Rusland was de Kerk echter niet enkel een volkskerk – juist de leidende klassen waren er sinds de 18^e eeuw grotendeels verwereldst – maar ze had zich nog pas op het concilie van 1917-1918 een meer democratische basis geschonken door fundamentele hervormingen van haar structuur en haar bestuur.

....

[1] 'Het marxisme is een materialisme. Als zodanig is het zonder pardon voor de godsdienst', schreef Lenin (*Werken*, 3^e ed., Leningrad 1935-1937, vol. IV p. 70). 'Elke godsdienstige leer', schreef P. Kasirin, 'dient om de belangen van de uitbuitende klasse te verbergen'. *Het reactionaire wezen van de godsdienstige ideologie* (Russisch). Politieke staatsuitgaven 1951, p. 29. Zelfs vandaag de dag vindt men in de Russische pers de spijt uitgedrukt dat 'nog niet alle Sovjetburgers zich bevrijd hebben van de sporen van de oude tijd, vooral van de resten van de godsdienst'. Zie bijv. M. Persitz: *De wetgeving van de Oktoberrevolutie over gewetensvrijheid* in: *Historische kwesties van godsdienst en atheïsme V* (1958) p. 63 (Russisch).

[2] Zie de bundel getiteld *Gedachten van K. Marx en F. Engels over de godsdienst*, Leningrad 1929, p. 31.

De antigodsdienstige maatregelen van de regering troffen daarom niet de leidende klassen van het oude regime, maar een uit het volk voortgekomen geestelijkheid en gelovigen die voor de overgrote meerderheid hun zaak helemaal niet gelijk stelden met de politieke of militaire contrarevolutie en die anders dan door hun godsdienstige overtuiging helemaal geen gevaar voor de staat opleverden. Om de nieuwe maatregelen door te drijven moest de regering geweld gebruiken, veel bloed doen vergieten en van de Orthodoxe Kerk een kerk van martelaren maken. Geschrokken door de gevolgen van haar politiek deed de regering meermaals een stap terug, ze trachtte met betrekkelijk succes een gedeelte van de geestelijkheid voor haar zaak te winnen en aldus verdeeldheid in de Kerk te brengen, en ging ten slotte een *modus vivendi* met de herenigde Kerk aan, een *modus vivendi* waarin beide partijen, Kerk en staat, feitelijk hun toekomst op het spel zetten.

Wij zullen hier heel in het kort de maatregelen die door de Sovjetregering op godsdienstig gebied genomen zijn, onderzoeken om daarna de reactie van de Kerk en het conflict dat eruit is voortgevloeid te bestuderen.

Op 20 januari 1918 keurde de Raad van Volkscommissarissen het befaamde decreet over 'de scheiden van Kerk en staat en de scheiding van school en Kerk' goed, dat op 23 januari werd gepubliceerd[3]. Het decreet verbood elke deelname van de Kerk aan het leven van de staat en alle godsdienstonderwijs op de openbare en bijzondere scholen. Het kondigde een volledige gewetensvrijheid voor alle burgers af; deze vrijheid was echter niet dezelfde als die van de 'bourgeois'-democraten, want de godsdienstige genootschappen

....

[3] De geschiedenis van dit decreet evenals de fotokopie van het origineel met de eigenhandige correcties van Lenin werden onlangs gepubliceerd in het Russische tijdschrift: *Historische kwesties van godsdienst en atheïsme V*, Moskou 1958, p. 50-63.

werden niet meer als rechtspersonen beschouwd; ze verloren alle eigendomsrecht (§ 12); hun goederen werden tot nationaal bezig verklaard: alleen de plaatsen van de eredienst (eigenhandige correctie van Lenin in de tekst van het decreet) konden door de staat te hunner beschikking worden gesteld door een bijzondere beslissing van de autoriteiten (§ 13). De eredienst werd alleen toegestaan waar hij geen gevaar opleverde voor de publieke orde (§ 5) en hierbij waren de autoriteiten de enigen die beslisten, omdat aan de Kerk als genootschap geen enkele waarborg werd gegeven. De nieuwe regering had zich niet alleen van de Kerk gedistantieerd, ze had de Kerk buiten de wet geplaatst. De publicatie van het decreet ging vergezeld van antigodsdienstige excessen die soms door plaatselijke communistische functionarissen, soms door ongecontroleerde revolutionaire organisaties bedreven werden: het meest opzienbarend was de moord op de metropoliet van Kiev, Vladimir (15 januari 1918). Deze maatregelen van de regering met hun radicaal en woest karakter waren kennelijk bedoeld om met geweld de Russische kerk in haar organisatie te breken: toch was deze breid om met de Raad van Volkscommissarissen te onderhandelen en tweemaal (4-8 november 1917, 15 maart 1918) begaf zich een afvaardiging van het concilie, dat nog steeds te Moskou voortgezet werd, naar het Kremlin om daar te komen tot een gezamenlijk regeling van de toekomstige betrekkingen tussen Kerk en staat; beide keren vond het onderhoud in een correcte atmosfeer plaats, maar er werd geen enkel positief resultaat bereikt. De regering was vastbesloten eenzijdig te handelen.

Zo richtte patriarch Tychon tijdens de grote hongersnood van 1921-1922, die heel Rusland maar vooral het gebied van de Wolga teisterde, in augustus 1921 een oproep tot de Russische kerk en ook tot de kerken in het buitenland om geld voor de getroffenen in te zamelen. Er werd een kerkelijk comité opgericht om de hulp centraal te organiseren. De regering wilde voorkomen dat de Kerk moreel aanzien zou krijgen door een massale hulp aan de hongerlijdende bevolking en nam daarom alles wat ingezameld was in beslag en op 26 februari 1922 vaardigde ze een nieuw decreet uit waarbij alles wat van waarde was in de kerken (metalen en edelstenen) geconfisqueerd werd om aan de hongerlijdenden hulp te verlenen. Krachtens het decreet van 1918 waren deze kostbaarheden overigens reeds staatseigendom.

Door haar wetgeving en haar handelwijze liet de regering dus duidelijk merken dat ze in Rusland een maatschappij wilde opbouwen waarin voor de Kerk geen plaats meer zou zijn. Voor de christenen van Rusland was het dus niet alleen van belang of de sociale hervormingen van de sovjets, zoals de naasting van de gronden en de nationalisatie van de industrieën, rechtvaardig waren of niet, maar zij stonden voor het feit dat ze het bestaan zelf van de godsdienst in Rusland moesten verdedigen en dat zij daarvoor de meest geschikte methode moesten vinden. Een gedeelte van de geestelijkheid koos daarvoor de eenvoudigste oplossing: het toonde zich solidair met de witte legers die in sommige streken van Rusland strijd voerden met het rode leger De patriarch en de meerderheid van de hiërarchie bevonden zich in gebieden die door de sovjets gecontroleerd werden en zij konden hun standpunt niet anders bepalen dan door rekening te houden met de feiten waarvoor ze gesteld werden. Zij deden dit als christenen: hun getuigenis en de morele en fysieke offers die ze gebracht hebben zijn de beste waarborg voor de toekomst van de Kerk in Rusland. De cijfers waarover we beschikken illustreren beter dan wat ook het gevaar dat zij liepen door trouw te blijven aan hun roeping: tussen 1923 en 1926 zijn ongeveer vijftig bisschoppen gefusilleerd of als gedeporteerden gestorven; in 1921-1922 kostte de kwestie van de kostbaarheden alleen al het leven aan 2.691 seculiere priesters;

een veel groter aantal priesters werd getroffen door strenge maatregelen van overheidswege en allen werden ze aan kwellingen onderworpen en van alle civiele rechten beroofd[4].

Drie maanden na de Oktoberrevolutie, nog onder de indruk van de ongelooflijk harde slag van de eerste aanvallen tegen de Kerk, slingerde patriarch Tychon vanuit zijn residentie te Moskou de grote banvloek naar 'de openlijke en vermomde vijanden van Christus': 'Krachtens het gezag dat God mij heeft verleend, verbieden we u om tot de mysteriën van Christus te naderen; wij werpen de banvloed op u, als gij ten minste nog de naam van christen draagt en krachtens uw geboorte tot de Orthodoxe Kerk behoort... en u, trouwe zonen van de Kerk, roep ik op om onze heilige Moeder, die verguisd en onderdrukt wordt, te verdedigen... En wanneer het noodzakelijk wordt voor Christus te lijden, dan roepen wij u op om ons op de weg van het lijden te volgen... En gij, mijn broeders, bisschoppen en priesters ... vormt onmiddellijk godsdienstige verenigingen, roept ze op om plaats te nemen in de rijen van de geestelijke strijders die tegenover het fysieke geweld de kracht van de Geest moeten stellen. Wij geloven vast dat de vijanden van de Kerk van Christus gebroken en verstrooid zullen worden door de kracht van het kruis, want de belofte van Hem die het kruis gedragen heeft,

---

[4] Grondwet van 1918 § 69; zie M. Pol'sky *Nieuwe martelaren van Rusland* (Russisch), Jordanville U.S.A. 1949, p. 168-180; vgl. N. S. Timascheff, *Religion in Soviet Russia*, Londen 1943, p. 89; A. A. Bogolepov, *De Kerk onder de macht van het communisme* (Russisch), München 1958, p. 16-17. Het spreekt vanzelf dat de door geëmigreerde auteurs genoemde cijfers materieel niet te controleren zijn en dat de waarschijnlijkheid het enige criterium is. De jaren die wij hier geven zijn wel te controleren, want in die tijd werden de processen tegen geestelijken en de deportaties voor een zeer groot deel door de Sovjetpers vermeld.

blijft onveranderd: Ik zal mijn Kerk bouwen en de poorten der hel zullen niets tegen haar vermogen.'

Hoe fel deze oproep ook was, de patriarch vermeed het, de regering met name te noemen bij de vijanden van Christus, ongetwijfeld in de hoop dat deze niet alle gewelddaden zou dekken die door een toestand van revolutie waren uitgelokt en hij deed geen appèl op de gelovigen om zich tegen de maatregelen van de regering te verzetten met geweld, maar dit alleen met 'geestelijke middelen' te doen. Al had het hoofd van de Kerk zich niet altijd buiten de politiek gehouden – hij had in maart 1918 de vrede van Brest-Litovsk veroordeeld – nu onthield hij zich ervan om welk oordeel ook uit te spreken over de sociale hervormingen van het nieuwe bewind: vanaf dit ogenblik identificeerde de Kerk zich onder zijn leiding niet meer met het oude regime en zij verdedigde voor zichzelf alleen het recht om het evangelie aan het Russische volk te verkondigen. In oktober 1918 richtte Tychon een nieuwe boodschap rechtstreeks tot Lenin: 'Het komt ons niet toe, de aardse macht te beoordelen; elke macht die door God wordt toegelaten zal onze zegen over zich zien neerdalen, wanneer ze zich een ware dienaar van God voor het welzijn van de onderdanen betoont (Rom. 13:4) ... Wij richten tot u een aansporing: viert de verjaardag van uw machtsovername door de gevangenen vrij te laten, door op te houden met bloedvergieten, door van geweld af te zien en door geen beperkingen meer op te leggen aan het geloof; houd op met vernietigen en sticht orde en rechtvaardigheid, geeft aan het volk de verpozing die het verlangt ... Anders zal al het rechtvaardig bloed dat gij vergoten hebt tegen u roepen en zult gij, die het zwaard hebt getrokken ook door het zwaard omkomen'[5] (Mat. 22:52).

....

[5] Deze boodschappen van de patriarch worden vermeld in alle boe-

Deze brief aan Lenin bracht Mgr. Tychon er echter niet toe steun te verlenen aan de contrarevolutionaire machten. In september 1919 vroeg de patriarch in een nieuwe oproep aan de gelovigen 'zich te onthouden van elke actie die de argwaan van de Sovjetregering zou kunnen opwekken en te gehoorzamen aan alle bevelen voor zover deze niet in strijd zijn met het geloof en de vroomheid'. Verscheidene bisschoppen gaven soortgelijke instructies aan hun kudde. Zo zond te Petrograd metropoliet Benjamin, toen hij verwittigd werd dat men de relieken van sint Alexander Nevsky wilde gaan profaneren, terstond een delegatie naar Zinovjev, voorzitter van de sovjet Petrograd om hem te vragen de maatregel uit te stellen en hij beloofde plechtig elke geestelijke uit zijn rechtsgebied die steun verleende aan de Witten, onmiddellijk te stoppen[6].

Deze houding die op moreel gebied kritisch en onverbiddelijk, maar op politiek gebied loyaal was, gaf aan de Kerk een buitengewoon aanzien. Te midden van de onmetelijke chaos waarin Rusland zich bevond, de chaos van revolutionaire excessen, van burgeroorlog op verschillende fronten, van buitenlandse interventie, verscheen de Orthodoxe Kerk, die stoffelijk geschonden maar geestelijk gezuiverd was door het martelaarschap van vele van haar kinderen, als een bolwerk dat vertrouwen wekte. De zwaarste slag die haar werd toegebracht was de inbeslagname van de kostbaarheden.

Toen de regering, zoals we gezien hebben, verboden had dat de Kerk in eigen naam hulp organiseerde voor degenen die door de hongersnood getroffen waren en vervolgens in februari 1922 de confiscatie bevolen had van de kostbaar-

---

ken die over de geschiedenis van de Russische kerk na 1917 handelen.

[6] Dit feit wordt vermeld in *Izvestija* 20-9-1919, geciteerd door J. S. Curtiss, *The Russian Church and the Soviet State*, Boston 1953, p. 94, 339.

heden in de kerken, gaf de patriarch een rondschrijven uit waarin hij verlof gaf om de niet-geconsacreerde kostbaarheden (versieringen van iconen, ex-voto's, kandelaars) aan de autoriteiten af te geven, maar hij verbood om strikt liturgische zaken uit te leveren (gewijde vaten etc.): hij stelde daarentegen voor dat de gelovigen collecten zouden houden om aan de autoriteiten de tegenwaarde te geven van de zaken die onvervreemdbaar aan de eredienst verbonden waren. Hij zou zeker verder zijn gegaan als hij de minste controle had kunnen uitoefenen op het gebruik van de geconfisqueerde waarden. Het rondschrijven van de patriarch was de aanleiding tot een golf van uiterst felle vervolgingen van de Kerk en ze gaf aan de regering een propagandistisch wapen tegen de orthodoxe hiërarchie: de patriarch en de bisschoppen weigerden aan de getroffen hulp te bieden! In zeer veel steden vonden botsingen plaats tussen de gezagsdragers en de gelovigen. Voor de eerste keer durfde de regering publieke processen te voeren tegen kerkelijke personen van aanzien. Te Moskou moesten vierenveertig personen, priesters en leken voor de rechter verschijnen en over elf van hen werd het doodvonnis uitgesproken. Te Petrograd werd metropoliet Benjamin zelf, ondanks zijn herhaalde verklaringen van loyaliteit en zijn bereidheid om de zaak van de kostbaarheden te regelen, ter dood veroordeeld en met verschillende van zijn medewerkers gefusilleerd[7]. De kwestie van de kostbaarheden kreeg ook nog een andere nasleep: ze bracht verdeeldheid in de Kerk. Een groep priesters sprak zich openlijk uit tegen de

....

[7] Verschillende tegenwoordige leiders van het patriarchaat van Moskou bevonden zich toen in de omgeving van Mgr. Benjamin. De tegenwoordige patriarch Alexis was zijn hulpbisschop en hij volgde hem op in het bestuur van het bisdom. Metropoliet Gregorius van Leningrad († 1957), die toen priester was, werd in hetzelfde proces tot langdurige dwangarbeid veroordeeld.

instructies van de hiërarchie: hun verklaringen kregen een grote verspreiding en krachtige stem van de autoriteiten. Dat is de oorsprong van de 'Levende Kerk'.

Patriarch Tychon, die zelf te Moskou op het 'proces van de vierenveertig' was komen getuigen en de beschuldigden formeel met zijn gezag gedekt had, werd zelf pas op 9 mei 1922 gearresteerd. De bureaus van het patriarchaat werden ingenomen door vertegenwoordigers van de Levende Kerk en dezen riepen zich uit tot voorlopig bestuur van de Russische kerk. Gesteund door de regering vonden zij aanhang bij een gedeelte van de geestelijkheid en zelfs van het episcopaat. Bij een toestand die op zich al tragisch genoeg was kwam nog een nieuw drama: het schisma. De kerkelijke revolutie[8] werd geleid door een groep seculiere priesters, leden van de zogenaamde witte geestelijkheid, in tegenstelling tot de zogenaamde zwarte of reguliere clerus. De gehuwde witte priesters waren door het geldend orthodoxe canonieke recht van het episcopaat uitgesloten en onder hen bestond er vanouds een zekere vijandigheid tegen de monniken die de Kerk bestuurden: de 'levende kerk', die zeer spoedig ook de gehuwden tot het bisschopsambt toeliet en het tweede huwelijk van priesters toestond, vond onder hen verreweg de meeste leidende figuren. Ze vond ook de instemming van de vrijzinnige intellectuelen, die een *modus vivendi* met de regering trachtten te vinden. Verschillende hervormingen die ze afkondigde waren zeker belangrijk, vooral die op liturgisch gebied, maar de hele beweging was van de grond af bedorven door de uitgesproken valse manier waarop zij zich van de macht had meester gemaakt, door de steun die ze zocht bij de regering, door de laster die ze verspreidde tegen

---

[8] Later ging de beweging weer uiteen in verschillende groepen waarvan de 'levende kerk' en de 'vernieuwde kerk' de voornaamste waren.

de aanhangers van de patriarch en ten slotte door de aperte schendingen van het canonieke recht waaraan ze zich schuldig maakte. Spoedig kregen de 'vernieuwers' van de regering het gebruik van de meeste kerken, maar nooit kregen ze de gelovigen op hun hand. Er ontstonden nog andere schisma's, met name in de Oekraïne, waar een groep priesters zonder succes de oprichting van een autocefale kerk eiste en toen besloot zich niets aan te trekken van het verzet van de patriarch en de bisschoppen: zij wijdden zelf bisschoppen en vormden zo een groepering die eveneens steun kreeg van de regering, want deze laatste was er vooral op uit om in de Orthodoxe Kerk verdeeldheid te brengen.

Aan de uitbreiding van de schisma's werd een eerste halt toegeroepen toen in juni 1923 de patriarch plotseling werd vrijgelaten, nadat hij een officieel stuk ondertekend had, waarin hij zijn 'fouten' uit het verleden herriep: de veroordeling van de vrede van Brest-Litovsk, de banvloek over de regering en het rondschrijven over de kostbaarheden van de Kerk[9]. Na een jaar gevangenschap berustte Mgr. Tychon er dus feitelijk in geen enkel publiek oordeel meer uit te spreken over de daden van de Sovjetregering. In de oproepen die hij tot zijn gelovigen richtte bepaalde hij zijn houding als apolitiek: 'De monarchisten van buiten- en binnenland moeten weten dat ik niet de vijand van de Sovjetregering ben,' verklaarde hij[10].

Al was de patriarch verzoeningsgezind tegenover de regering, hij bleef onverbiddelijk tegenover de schismatieken van de 'levende kerk'. Al snel na zijn vrijlating veroordeelde

---

[9] De tekst van deze verklaring staat in *Izvestija* 27-6-1923 (Curtiss, *o.c.*, p. 159-160, 347).

[10] *Izvestija* 4 en 6 juli 1923 (Curtiss, *o.c.*).

hij hen formeel: kopstukken van de 'vernieuwers' betuigden plechtig hun spijt tegenover hem[11]. Hij stierf op 7 april 1925 te Moskou. Na zijn dood publiceerden de kranten zijn testament, waarin hij nogmaals de gelovigen opriep om het nieuwe bewind oprecht te erkennen, zijn vijanden te bestrijden en zodoende het vertrouwen van de regering terug te winnen, die dan op haar beurt het godsdienstonderwijs aan de kinderen, de voortzetting van de theologische scholen en de uitgave van kranten en tijdschriften zou toestaan[12]. De patriarchale kerk van Rusland bleef trouw aan dit testament, zonder echter tot heden toe alle voordelen te verkrijgen die de patriarch verwacht had, vooral niet op het gebied van het onderwijs en de pers.

De laatste belangrijke gebeurtenissen in het leven van de Russische kerk hadden plaats in 1927 en 1943. Patriarch Tychon had de mogelijkheid voorzien dat er geen regelmatige verkiezingen zouden kunnen worden gehouden en daarom had hij drie eventuele plaatsvervangers aangewezen om hem op te volgen: de metropolieten Cyrillus, Agathangelus en Petrus. De eerste twee moesten in de tijd dat Tychon stierf dwangarbeid verrichten en daarom werd metropoliet Petrus van Krutica officieel als plaatsvervangend patriarch erkend. Op 23 december 1925, acht maanden na zijn installatie, werd ook hij gearresteerd en naar Siberië verbannen na metropoliet Sergius van Niznij-Novgorod tot 'waarnemend plaatsvervanger' te hebben benoemd. Onder deze eigenaardige titel, die velen hem zelfs betwistten, bestuurde Sergius van 1927-1943 wat er van de patriarchale kerk over was; slechts enkele bisschoppen bleven hun vrijheid behouden en het merendeel

---

[11] Tot hen behoorde Mgr. Sergius van Jaroslavl, de toekomstige patriarch.

[12] *Izvestija* 15-4-1925 (Curtiss, p. 176-177, 349).

van de kerken was in handen van de schismatieke vernieuwers... Sergius zelf werd in december 1926 gearresteerd; bij zijn vrijlating, op 30 maart 1927, publiceerde hij een reeks verklaringen, waarin hij het loyalisme ten opzichte van de staat met meer kracht dan ooit onderstreepte: 'Wij willen orthodox zijn,' verkondigde hij, 'en tegelijk de Sovjet-Unie erkennen als ons burgerlijk vaderland; wij willen dat haar vreugden en successen onze vreugden en successen zijn en dat haar nederlagen onze nederlagen zijn'[13]. Hij richtte zich ook tot het N.K.V.D. (volkscommissariaat voor binnenlandse zaken) om een wettelijke status te vragen voor een patriarchale synode te Moskou (tot dan toe stond de regering Sergius niet eens toe in Moskou te verblijven). Dit verzoek leek velen een stap te ver gaan, want de wettelijke status veronderstelde noodzakelijk staatscontrole... Vele bisschoppen in ballingschap en in vrijheid protesteerden tegen het nieuwe optreden van Mgr. Sergius. Een groep bisschoppen waaronder de bekende theoloog Hilarion Troïtij, vroeger de rechterhand van de patriarch, die naar Solovski aan de Witte Zee verbannen was, richtte een schrijven tot Sergius waarin ook zij getuigden van een volkomen loyale houding tegenover de regering, maar waarin zij tevens vroegen om de juiste toepassing van de wet op de scheiding van Kerk en staat, die een interne vrijheid van de Kerk waarborgde...[14].

Deze protesten waren tevergeefs: metropoliet Sergius had gehandeld volgens zijn geweten, hij wilde een bestuursapparaat dat zo goed als niet meer bestond herstellen en aldus in

---

[13] De tekst van de boodschap van Mgr. Sergius is gepubliceerd in *Patriarch Sergius en zijn geestelijk erfenis* (Russisch), patriarchaat van Moskou 1947.

[14] Het bestaan van de authenticiteit van de 'boodschap van Solovki' wordt door iedereen erkend. De tekst kreeg een zekere verspreiding in Rusland en het buitenland.

Rusland het embryo van een Kerk behouden. Ondanks de vernederende verklaringen die hij verplicht was af te leggen, vooral over de geloofsvervolgingen die zelfs in het begin van de revolutie een zuiver politiek karakter zouden gehad hebben, ondanks de aperte onjuistheid van de inlichtingen over godsdienstvrijheid die hij verplicht was te verspreiden, bleef de patriarchale Heilige Synode die door Sergius was opgericht, het mikpunt van aanvallen in de pers en vele van zijn gelovigen werden gearresteerd en verbannen. De antigodsdienstige wetgeving werd hoe langer hoe strenger, zoals men kan zien aan de achtereenvolgende wijzigingen in de tekst van de grondwet van de Sovjet-Unie. De grondwet van 1918 garandeerde aan de burgers *godsdienstvrijheid* en de vrijheid van godsdienstige en antigodsdienstige propaganda[15]. Deze paragraaf werd in 1929 gewijzigd: voortaan was er alleen nog sprake van vrijheid van *godsdienstige confessie* en antigodsdienstige propaganda. De constitutie van Stalin in 1936, die nog steeds van kracht is, verleent aan de burgers alleen de vrijheid van *godsdienstige cultus* en van antigodsdienstige propaganda (§ 124).

Gedurende de oorlog bracht de Sovjetregering echter een plotselinge ommekeer in haar tactiek op het gebied van godsdienst.

Nadat metropoliet Sergius en zijn kerk op de dag zelf van de Duitse inval (22 juni 1941) een patriottische boodschap tot het Russische volk hadden gericht, kregen zij een betrekkelijke vrijheid van beweging en activiteit. Enige bisschoppen werden uit hun ballingschap bevrijd: op 4 september 1943 werden Sergius en twee andere metropolieten, Alexis van Leningrad en Nicolaas van Kiev, door Stalin ontvangen. Zij kregen de bevoegdheid om patriarchale verkiezingen te

....

[15] Geciteerd door Curtiss *o.c.*, p. 280, 363.

houden. Op dit concilie konden echter niet meer dan achttien bisschoppen samenkomen, daar een groot aantal nog gevangen zat; Mgr. Sergius werd tot patriarch gekozen. Deze wederopstanding van de Kerk viel samen met de onmiddellijke ontbinding van het schisma van de vernieuwers, dat geen wortel onder het volk had geschoten en in volledig verval verkeerde: de patriarch kreeg de beschikking over de kerkgebouwen, die tot dan toe voor verreweg het grootste deel alleen ten dienste van de vernieuwers waren geweest. Hij kon bovendien de Kerk reorganiseren, theologische scholen openen en een tijdschrift uitgeven.

Hoe men ook oordeelt over het beleid van Mgr. Sergius, men kan niet ontkennen dat de herleving van een traditionele Kerk in 1943 in Rusland, die in alle punten getrouw was aan de orthodoxe canons en riten, een waarachtig wonder was dat een sprekend bewijs leveren van de mislukking van de antigodsdienstige heropvoeding, die de regering het Russische volk had doen ondergaan. In een tijd waarin de godsdienst helemaal van scholen en pers beroofd was, had hij weerstand kunnen bieden aan een ongelooflijk krachtige propagandistische aanval. Aan de vooravond van de oorlog publiceerde het tijdschrift *Antirelioznik* van mei 1941 de plannen van de staatspers, feitelijk van de antigodsdienstige lectuur, voor het lopende jaar: 67 titels van boeken en brochures met een oplage van 3.505.000 exemplaren, twee tijdschriften en een krant met een oplage van 5.880.000 exemplaren voor dat jaar[16]... Daarbij moesten reeds alle schoolboeken en het hele onderwijs een antigodsdienstige strekking hebben[17].

....

[16] Over de uitgebreidheid en de voornaamste elementen van deze propaganda, zie vooral Paul B. Anderson, *L'église et la nation en URSS*, Parijs 1946; vgl. van dezelfde auteur *Russia's religious future*, Londen 1935; zie ook Curtiss *o.c.*

[17] Zie A. Bogolepov, *De Kerk onder de communistische heerschappij*

Na dergelijke beproevingen heeft de Kerk in 1958 in tegenwoordigheid van talrijke buitenlandse prelaten de veertigste verjaardag van de keuze van Mgr. Tychon tot patriarch kunnen vieren. Er werd weliswaar niets gezegd over de omstandigheden van deze keuze en over verschillende aspecten van zijn werkzaamheid, maar daarom werd evenzeer de gedachtenis gevierd van hem die zo waardig voor Christus getuigd had en daardoor het voortbestaan van de orthodoxie in Rusland had mogelijk gemaakt.

De staat heeft zijn antigodsdienstige houding niet gewijzigd. Deze houding komt vooral tot uiting in de beslissingen van het centrale comité van de partij van 10 november 1054, die door secretaris N. Kroetsjev werden ondertekend en in de *Pravda* van 11 november 1954 gepubliceerd werden. In het document lezen we: 'De communistische partij steunt op de enige echte wetenschappelijke wereldbeschouwing, het marxisme-leninisme en op het theoretisch fundament daarvan, het dialectisch materialisme; ze kan geen onverschillige en neutrale houding aannemen ten opzichte van de godsdienst, omdat dit een wereldbeschouwing is die volkomen vreemd is aan de wetenschap'. De partij zal derhalve 'de gelovigen helpen om zich helemaal vrij te maken van godsdienstige dwalingen'. Dan neemt de tekst van het document de klassieke theorie op, dat de godsdienst in wezen niets anders is dan een middel dat benut wordt 'door de uitbuiters in hun strijd tegen de arbeiders'; hieruit volgt dat 'na de overwinning van het socialisme en de liquidatie van de uitbuitende klassen in Rusland de sociale wortels van de godsdienst zijn doorgesneden en de basis waarop de Kerk steunde niet meer bestaat'. Het bestaan van gelovigen in Rusland is dus niet meer dan een overblijfsel uit het verleden dat door de grondwet

....
(Russisch), München 1958, p. 80-81.

in zoverre wordt geduld, dat de beleving van de godsdienst zich moet beperken tot de eredienst (§ 124) en in zoverre 'de bedienaren van de Kerk tegenwoordig voor het merendeel een loyale houding jegens de Sovjetregering aannemen'. Het comité veroordeelt dan 'de regeringsmaatregelen en plagerijen waaraan de gelovigen en de geestelijkheid onderworpen werden' omdat deze maatregelen 'alleen maar schadelijk kunnen zijn en de godsdienstige vooroordelen versterken'. De strijd tegen de godsdienst moet zich op zuiver ideologisch standpunt stellen: hij moet vooral bestaan in de opvoeding van de arbeiders volgens de materialistische beginselen. Een hoofdartikel van het tijdschrift *Wijsgerige vragen* (1959 n. 8) verkondigde eveneens dat de godsdienst geleidelijk zijn invloed op de massa zal verliezen 'naarmate het socialisme sterker wordt, naarmate het stoffelijk en cultureel levenspeil stijgt, naarmate de techniek vooruitgaat en naarmate de regering meer invloed heeft door haar aanval op de godsdienst'.

Men kan dus begrijpen, dat de toestand van de Orthodoxe Kerk tegenwoordig in Rusland verre van gemakkelijk is. Ze is in theorie verplicht om op politiek gebied neutraal te zijn en in feite gedwongen om de regering te steunen, maar van deze laatste krijgt ze geen tegenprestatie. Terwijl ze in haar werkzaamheid tot de eredienst beperkt wordt, moet ze het hoofd bieden aan een enorme antigodsdienstige propaganda. In het volgend hoofdstuk zullen we trachten haar tegenwoordige toestand te bestuderen en de toekomstperspectieven die zich voor haar opnemen.

De vestiging na de Tweede Wereldoorlog van een volksdemocratische regering in verschillende overwegend orthodoxe landen vond plaats onder omstandigheden die ver afweken van die waarin het communisme in Rusland zegevierde. Op godsdienstig gebied wisten de leiders te profiteren van de ervaring in Rusland. Daarom vermeden ze, nadat ze aan de macht gekomen waren, heftige vervolgingen, openbare processen en folteringen die aan de gelovigen de aureool van het martelaarschap hadden kunnen geven. Zonder altijd en overal een scheiding van Kerk en staat door te voeren, stelden zij een scherpte controle in op de verschillende werkzaamheden van de geestelijkheid, zij schakelden enkele gezien persoonlijkheden uit en zo beperkten ze voor zover mogelijk de missionaire werkzaamheid van de Kerk. Trouw aan hun leer over de noodzakelijke verdwijning van de godsdienst in de toekomstige klasseloze maatschappij laten zij dit voornamelijk over aan de tijd en aan de communistische opvoeding van het volk. Allen die te duidelijk blijk gaven van hun vijandigheid tegenover het regime of de officiële propaganda werden en worden nog door regeringsmaatregelen getroffen. Over het algemeen neemt de orthodoxe hiërarchie dezelfde houding aan als het patriarchaat van Moskou, ze laat elke solidariteit met de vroegere regeringen los en ze drukt haar loyale houding uit door voortdurend deel te nemen aan enkele semiofficiële instellingen zoals de vredesorganisaties.

Op het eerste oog lijkt de wetgeving van de volksdemocratieën meer tolerant jegens de godsdienst van de wetgeving van de U.S.S.R. Deze laatste verbiedt, zoals we gezien hebben, de godsdienstige propaganda en ze laat de antigodsdienstige propaganda toe (grondwet van 1936, § 124); de grondwetten van Bulgarije (§ 78), Roemenië (§ 84) en Hongarije (§54) spreken gewoon van vrijheid en geweten en eredienst. De Tsjechoslowaakse grondwet (§ 15) waarborgt zelfs meer in het algemeen de vrijheid van de 'daden die behoren bij een godsdienstige belijdenis', en de Poolse grondwet, die verreweg de ruimste is, laat toe dat de Kerk en de godsdienstige genootschappen 'hun godsdienstige taken vervullen' (§ 70). Deze constitutionele verdraagzaamheid wordt intussen echter beperkt door afzonderlijke wetten op de godsdienstige genootschappen en door de nieuwe statuten die deze verplicht werden aan te nemen: over het algemeen zijn deze wetten en statuten erop gericht een strenge staatscontrole op alle activiteiten van de Kerk in te stellen. Deze activiteiten zelf, zoals prediking en godsdienstige publicaties, worden in een aanzienlijk ruimere mate dan in de Sovjet-Unie toegelaten. In alle volksdemocratische landen, alleen Polen uitgezonderd, wordt de Kerk echter zorgvuldig buiten de opvoeding van de jeugd gehouden. Juist daar wordt de echte strijd geleverd tussen het christendom en de nieuwe marxistische leer. Zal de godsdienst, die teruggebracht is tot alleen de eredienst, geleidelijk met de andere resten van het kapitalisme in de nieuwe maatschappij verdwijnen? Alleen de christenen uit die landen kunnen op deze vraag een antwoord geven en alleen de toekomst zal uitwijzen welke de voordelen en welke de nadelen zijn van de tegenwoordige gedragslijn van de hiërarchie. In het volgende hoofdstuk zullen we in het kort de toestand in de verschillende kerken bestuderen en we zullen daarbij zien dat er in deze houding veel verschil is geweest en dat ze heel wat meer genuanceerd is dan men over het algemeen aanneemt.

8
DE ORTHODOXE KERK TEGENWOORDIG

Het domein van het godsdienstige is bij definitie strijdig met de wetten van de statistiek, want deze houden in de regel enkel rekening met getallen en niet met de religieuze ervaring zelf en evenmin met wat men noemt de godsdienstige beleving. Het is echter onmogelijk om zich rekenschap te geven van de werkelijke kracht van een godsdienstige groepering zonder deze wezenlijke elementen te kennen. Wat de Orthodoxe Kerk aangaat ontbreken de algemene statistieken, zelfs die van de getallen, van de laatste veertig jaar, dat wil zeggen vanaf de Russische revolutie, volledig. Een berekening die geheel en al bij benadering is en die op de godsdienstige praktijk gebaseerd is laat het aantal orthodoxe christenen die meer of minder regelmatig aan de sacramenten deelnemen ten naaste bij 100.00.000 bedragen. Van dit getal wonen er ongeveer 50.000.000 in de Sovjet-Unie, maar het is zeker dat het aantal *gedoopte* orthodoxen aanmerkelijk groter is, want vóór de revolutie was het doopsel verplicht en ook nu wordt het zeer veel toegediend, zelfs bij gezinnen die overigens weinig of niets met de Kerk te maken willen hebben. Gegeven de benadering waarmee wij aan het cijfer van 100.000.000 zijn gekomen, is het zeker dat dit niet de werkelijke belangrijkheid weergeeft die aan de orthodoxie in de verdeelde christelijke wereld toekomt. De cijfers die doorgaans worden gegeven voor de katholieken (450.000.000) of de protestanten (250.000.000) zijn immers aan de doopstatistieken ontleend, maar zij geven bij lange na niet het aantal praktiserenden weer[1].

De tegenwoordige structuur van de Orthodoxe Kerk is een gedecentraliseerde structuur die tegelijk gebaseerd is op de eeuwenoude tradities van de patriarchaten van het Oosten en op bepaalde werkelijkheden van de moderne wereld. Er bestaan een aantal autocefale kerken, die het recht hebben hun eigen leiders, de bisschoppen, te kiezen. Sommige daarvan worden omvat door de grenzen van een staat en het zijn feitelijk nationale kerken: andere, vooral in het Nabije-Oosten, bezitten traditionele grenzen die gelovigen van verschillende nationaliteiten omvatten. Strikt canoniek gezien zijn hun grenzen niet nationaal maar territoriaal en ze beantwoorden aan wat vroeger metropolitane provincies waren: een groep bisdommen waarvan de bisschoppen regelmatig in concilie bijeenkwamen en die een plaatselijke primaat kozen, die de titel voerde van patriarch, aartsbisschop of metropoliet. Ze zijn verenigd in een gemeenschappelijke gehoorzaamheid aan de canons van de Kerk en zij drukken hun eenheid in geloof uit door algemene concilies, die bijeenkomen wanneer daar behoefte aan bestaat. We hebben reeds gezien dat concilies waarin alle of meerdere autocefale kerken samenkwamen talrijk waren, zelfs na het einde van de middeleeuwen.

....

[1] Zo wonen 200.000.000 van de 450.000.000 katholieken in Zuid-Amerika. Alle katholieke bronnen zijn het erover eens dat het aantal praktiserende katholieken van Latijns-Amerika minder is dan 10% van de in naam katholieke bevolking. Wat het percentage aangaat, lijkt deze situatie zeer veel op die in sommige landen die als monolitisch protestant beschouwd worden, met name de Scandinavische landen.

De wederkerige betrekkingen van de autocefale kerken worden geregeld door een zekere erehiërarchie waarin de oecumenische patriarch van Constantinopel de eerste plaats inneemt. De orde van voorrang tussen de drie andere patriarchen van het Oosten (Alexandrië, Antiochië en Jeruzalem) dateren van de 5^e eeuw. Het patriarchaat van Moskou, dat in 1589 werd opgericht, neemt ondanks zijn afmetingen en zijn feitelijke belangrijkheid slechts de vijfde plaats in; de andere autocefale kerken nemen een plaats in overeenkomstig de tijd waarop ze kerkelijk onafhankelijk werden.

Dit systeem, dat in theorie de oude canonieke wetgeving slechts aanpast aan de moderne tijd, heeft het onbetwistbare voordeel van een grote plooibaarheid. In de loop van de geschiedenis konden autocefalieën worden opgericht, opgeheven en weer opnieuw opgericht zonder dat de structuur van de hele Kerk er onder leed; de afwezigheid van elke centralisatie maakt het thans aan de verschillende hiërarchieën mogelijk om op politiek gebied zeer uiteenlopende houdingen aan te nemen, zonder dat hun gemeenschap in geloof en sacramenten daar nadeel van ondervindt; wanneer de omstandigheden gunstiger worden, kan het wederkerig begrip dan zonder te veel schade hersteld worden. De nadelen van dit systeem zijn overigens even duidelijk: omdat de autocefale kerken rechtens en feitelijk van elkaar onafhankelijk zijn, leven zij te dikwijls geïsoleerd van elkaar, missen zij de middelen om een gemeenschappelijke actie te voeren en hebben zij geen gemeenschappelijke methode om priesters op te leiden. Het nationalisme, de ziekte die in de 19^e en 20^e eeuw zoveel verwoestingen in Oost-Europa aanrichtte, weet ook niet buiten het kerkelijk terrein te blijven: zo komt men er dikwijls toe om de Kerk te beschouwen als een kenmerk van de natie, als een eenvoudig middel om de taal en de volkstradities in stand te houden. Het feit, dat de Byzantijnse missionarissen vroeger de liturgie in de eigen talen hebben vertaald en dat ze niet alleen de godsdienst van Byzantium naar de Slavische landen hebben overgeplant, maar ook de Byzantijnse theorie over de christelijke staat, verschafte aan het moderne en eigenlijk geseculariseerde nationalisme een gunstige voedingsbodem. In Oost-Europa blijft de Orthodoxe Kerk in haar wezen een volkskerk: daarom kon ze het Turkse en Mongoolse juk overleven, daarom is ze tot op de dag van vandaag in staat het bedrog van de marxistische theorie over de godsdienst als instrument in de handen van de uitbuitende klasse te ontmaskeren. Maar daar ligt ook de oorzaak van een zekere zwakheid wanneer het nodig is *metterdaad* te getuigen voor een universele en transcendente waarheid. Het historische tijdperk waarin wij leven belast zich intussen zelf ermee, het absolute van het relatieve, de Kerk van de staat, Christus van het volk te onderscheiden. Het verplicht de orthodoxe wereld om te kiezen tussen de menselijke tradities en de openbaring en om slechts het wezenlijke van de christelijke boodschap te behouden. Aan vele tekenen die we zullen aangeven wanneer we in het kort de lokale kerken de revue zullen laten passeren, kunnen we het begin van een geheel nieuwe tijd in de geschiedenis van de orthodoxie zien.

1. Het oecumenisch patriarchaat van Constantinopel

Het tweede en vierde oecumenische concilie hebben aan de kerk van Constantinopel gelijke voorrechten toegekend als die welke de kerk van Rome had, terwijl Rome zijn ereprimaat behield. Sinds het schisma bezit de Byzantijnse patriarch dus het gezag van een primaat; hij draagt de titel 'aartsbisschop van Constantinopel-Nieuw Rome en oecumenisch patriarch'[2]; als residerend bisschop van Constantinopel (dat

....

[2] Deze titel gaat terug tot 588, dus tot zeer lang vóór het schisma.

tegenwoordig de Turkse naam Istanboel draagt) oefent hij een rechtstreeks patriarchaal gezag uit over vier metropolen in Turkije, een armzalige rest van de oude christengemeenten van Klein-Azië, die verdwenen zijn sinds de Griekse bevolking als gevolg van de Grieks-Turkse oorlog (1922) deze gebieden verlaten heeft. Om het aanzien van het patriarchaat te steunen, hebben de Kerk en de Griekse regering het echter goed gevonden de bisdommen van de Griekse eilanden onder zijn gezag te laten en ook die van Noord-Griekenland, maar deze laatste alleen in naam. Verder oefent het patriarchaat zijn gezag uit over een bepaald aantal Griekse, Russische en Oekraïense bisdommen van de orthodoxe diaspora, namelijk die van West-Europa, Noord- en Zuid-Amerika en Nieuw-Zeeland en dan nog over de Orthodoxe Kerk van Finland[3]. Na de laatste oorlog is zijn jurisdictie over de Baltische landen overgegaan op de patriarch van Moskou.

Zo heeft het patriarchaat dat, zoals we hebben gezien, in de tijd van het Byzantijnse Rijk en onder het Turkse bewind een zeer uitgebreid gezag over grote delen van de orthodoxe wereld heeft uitgeoefend, de omvang van zijn jurisdictie aanmerkelijk zien inkrimpen. In de 19^e eeuw hebben de verschillende kerken van de Balkan hun autocefalie gekregen en in de 20^e eeuw hebben de Grieken van Klein-Azië het territorium van het patriarchaat verlaten. Dit laatste, dat zijn residentie heeft in het Phanar (de Griekse wijk van Constantinopel), heeft zelf deze beproevingen alleen kunnen overleven dankzij de bescherming van internationale instanties. Het oecumenisch patriarchaat dankt zijn aanzien dan ook niet aan zijn rechtstreeks gezag over nog geen 2 miljoen gelovigen, waarvan bijna de helft in Amerika woont, maar aan zijn ereprimaat onder de autocefale kerken.

---

[3] Wij zullen verderop meer gedetailleerd over de toestand van de Orthodoxe Kerk in westerse landen spreken.

Zijn feitelijk gezag bestaat wezenlijk in het recht van initiatief dat de andere patriarchen hem in het algemeen toekennen in zaken van gemeenschappelijk belang. Het oecumenisch concilie van Chalcedon (451) verleende hem bovendien het belangrijke recht om zaken die in andere kerken waren beoordeeld in hoger beroep te behandelen (canon 17) en het verleende hem gezag over de missiebisdommen, gelegen in 'barbaarse' landen, in het verlengde van de Romeinse bisdommen van Thracië, Azië en Pontus (canon 28): het ging in die tijd over de gebieden van Oost-Europa en de Kaukasus. Sommige moderne canonisten willen deze canon ruimer interpreteren en aan de oecumenische patriarch de jurisdictie toekennen over heel de orthodoxe diaspora; feitelijk oefent hij deze gedeeltelijk uit.

De patriarch van Constantinopel wordt gekozen bij een stemming door de metropolieten van het patriarchaat[4]. Een synode van twaalf bisschoppen oefent met hem de leiding uit over alle kerkelijke aangelegenheden en zij benoemt de bisschoppen voor de vacante zetels. Een patriarchale theologische school bevindt zich op het eiland Halki, dat deel uitmaakt van de Prinseseilanden.

De tegenwoordige titularis van de oecumenische zetel is zijne heiligheid Athenagoras I, die in 1948 werd gekozen.

Onder de jurisdictie van het Oecumenisch patriarchaat valt eveneens de beroemde monnikenrepubliek van de berg Athos, een centrum van geestelijk leven en een merkwaardig overblijfsel van het middeleeuwse Byzantijnse monnikenwezen. De kloosters van de Athos gaan terug tot in de 10^e eeuw en zij hebben alle beproevingen overleefd; in 1952 telden ze nog 2700 monniken. In de 17^e en 18^e eeuw bevond de Athos

....

[4] Tot 1922 werd de patriarch die toen politiek leider van de Grieken in Turkije was, gekozen door een meer uitgebreid college, waartoe ook de leken behoorden.

zich in een kritieke toestand en het aantal monniken was toen veel geringer; een nieuwe opleving van het monnikenwezen vond plaats in de 19ᵉ eeuw, vooral door de grote toevloed van Russische novicen en in 1913 had de Athos 6345 bewoners. Sindsdien is, wegens de algemene toestand in de orthodoxe wereld, dit aantal voortdurend afgenomen en men wacht op betere tijden.

Geïsoleerd van de wereld op het schiereiland van Chalcidice en levend in omstandigheden die praktisch sinds de middeleeuwen niet veranderd zijn, leven de monniken van de Athos samen in twintig kloosters en door middel van hun vertegenwoordigers oefenen zij het bestuur over het gebied uit. Dit gebied staat rechtens onder het koninkrijk Griekenland, maar het heeft een internationaal statuut. Van de twintig kloosters zijn er zeventien Grieks – al behoren er ook monniken van andere nationaliteiten toe – een Russisch, een Servisch en een Bulgaars. Vroeger was er ook nog een Georgisch en in de middeleeuwen bestonden er meerdere Latijnse kloosters. Op het terrein van deze twintig kloosters vindt men op de Athos eveneens een aantal kluizen, *skiti* en *kellia*, waarin monniken van verschillende oorsprong en volgens verschillende regels leven. Sommige *skiti* zijn feitelijk grote kloosters, andere het verblijf van echte kluizenaars.

Als het enige voorbeeld van een monnikenrepubliek, die vroeger aan de Kerk grote theologen en geleerden geschonken heeft, behoudt de Athos heden nog de waarde van een geestelijk getuigenis voor alle orthodoxen. Maar het feit dat de monniken zo goed als uitsluitend afkomstig zijn uit de volksklasse en het landelijk milieu, het intellectueel isolement dat ten onrechte als een ascetische deugd wordt beschouwd, het feit dat er geen nieuwe leden van landen buiten Griekenland kunnen komen, dat alles vormt echter een ernstige oorzaak van verval. Om in deze toestand verbetering te brengen werd in 1953 door het oecumenisch patriarchaat op de Athos een theologische school opgericht. De internationale situatie heeft het verder onlangs mogelijk gemaakt dat er nieuwe monniken uit Joegoslavië kwamen.

2. Het patriarchaat van Alexandrië

Bij de christologische strijd van de 5ᵉ tot 6ᵉ eeuw weigerde het grootste deel van de christenen van Egypte de beslissingen van het concilie van Chalcedon (451) te erkennen en ging over tot het monofysitisme; deze groep vormt vandaag de dag de Koptische Kerk. De orthodoxen vormen slechts een kleine minderheid van Melkieten[5], die Grieks spreken en lange tijd als vreemdelingen in het land beschouwd werden. Hun aantal nam zozeer af dat in de 16ᵉ tot 17ᵉ eeuw de orthodoxe patriarch van Alexandrië bijna nooit in Constantinopel woonde. Pas in het begin van de 20ᵉ eeuw nam het aantal orthodoxen belangrijk toe, dankzij de immigratie van Grieken en Syriërs: het bedraagt echter in Egypte nog geen 200.000 gelovigen. Er is een seminarie met ongeveer honderd leerlingen te Alexandrië en de Griekse gemeenschap bezit een aantal ziekenhuizen en scholen.

Het patriarchaat van Alexandrië oefent ook jurisdictie uit over alle orthodoxen van Afrika.

De kandidaten voor het patriarchaat worden gekozen door een vergadering van 36 geestelijken en 72 leken, die een lijst van drie namen opstelt waaruit de Heilige Synode gemachtigd is te kiezen. Tot begin 1959 bedroeg het aantal metropolen acht (Tripoli, Ismaïlia, Port Saïd, Tanta, Addis-Abeda, Johannesburg, Khartoem en Tunis). Onlangs werden drie nieuwe zetels opgericht (Akkra, Centraal-Afrika

....

[5] Van *melek*, keizer: de melkieten waren de aanhangers van de keizer van Byzantium, de promotor van het concilie van Chalcedon.

en Oost-Afrika), die verband houden met het missiewerk van het patriarchaat. De patriarchale zetel van Alexandrië wordt op het ogenblik bezet door zijne zaligheid Christophorus II, die in 1939 gekozen werd.

3. Het patriarchaat van Antiochië

Antiochië aan de Orontes was vroeger de derde stad van het Romeinse wereldrijk, na Rome en Alexandrië. Vandaag is het slechts een klein dorpje, dat in Turkije ligt. De patriarch, wiens gezag op dit roemrijk verleden teruggaat, resideert te Damascus. De kerk die hij bestuurt en die in Syrië en op de berg Libanon ongeveer 300.000 gelovigen telt, is de grootste Arabisch sprekende christelijke gemeenschap die momenteel bestaat. Ook in Irak en Amerika bevinden zich belangrijke groepen (meer dan 100.000).

Van 1724 tot 1899 werden de patriarchale zetel en de bisdommen bezet door Griekse prelaten die benoemd werden dankzij het overwicht dat het Phanar onder het Turks bestuur genoot. Sindsdien werden, deels onder Russische invloed, Arabieren op de zetel van Antiochië gekozen. De procedure van de keuze van een patriarch, die volgens meerdere trappen gebeurt, is onlangs gewijzigd om een grotere deelname van de leken mogelijk te maken. De patriarch heeft geen permanente synode naast zich, maar de metropolieten komen eenmaal per jaar, na Pasen, bijeen, in overeenstemming met de oude canons. Er zijn tien metropolieten: die van Aleppo, Cheikh Tabba, Beiroet, Homs, Hama, Lattakié, Zahle, Tripoli, Tyrus-Sidon en Bagdad. Drie andere bisschoppen die van het patriarchaat afhankelijk zijn besturen de gelovigen van het patriarchaat in Noord- en Zuid-Amerika.

Al heeft de Arabische orthodoxie gebrek aan een op behoorlijk intellectueel niveau staande geestelijkheid, toch kent ze na de laatste wereldoorlog een herleving, dankzij de orthodoxe jeugdbeweging, die door de universiteitsstudenten in het leven werd geroepen. Deze beweging doet aan prediking, richt scholen op, geeft een opmerkelijk tijdschrift in het Arabisch uit (*An-Nour*), laat haar leden in het buitenland theologie studeren en verschaft aldus aan de kerk nieuwe kernen van onderlegde geestelijken, sticht monastieke gemeenschappen (Deir-el-Harf op de berg Libanon) en zo schept zij grote verwachtingen voor de toekomst.

De patriarchale zetel wordt sinds 1958 bezet door zijne zaligheid Theodosius VI.

4. Het patriarchaat van Jeruzalem

Het patriarchaat van Jeruzalem werd als onafhankelijk patriarchaat opgericht door het concilie van Chalcedon (451) en het wijdde zich, vooral na de verovering door de Arabieren, in het bijzonder aan de bewaking van de heilige plaatsen. Ook de tegenwoordige statuten worden bepaald door deze oorspronkelijk taak. Deze wordt vervuld door een soort kloosterorde, de Broederschap van het heilig Graf. De leden daarvan verdelen de bisschoppelijke titels en de voornaamste kerkelijke taken onder elkaar; de patriarch zelf is hun hoofd. Hun aantal bedraagt ongeveer honderd en zij zijn bijna uitsluitend van Griekse afkomst. De gelovigen daarentegen zijn allen Arabieren; hun aantal is sterk teruggelopen ten gevolge van de recente gebeurtenissen in Palestina en het bedraagt momenteel niet meer dan ongeveer 50.000, want velen zijn uitgeweken naar Syrië of de berg Libanon.

Naast de patriarch bestaat de Heilige Synode uit de zes titulaire aartsbisschoppen van Sebaste, Berg Thabor, Diocesarea, Philadelphia, Eleutheropolis en Tiberias. De lagere geestelijkheid bestaat geheel uit Arabieren. In 1911 werd een gemengde raad opgericht, die ook voor Arabische leken openstaat, maar er zijn veel wrijvingen tussen de Grieken en de Arabieren, vooral bij de verkiezingen van een patriarch. De verschillende statuten van het patriarchaat verlenen steeds meer rechten aan de Arabische geestelijkheid en gelovigen.

De laura van Mar-Saba, vroeger een centrum van het oosterse monnikenwezen doch tegenwoordig slechts door twintig monniken bewoond, valt onder de jurisdictie van het patriarchaat. De Russen, die vroeger met duizenden naar Jeruzalem op bedevaart kwamen, bezitten er nog twee vrouwenkloosters.

Sinds 1957 is zijne zaligheid Benedictus I patriarch van Jeruzalem.

5. Het patriarchaat van Moskou

De tragische en bewogen geschiedenis van de Orthodoxe Kerk in Rusland is tegenwoordig overgegaan in een betrekkelijk stabiele toestand die in de loop van de oorlog ontstond en die sindsdien niet diepgaand gewijzigd is. Het blijft uiterst moeilijk nauwkeurige inlichtingen over het aantal gelovigen te krijgen. De reden daarvan heeft patriarch Alexis zelf genoemd toen hij in 1948 een interview toestond aan het agentschap Reuter: 'Wegens de scheiding van de Kerk en staat en ook wegens de godsdienstvrijheid beschikken wij heden ten dage niet, zoals dat vroeger in Rusland het geval was, over registers van gelovigen'[6]. Deze veelzeggende verklaring houdt in dat van de ene kant de Kerk niet de mogelijkheid

....

[6] Aangehaald in *Le problème religieux en U.R.S.S.* – tweede deel – *Domnées et documents sur l'organisation actuelle des differentes 'églises et associations religieuses* in *La documentation Française* 1931 (9-10-1954) p. 4. Deze studie (n. 1624 en 1931 van de *Documentation*) biedt het beste geheel van inlichtingen over de godsdienst in de U.S.S.R., waarover men op het ogenblik in het Frans kan beschikken.

bezit om statistieken aan te leggen, omdat dit het monopolie van de staat is, en van de andere kant dat het aanleggen van controleerbare lijsten van gelovigen gelijk zou staan met een aanslag op de vrijheid waarover de gelovigen heden ten dage kunnen beschikken, nu hun overtuiging op geen enkel schriftelijk document staat aangetekend. Inzake statistieken is men dus aangewezen op ruwe schattingen en benaderingen die berusten op de schaarse officiële inlichtingen en op de verschillende losse berichten of reportages die tegenwoordig nogal veel in de pers verschijnen. Het schijnt niet aan twijfel onderhevig te zijn dat er ongeveer 25.000 parochies zijn, een getal dat door verscheidene insiders genoemd wordt[7]. Ook zijn de getuigen eenstemmig wanneer ze over een buitengewoon druk kerkbezoek spreken. En omdat verschillende van deze kerken meerdere duizenden gelovigen kunnen bevatten, lijkt het niet onredelijk het aantal gelovigen op tweeduizend per kerk te schatten. Van dit gegeven uitgaande komen wij tot een schatting van ongeveer 50.000.000 praktiserende orthodoxen in de U.S.S.R., dat is bij benadering 25% van de totale bevolking van de Sovjet-Unie. Mogelijk ligt het aantal nog hoger[8].

....

[7] Zie vooral A. Serguéenko in de *Messager du patriarche russe en Europe occidentale* n. 2, 1947, p. 13. G. Karpov, functionaris van de Sovjetregering in dienst van de 'Raad voor de zaken van de Orthodoxe Kerk', sprak in 1949 van 22.000 parochies (U.S.S.R. *Information Bulletin*, Washington, jan. 1949, p. 54-56). Het verschil tussen de twee getallen kan men verklaren door het bestaan van 'bedehuizen', waarover A. Serguéenko elders spreekt.

[8] De stad Moskou telt op het ogenblik 6.000.000 inwoners en er zijn slechts 55 kerken open (657 vóór 1917). De methode volgens welke wij het aantal gelovigen berekend hebben (2000 per kerk) brengt ons slechts tot 110.000 praktiserende orthodoxen, een getal dat zeker beneden de werkelijkheid ligt, want volgens een verklaring van pater Koltchitzky, een belangrijk functionaris van het patriarchaat, worden

De Orthodoxe Kerk is er dus in geslaagd om ondanks hevige vervolgingen en ondanks veertig jaar marxistische propaganda ongeveer de helft van haar gelovigen te behouden[9]. Omdat van de andere kant het beleven van de godsdienst ook vandaag in Rusland nog psychologische moeilijkheden met zich meebrengt, zoals het bemoeilijken van promotiekansen en een ongunstige beoordeling in de politiek en in zijn beroep (vandaar het groot aantal vrouwen en oude mensen in de kerken), is het zeker dat de latente invloed van de godsdienst nog verder reikt. Het moeilijkste probleem in de Sovjet-Unie blijft nog altijd het godsdienstonderwijs: al trekt de Kerk nog altijd miljoenen gelovigen tot zich, ze bezit geen ander middel om hen te onderrichten dan de liturgie en de preek in de kerk. De rijkdom van de liturgie kan slechts tot op zekere hoogte in de plaats treden van het totale gemis aan publicaties en scholen – er zijn alleen scholen die bestemd zijn voor de opleiding van de geestelijkheid.

De nu volgende cijfers geven zeer goed deze verschillende elementen van de toestand weer: de wonderbaarlijke herleving van de Kerk van 1941 tot 1947, maar ook de totale afwezigheid van de middelen tot godsdienstonderwijs[10]:

	1914	1941	1947

....

50% van de kinderen die in de hoofdstad geboren worden, gedoopt (*Documentation Française*, id., p. 4). Op het platteland ligt de verhouding zeker nog hoger.

[9] In 1914 waren er officieel 98.500.000 orthodoxen in het Russisch Rijk. Wanneer alle uit orthodoxe ouders geboren kinderen in het geloof van hun ouders waren opgevoed, zou het aantal orthodoxen nu 130 à 140 miljoen bedragen (zie *Documentation Française*, id.). Onder de niet-christelijke godsdiensten neemt de islam in de Sovjet-Unie de eerste plaats in met bijna 130 miljoen gelovigen.

[10] We nemen dit overzicht met enkele wijzigingen over van de *Documentation Française*, id.

Kerken	54.457	4.355	22 à 25.000
Kapellen	25.593	-	3.500
Priesters in functie	57.105	5.665	33.000
Kloosters	1.498	38	80
Theologische hogescholen	4	0	2
Seminaries	57	0	8
Diverse bijzondere scholen	40.150	0	0

Het bestuursapparaat van de Kerk, waarvan in 1941 zo goed als niets meer over was, werd in 1943 gereorganiseerd bij de keuze van Mgr. Sergius tot patriarch en vooral bij het concilie van 1945, dat gehouden werd in tegenwoordigheid van de twee oosterse patriarchen Christophorus van Alexandrië en Alexander van Antiochië, van een vertegenwoordiger van de oecumenische patriarch van Constantinopel en van de afgevaardigden van andere regionale kerken. Dit concilie ging over tot de keuze van de tegenwoordige patriarch Alexis[11] en het keurde een nieuw statuut van de Orthodoxe Kerk goed. Afwijkend van het statuut van 1917-1918 werd alles geheel gecentraliseerd rond de persoon van de patriarch; deze heeft samen met een synode van zes bisschoppen een bijna absolute macht door het benoemen en herhaaldelijk overplaatsen van de diocesane bisschoppen. De leken zijn in

....

[11] De tegenwoordige patriarch volgens de burgerlijke stand, Sergius Vladimirovitch Simanski, werd in 1877 te Moskou geboren uit een van oorsprong aristocratische familie; hij kreeg een prachtige opvoeding op wereldlijk gebied, maar daarna aanvaardde hij een kerkelijke functie. In 1913 werd hij tot bisschop gewijd. Hij onderscheidde zich door een zekere politieke activiteit die duidelijk rechts georiënteerd was. Hij was hulpbisschop van de metropoliet van Petrograd, Mgr. Benjamin, en toen deze in 1922 ter dood werd veroordeeld nam hij het bestuur van het bisdom op zich. Gedurende de moeilijke jaren 1922-1941 steunde hij als metropoliet van Leningrad voortdurend de verzoeningspolitiek van Mgr. Sergius.

theorie leden van het nationale concilie dat de patriarch kiest, maar in het statuut van 1945 wordt door geen enkele paragraaf aangegeven hoe zij gekozen moeten worden. Dit statuut is verbazend kort en het werd zonder discussie aangenomen. Zijn onvolledig karakter toont dat de Kerk zich nog steeds in een situatie bevindt waarvan ze feitelijk niet alle elementen in handen heeft[12].

De kerk van Rusland telt 73 bisdommen binnen de grenzen van de Sovjet-Unie[13] en verschillende exarchaten of missies in het buitenland. De geestelijkheid wordt opgeleid in acht seminaries en de beste leerlingen daarvan kunnen worden toegelaten tot een van de twee theologische academies of grootseminaries die zich te Zagorsk bij Moskou en te Leningrad bevinden. Het totaal aantal studenten is onbekend, maar het moet ongeveer 2000 bedragen. In de jaren die op de oorlog volgden nam hun aantal snel toe: het seminarie en de academie van Zagorsk telden samen in 1947 108, in 1951-1952 320 en in 1953 396 leerlingen[14]. De Kerk heeft het niet gemakkelijk gehad om de bekwame professoren te vinden, want de kernen van de oude scholen waren uitgedund. Te oordelen naar enkele artikelen in het *Tijdschrift van het Patriarchaat* en naar de persoonlijke contacten die tegenwoordig mogelijk worden schijnt het peil van het onderwijs merkbaar omhoog te gaan. De Russische theologen lijden zwaar onder hun isolement:

....

[12] Volledige vertaling van het statuut in *Documentation Française*, id., p. 13-15.

[13] Na de middeleeuwen is het aantal diocesen in Rusland altijd zeer beperkt geweest. In 1914 waren er slechts 67 voor 100.000.000 orthodoxen. In Griekenland zijn er ongeveer evenveel voor 6.000.000 inwoners. De *Documentation Française* (id.) geeft de lijst van de tegenwoordige Russische bisschoppen en enkele biografische gegevens over hen.

[14] *Documentation Française*, id., p. 9.

het publiceren van werken of handboeken blijft praktisch verboden[15] en ze kunnen zich slechts met moeite theologische boeken verschaffen die in het Westen zijn uitgegeven. Lang geleden werd reeds de uitgave van een theologisch tijdschrift aangekondigd en sinds kort is dit plan verwezenlijkt.

Het statuut dat in 1945 werd aangenomen spreekt duidelijk over de controle die de regering uitoefent op de activiteiten van de geestelijke leiders. Er is een machtiging van de regering vereist om een concilie van de bisschoppen bijeen te roepen – deze vergadering is slechts eenmaal sinds 1918 bijeen geweest – en een plaatselijk concilie dat geestelijkheid en leken omvat is merkwaardig genoeg afhankelijk van wat men noemt de 'externe mogelijkheid' om het bijeen te roepen (§ 7). Paragraaf 11 bepaalt dat 'voor zaken die een machtiging van de regering van de U.S.S.R. vereisen, de patriarch zich in verbinding zal stellen met de Raad voor de zaken van de Orthodoxe Kerk bij de Ministerraad van de U.S.S.R.' De eigen

....

[15] De zeldzame publicaties die tegenwoordig van het patriarchaat uitgaan, hebben betrekking op praktische liturgische vraagstukken (directoria, bijzondere liturgische officies) of ze bezitten een bepaald propagandistisch element. Tot de laatste categorie behoor het *Journaal van het patriarchaat van Moskou* (maandblad dat steeds politieke artikelen, vooral over de Vredesbeweging, bevat) en de *Verzamelingen van preken* van patriarch Alexis en van de metropoliet van Krutitsy, Nicolaas, waarin naast artikelen en preken van theologische of Bijbelse inhoud ook altijd politieke artikelen staan. Onlangs werden de Bijbel en het Nieuwe Testament nog eens afzonderlijk in Rusland uitgegeven en dat was voor de eerste keer sinds veertig jaar. De oplage bedroeg echter niet meer dan 50.000 exemplaren en hiervan werden er vele in het buitenland verkocht. De propagandistische waarde van deze uitgave is dus zeer beperkt. Het patriarchaat bezit geen drukkerij voor oud-Slavische teksten: de liturgische boeken waarvan de kerk zich bedient dateren van vóór de Revolutie of ze zijn ingevoerd uit Tsjechoslowakije. Sinds 1918 is er geen enkel bezoek over de theologie of de christelijke opvattingen als zodanig verschenen.

stempel en het persoonlijke zeker van de patriarch (§ 16), van de bisschoppen (§ 26) en van de pastoors (§ 48) moeten door de burgerlijke overheid geregistreerd worden en zodoende bezit deze de mogelijkheid om de benoeming voor alle kerkelijke functies te bekrachtigen. De Raad voor de zaken van de Orthodoxe Kerk bij de Ministerraad heeft vertakkingen door heel de Sovjet-Unie: de functionarissen daarvan nemen de verzoeken in ontvangst om de kerkgebouwen, die rechtens alle aan de staat toebehoren, onder bepaalde voorwaarden (§ 39, 41, enz.) aan de gelovigen ter beschikking te stellen. De patriarch van Moskou legt in belangrijke kwesties van de internationale politiek, zoals bij de oorlog in Korea, over het probleem van de kernbewapening, bij de Frans-Engelse interventie inzake de Suez-kwestie, bij de Hongaarse revolutie enz. zeer plechtige verklaringen af, door hemzelf en de bisschoppen ondertekend, waarin hij het standpunt van de Sovjet-Unie onderschrijft.

We zouden de kwestie echter simplificeren, wanneer we de patriarch zonder meer als een politiek instrument van de regering beschouwden. Zijn klaarblijkelijke afhankelijkheid van het regime in internationale kwesties is feitelijk de prijs die door de Kerk betaald wordt voor haar bestaan in de U.S.S.R. En daar wordt de Kerk door de regering bij lange na niet vriendschappelijk bezien, maar ze wordt voortdurend bestreden. Sinds enige tijd zijn de seminaries het object van deze aanhoudende aanvallen. Zo heeft de *Pravda* kortgeleden een lange verklaring van een voormalige orthodoxe priester en professor in de theologie te Leningrad, Ossipov, gepubliceerd, waarin deze na de Kerk verlaten te hebben op heftige wijze het geloof, de Kerk en het door het patriarchaat herstelde opvoedingssysteem aanvalt[16]. Het patriarchaat is klaarblijkelijk in de totale onmogelijkheid om het minste publieke antwoord te geven op kritieken van

....

[16] *Pravda*, 6-12-1959.

dat soort, die in het hele land een grote publiciteit krijgen. We hebben reeds andere voorbeelden van antigodsdienstige propaganda in het Rusland van tegenwoordig gegeven.

Er is niets zo paradoxaal als de tegenwoordige toestand van de Russische kerk. Terwijl ze in internationale kwesties de trouwe bondgenote is van de Sovjetregering, wordt ze in het binnenland behandeld als een overblijfsel van het kapitalisme; terwijl zijzelf overal beweert dat het communistisch stelsel rechtvaardig is en dat het de christelijke beginselen over de menselijke betrekkingen weergeeft, hoort ze de pers verkondigen dat het materialisme onverenigbaar is met de godsdienstige voordelen. Maar deze paradox betreft ook de regering zelf, die zich gedwongen ziet de aanwezigheid van kerkelijke hoogwaardigheidsbekleders op haar officiële recepties te accepteren en dit feit met de marxistische beginselen te verzoenen en die niet bij machte is te ontkennen, dat er in Rusland na veertig jaar communisme vijftig miljoen praktiserende christenen zijn. Het feit dat deze paradox nog altijd bestaat, doet veel verwachten van de toekomst. Van buitenaf gezien lijkt de Kerk zo sterk dat ze fysieke liquidatiepogingen niet hoeft te duchten; maar ze is blootgesteld aan meer geraffineerde beproevingen, waarvan wel de ergste is dat zij zich moet tevredenstellen met de betrekkelijke rust die ze geniet, een rust die voor haar een grote vernedering en een slaafse houding meebrengt. Daarbij kan de clerus tegenwoordig behoorlijk op financiële hulpmiddelen steunen, namelijk op vrijwillige gaven van de gelovigen die naar de kerk komen, maar hij kan ze op geen enkele wijze ten nutte maken. Daardoor kan een sterke verleiding ontstaan om het levenspeil van de geestelijkheid op te voeren zonder dat men tracht haar werkwijze doeltreffender te maken. Is dat niet juist het doel van de communistische partij: van de Kerk een weelderig overblijfsel van de voorbije tijd te maken?

Gelukkig geven de herhaalde getuigenissen van de Sovjetpers over de zuiver geestelijke invloed die de Kerk nog altijd op brede lagen van de bevolking uitoefent ons de hoop, dat de Russische orthodoxie de hedendaagse moeilijkheden te boven zal komen.

6. De kerk van Servië

In 1220 werd sint Sabbas, broer van sint Stefanus de Eerstgekroonde, te Nicea tot de eerste Servische aartsbisschop gewijd. Van toen af tot aan de tijd van de verovering door Turkije beleefde de kerk van Servië een tijd van bloei binnen de culturele invloedssfeer van Byzantium, terwijl ze praktisch onafhankelijk van het oecumenisch patriarchaat was. Haar autocefalie werd pas in 1766 ten gunste van Constantinopel opgeheven.

In de gebieden die niet aan het Ottomaanse Rijk onderworpen waren ontstonden in de 19e eeuw meerdere autocefale kerken die uit Serven bestonden. Dat waren:

1. *De kerk van Montenegro* met een metropoliet die te Cetinje resideerde.
2. *Het patriarchaat van Karlovitz*, opgericht in 1848, dat de orthodoxe Serven van het koninkrijk Hongarije verenigde.
3. *De metropool van Tchernovitz* (of Tsjernovtsy) die de Roemeense en Servische gelovigen omvatte, waarbij in 1873 twee Dalmatische bisdommen (Zara en Cartaro) gevoegd werden en die feitelijk haar jurisdictie uitstrekte over het keizerrijk Oostenrijk in strikte zin.
4. *De kerk van het koninkrijk Servië*, autonoom sinds 1832, autocefaal sinds 1879.
5. *De kerk van Bosnië-Herzegovina*, die in 1878 werd opgericht in de gebieden die toen door Oostenrijk-Hongarije geannexeerd werden en die met betrekking tot Constantinopel nooit helemaal autocefaal werd.

Deze vijf kerken werden in 1920 verenigd onder een primaat die te Belgrado resideerde en die alle gelovigen van de nieuwe staat Joegoslavië verenigde. Het oecumenisch patriarchaat keurde de nieuwe regeling 9 maart 1922 goed en verleende aan het hoofd van de nieuwe kerk de titel van patriarch. Vóór de laatste oorlog oefende het Servische patriarchaat eveneens jurisdictie uit over de bisdommen Temesvar (Roemeense Banaat) en Mucacevo (Tsjecho-Slowakije) en over de orthodoxe parochies van Hongarije. Op Joegoslavisch grondgebied telt het 31 bisdommen.

Tot 1941 bezat de Kerk er vijf seminaries en één theologische faculteit. Heden ten dage, na de scheiding van de Kerk en staat, blijven haar behalve de faculteit, die van de universiteit is losgemaakt en die een patriarchale faculteit is geworden, nog twee seminaries over en wel te Belgrado en te Prizren. In 1950 telde ze ongeveer 7.500.000 gelovigen met 3101 priesters en 2864 parochies.

De kerk van Servië was de laatste decennia het slachtoffer van een reeks beproevingen die in het Westen vrij weinig bekend zijn en die in 1941 begonnen. Na de bezetting van Joegoslavië werden patriarch Gabriël en Nicolaas, bisschop van Ochrida, door de Duitsers gearresteerd en naar Dachau overgebracht. De orthodoxe Serven, wier clerus dikwijls steun verleende aan het verzet, werden ontzettend wreed behandeld, niet zozeer door de Duitse bezettingsstrijdkrachten als wel door de fascistische autoriteiten van het onafhankelijk geworden Kroatië, die door de bezetters gesteund werden. Omdat de Kroaten voor de grote meerderheid katholiek zijn is het zeer moeilijk de godsdienstige, politieke en nationalistische factoren te onderscheiden, die geleid hebben tot de afschuwelijke afslachtingen tijdens de bezetting. Maar in heel veel gevallen was het lidmaatschap van de Orthodoxe Kerk de rechtstreekse beweegreden daartoe. Zo werd de orthodoxe bisschop van Plaski, Sabbas, met 137 van zijn priesters ter dood gebracht (slechts vijf priesters van zijn diocees bleven in leven). Ook bisschop Platon van Banja Luka en Petrus van Sarajevo werden samen met vele priesters geëxecuteerd. De kerkelijke gegevens die door de tegenwoordige Joegoslavische regering bevestigd worden, geven een totaalcijfer van ongeveer 700.000 slachtoffers[17].

Moreel stond de Orthodoxe Kerk dus op het einde van de oorlog in zeer hoog aanzien. Maar toen patriarch Gabriël uit Dachau terugkeerde, werd hij in zijn land geconfronteerd met een volksdemocratische regering die reeds bij haar eerste maatregelen de scheiding van Kerk en staat invoerde. De meeste bisschoppen namen een fel anticommunistische houding aan: in dit opzicht onderscheidt de orthodoxe Servische hiërarchie zich duidelijk van de andere orthodoxe episcopaten op de Balkan. De regering-Tito was wel bezorgd om geen nieuwe martelaren te maken – toch werden bisschop Joannice van Montenegro en enige priesters geëxecuteerd – en enkele prelaten werden wreed behandeld. Er had een reeks monsterprocessen plats: bisschop Barnabus van Sarajevo, die in 1947 gewijd was, werd in 1949 tot elf jaar dwangarbeid veroordeeld; Joseph van Skoplje werd in 1950 gearresteerd bij gelegenheid van de verkiezing van een nieuwe patriarch, waarvoor hij de meest opvallende kandidaat was; Arsenius van Montenegro werd in 1954 gearresteerd en veroordeeld. Tegenwoordig schijnt er verbetering in de toestand te komen, dankzij de verzoenende houding van de patriarchen Vincentius (1954-1958) en Germanus (gekozen in 1959). De Heilige Synode weigert echter haar sanctie te geven aan de activiteit van een soort 'broederschap van priesters' die

...

[17] Zie de officiële documenten die betrekking hebben op het proces tegen kardinaal Stepinae. Vgl. het boek *Persecution of the Serbian Church in Yougoslavia*, gepubliceerd door het Servische orthodoxe bisdom in de Verenigde Staten, Chicago 1954.

door de regering gesteund wordt en zij verzet zich tegen pogingen die gedaan worden om haar jurisdictie in te perken: deze pogingen, die openlijk door de regering gesteund worden, bestaan hierin, dat men in de verschillende federale republieken wil komen tot kerken die van het patriarchaat onafhankelijk zijn. Onlangs maakte een compromis een einde aan het conflict, voor zover dat Macedonië betrof: daar werd een kerkelijke autonomie tot stand gebracht, maar de Heilige Synode van Belgrado behoudt haar canoniek gezag over de Macedonische kerk.

Door haar heldhaftige strijd heeft de Servische hiërarchie in Joegoslavië en in het buitenland een onbetwistbaar moreel gezag kunnen behouden. Maar het is onzeker of dit voldoende is om het hoofd te kunnen bieden aan de uitdaging van een nieuwe maatschappij die in wording is. Zoals elders is de Kerk ook in Joegoslavië grotendeels verstoken van de middelen die ze nodig heeft om de christelijke opvoeding van de jeugd te behartigen en om de leiders voor de Kerk van morgen te vormen. Maar sinds de breuk van Tito met de Komintern genieten de orthodoxen van Joegoslavië het voordeel dat ze veel minder geïsoleerd zijn dan hun broeders van de andere volksdemocratieën. Tegenwoordig zijn er talrijke contacten met Griekenland, Constantinopel en het Midden-Oosten, hetgeen onlangs tot uiting kwam in verschillende reizen die met name de patriarchen Vincentius en Germanus naar deze landen gemaakt hebben.

7. *De kerk van Roemenië*

In de 19^e eeuw ontstonden twee autocefale kerken van het Roemeense taalgebied, de ene in Transsylvanië, op Oostenrijks-Hongaars grondgebied, de andere in 1885 binnen de grenzen van de nieuwe onafhankelijke staat Roemenië. Laatstgenoemde autocefalie werd opgericht bij besluit van het oecumenisch patriarchaat. Verder behoorden vele gelovigen tot de Servo-Roemeense metropool Tchernovitz. Evenals het Servische patriarchaat werd de Roemeense kerk later, in 1925, gereorganiseerd en de aartsbisschop van Boekarest nam de titel 'patriarch van de Roemeense kerk' aan.

Met haar bijna 14.000.000 gelovigen is de kerk van Roemenië na die van Rusland de grootste van de autocefale kerken. Vroeger was ze nauw verbonden met de monarchie en patriarch Myron was zelfs een tijd lang voorzitter van de ministerraad; zo moest ook zij de stoot van een plotselinge verandering van bewind opvangen. De houding die de leiders van de nieuwe staat tegenover haar hebben aangenomen is verschillend van die welke we elders kennen. Paradoxaal genoeg heeft de communistische staat nooit een decreet van scheiding van Kerk en staat afgekondigd, maar in 1948 werd een wet uitgevaardigd die het algemeen bestuur van de godsdienst in de Roemeense volksrepubliek regelde. Deze wet maakte een einde aan de rol die de Kerk uitoefende. De paradox die we in alle communistische staten vinden is in Roemenië dus in de tekst van de wet zelf vastgelegd. Als laïcistische republiek heeft Roemenië een grondwet die de Orthodoxe Kerk vermeldt en ze definieert als 'verenigde kerk die haar eigen hoofd heeft'. Terwijl de staat theoretisch van de marxistische beginstelen uitgaat subsidieert hij de geestelijkheid en de door de Kerk beheerde scholen. Een minister van godsdienstzaken neemt de bisschoppen bij hun installatie de eed van trouw aan de republiek af: 'Als dienaar van God, als mens en als burger zweer ik trouw te zijn aan het volk en de Roemeense volksrepubliek tegen binnen- en buitenlandse vijanden te verdedigen ... Dat God mij helpe.'

Door deze toestand te aanvaarden loopt de Roemeense hiërarchie zeker het gevaar door haar eigen gelovigen en door buitenstaanders zonder meer te worden aangezien voor een gewone groep functionarissen in dienst van een bewind dat er uiteindelijk openlijk naar streeft de godsdienstige vooroordelen uit te roeien. Maar toch kan met uit datgene wat men vandaag van het godsdienstig leven in Roemenië weet, afleiden dat de voordelen die de Kerk verkregen heeft in tuil voor een overigens onvermijdelijke formele staatscontrole, aanzienlijk zijn. De Kerk heeft aldus een deel van haar onroerende goederen kunnen behouden; ze bezit te Boekarest en te Sibiu twee theologische instituten met dertig professoren en een capaciteit van elk zeshonderd leerlingen[18]; ze publiceert een tiental godsdienstige tijdschriften, waaronder *Studi Theologice* verreweg de beste orthodoxe theologische uitgave is van de landen achter het ijzeren gordijn. Omdat godsdienstonderwijs, zoals in alle communistische landen, voor de jeugd beneden de achttien jaar verboden is, zijn er geen kleinseminaries, maar deze ernstige lacune schijnt gedeeltelijk opgeheven te worden door het bestaan van zes scholen voor koorzangers, waarvan de studies drie jaar duren en waarin ook een algemene godsdienstige vorming in het programma is opgenomen. De herleving van het kloosterwezen vormt verder een van de interessantste aspecten van het orthodoxe godsdienstige leven[19]. In Roemenië zijn ongeveer 10.000 orthodoxe kloosterlingen[20]. Om hun intellectueel peil

....

[18] Verklaring van prof. Sesan van Sibius (*Bulletin du Conseil oecuménique poir les Églises de l'Europe orientale* n. 4, okt. 1959).

[19] Zie over dit onderwerp D. I. Doens, *La réforme législative du patriarche Justiniers de Roumanie. Sa Réforme et sa Règle monastique*, in het Belgische tijdschrift *Irenikon XXVII*, n. 1, p. 51-91; aanvullende aantekening n. 3, p. 331-355; voor het geestelijke en intellectuele leven van de kloosters zie *Un moine de l'église orthodoxe de Roumanie, L'avènement philocalique dans l'Orthodoxie roumaine* in *Istina* 1958, n. 3 en 4.

[20] Verklaring van patriarch Justinianus, tekst in D. I. Doens *o.c.*, p. 72. Volgens de verklaring van prof. Sesan, die boven werd aangehaald, zouden er slechts 7000 zijn, verdeeld over 150 kloosters.

te verhogen en ze dus tot een waarachtige geestelijke elite van de Kerk te maken en ook om aldus de kritiek van de regering tegen een 'onproductieve instelling' te weerleggen gaf patriarch Justinianus (gekozen in 1948) een algemene Regel voor het Roemeense monnikenwezen uit, waarvoor hij inspiratie zocht bij de traditionele beginselen van de oosterse monniken en ook bij bepaalde aspecten van de regel van Benedictus. Het liturgische leven en het persoonlijk gebed, met name het 'gebed van Jezus', blijven gehandhaafd, maar daarnaast moet intensieve handarbeid of voortdurende studie het bestaan van de kloosters sociaal rechtvaardigen. Dit laatste element, dat is eveneens duidelijk, behoort tot de meest gezonde monastieke traditie en door de kloosters aldus in het nieuwe economische systeem op te nemen bereikt men dat op een creatieve en oorspronkelijke wijze gereageerd wordt op de zienswijze van een communistisch bewind. De regel voorziet verder in het oprichten van kloosterseminaries, waarvan er nu drie in werking zijn: een seminarie voor monniken in het klooster van Neamt, dat in de 18^e eeuw beroemd werd door de starets Païsij Velickovsky, de vertaler van de *Philocalie*, en dat nu 38 leerlingen telt, verder twee opleidingshuizen voor vrouwelijke religieuzen te Agapia en Hurezu, die samen 124 leerlingen tellen. De vernieuwing van het monnikenwezen wordt vergemakkelijkt door de publicatie van enkele werken over spiritualiteit, met name door een Roemeense vertaling van de kerkvaders (*Philocalie*).

De kerk van Roemenië bestaat momenteel uit 18 bisdommen die over drie metropolitane provincies verdeeld zijn. Het centrale bestuur wordt gevorm door de patriarch en de Heilige Synode van bisschoppen. Er zijn ongeveer 10.000 priesters in functie.

De goede verstandhouding die er schijnt te zijn in betrekkingen tussen Kerk en staat geeft echter, ondanks de ongetwijfeld serviele houding die de bisschoppen verplicht zijn aan te nemen, aan de Kerk niet de nodige zekerheid. Vooral de vernieuwing van het kloosterwezen maakt de regering ongerust en beging 1959 liet ze verschillende belangrijke geestelijke leiders, waaronder de persoonlijke secretaris van de patriarch, arresteren. De patriarch zelf kreeg zelf korte tijd een bewaakte residentieplicht. Na deze maatregelen werden de activiteiten van de Kerk ernstig aan banden gelegd.

De toekomst van de Kerk in Roemenië hangt dus evenals in de andere landen van Oost-Europa af van de uitwerking van de antigodsdienstige propaganda op de jeugd. De middelen waarover de Kerk beschikt zijn zeer beperkt en ze bestaan bijna uitsluitend in het persoonlijk getuigenis dat de christenen kunnen afleggen bij de opbouw van een nieuwe materialistische wereld.

8. De kerk van Bulgarije

De Bulgaren ontvingen het doopsel in de 9^e eeuw, dankzij de werkzaamheid van Byzantijnse missionarissen met steun van de beroemde patriarch Photius. Zij kwamen vrij spoedig tot kerkelijke onafhankelijkheid; deze werd opgegeven toen de Byzantijnen in de 10^e eeuw het land veroverden en ze werd weer hersteld in de 13 eeuw met de oprichting van het patriarchaat van Trnovo. Onder het Turkse bewind werd ze wederom opgeheven en vervangen door het hoogste gezag van het Phanar en dit gaf aanleiding tot langdurige moeilijkheden in de 19^e en 20^e eeuw. De Bulgaren, bestuurd door Griekse bisschoppen die vooral in de steden de Slavische taal helemaal wilden wegwerken en de Kerk probeerde te helleniseren, trachtten toen op kerkelijk gebied opnieuw autonoom te worden. Van beide kanten laaiden de hartstochten hoog op. Verschillende oecumenische patriarchen wilden in de loop van de 19^e eeuw de Bulgaarse eisen inwilligen, maar dit liep op een mislukking uit wegen de onontwarbare vermenging van de

Bulgaarse en de Griekse bevolking op het Balkan-schiereiland. Te Constantinopel zelf leefden deze twee nationaliteiten naast elkaar en de Bulgaren, meegesleept door het nationalisme, eisten de oprichting van een echte nationale kerk, zonder nauwkeurige territoriale grenzen en met jurisdictie over al hun landgenoten, of, waar dit onmogelijk was, gelijkheid van de Grieken en de Bulgaren in het bestuur van het oecumenisch patriarchaat. In 1860 veroorzaakten Bulgaarse bisschoppen te Constantinopel zelf een schisma. Ten slotte verkregen de Bulgaren, ondanks de verzoeningspogingen die door patriarch Gregorius VI ondernomen waren, van de sultan een *'fir-man'* die een onafhankelijk Bulgaars exarchaat vestigde.

Toen had te Constantinopel een regionaal concilie plaats, voorgezeten door patriarch Anthimus VI, in aanwezigheid van de patriarchen van Alexandrië en Antiochië (1872). Hij kondigde het interdict over het Bulgaarse exarchaat af en veroordeelde het 'fyletisme, dat wil zeggen de nationale rivaliteiten, de twisten onder de volkeren … binnen de Kerk van Christus.'

De Bulgaren waren zeker niet de enigen die aan fyletisme schuldig waren: in de geschiedenis van het schisma lag het ongelijk duidelijk aan beide zijden. Maar het formele canonieke recht stond aan de kant van het Phanar. De kerk van Bulgarije bleef onder het interdict van de patriarch tot 1945, het jaar waarin de patriarch de nieuwe autocefalie erkende *uitsluitend binnen de territoriale grenzen* nadat de Bulgaren officieel de opheffing van het interdict gevraagd hadden.

De kerk van Bulgarije telt ongeveer 6.000.000 gelovigen. In 1940 waren er 1742 parochies en 2381 priesters. Het aantal bisdommen bedraagt op het ogenblik 11. De metropoliet van Sofia, die tot 10 mei 1953 de titel exarch van Bulgarije voerde, heeft nu de titel van patriarch aangenomen.

In het oude koninkrijk Bulgarije was de orthodoxe kerk staatskerk; ook zij moest dus de verandering van het bestuur in 1944 meemaken. De nieuwe regering nam op godsdienstig gebied dezelfde maatregelen van het godsdienstonderwijs op de scholen (januari 1946), arrestatie van enkele geestelijken zoals bisschop Cyrillus en Plovdiv (thans patriarch), het geven van steun aan een 'vereniging van priesters' die deel uitmaakte van het 'patriottisch front' en ten slotte scheiding van Kerk en staat (grondwet van 1947).

Exarch Stephanus en de bisschoppen spiegelden zich aan het voorbeeld van Rusland en getuigden van hun loyalisme ten opzichte van de nieuwe regering. Maar om alle eventuele verwarring te vermijden verbood de Heilige Synode de priesters aan het patriottisch front deel te nemen; in juni 1948 ontvingen deze een rondschrijven van de minister van godsdienstzaken, Iliev, die verklaarde dat 'omdat elke Bulgaar lid moet worden van het patriottisch front alle dominees en priesters dat ook moeten doen' en hij gelastte de leiders van de Kerk om te strijden tegen de anticommunistische propaganda[21]. De Heilige Synode antwoordde dat ze het rondschrijven als niet bestaande beschouwde. In september van hetzelfde jaar werd exarch Stephanus gedwongen om af te treden en de Heilige Synode verleende de daartoe vereiste machtiging.

De periode van 1948 tot 1953 was moeilijk voor de Bulgaarse kerk. In 1949 publiceerde de regering eenzijdig een 'wet op de godsdienstige genootschappen'[22] die een strenge controle in het leven riep op alle onderdelen van de kerkelijke organisatie. Deze controle wordt vooral uitgeoefend op de statuten van de Kerk (art. 6), op de kerkelijke diensten in de open lucht (art. 7), op de kerkelijke financiën (art. 13), op

---

[21] Tekst in R. Tobias, *Communist-Christian Encounter in Eastern Europe*, Greenfeeld Ind. 1956, p. 358.

[22] Engelse vertaling van de wet in Tobias *o.c.*, p. 371-376.

de herderlijke brieven en rondzendbrieven (art. 15), op de opleiding van de geestelijken (art. 14) en op hun benoeming in verschillende functies (art. 13). In 1951 werd een nieuw intern statuut van de Kerk van kracht. Sindsdien heeft de Kerk bepaalde tegenprestaties voor haar verzoeningsgezinde houding gekregen: de oplage van godsdienstige publicaties kon worden vermeerderd, de belastingen op de onroerende goederen van de Kerk werden verlaagd en, wat het voornaamste is, de Heilige Synode kreeg in 1955 de mogelijkheid om de 'vereniging van priesters' te ontbinden, waarvan de regering zich tot dan toe bediend had om druk uit te oefenen op de hiërarchie.

Voor de opleiding van de geestelijkheid bezit de kerk van Bulgarije tevens de academie Sint Clemens van Ochrida, een voormalige theologische faculteit, die werd losgemaakt van de universiteit van Sofia. Ze publiceert minstens vier godsdienstige periodieken, waaronder een interessant theologisch tijdschrift (*Jaarboek van de Academie*), verder handboeken voor de studenten en zelfs geïllustreerde boeken voor kinderen. Ze blijft onophoudelijk in het voetspoor van de politiek van het patriarchaat van Moskou in haar houding tot de 'Vredesbeweging' en in haar regelmatig terugkerende verklaringen over de internationale kwesties die juist actueel zijn.

9. De kerk van Griekenland

In 1833, korte tijd nadat Griekenland onafhankelijk was geworden, kondigde een vergadering van Griekse bisschoppen de autocefalie van de Griekse kerk binnen de grenzen van het nieuwe koninkrijk af. Deze unilaterale handelwijze werd vooral gemotiveerd door het feit dat in de ogen van de Griekse regering het oecumenisch patriarchaat van Constantinopel te afhankelijk was van de Turken om de Kerk op het grondgebied van het onafhankelijke Hellas werkelijk te kunnen besturen. Na eerst vergeefs geprotesteerd te hebben legde het Phanar zich in 1850 bij het voldongen feit neer. Sindsdien wordt de kerk van Griekenland bestuurd door een Heilige Synode die onder voorzitterschap van de aartsbisschop van Athene staat. Het statuut van de Kerk en met name de betrekkingen tussen Kerk en staat hebben van 1850 tot 1959 veel wijzigingen ondergaan: het in het begin aanvaarde systeem was rechtstreeks geïnspireerd op het *Reglement* van Peter de Grote met een zeer geprononceerde afhankelijkheid van de Kerk ten opzichte van de staat, maar sindsdien is de hiërarchie steeds meer onafhankelijk geworden. Maar in 1959 heeft een interne crisis van het Griekse episcopaat ertoe geleid dat het staatstoezicht weer werd uitgebreid. Zo is Griekenland vandaag de dag het enige land waarin de Orthodoxe Kerk in verbinding met de staat een duidelijk overheersende plaats inneemt.

De kerk van Griekenland, die bijna 7.500.000 leden heeft, bestaat uit in het geheel 81 bisdommen, waarvan er zich 49 bevinden in de 'nieuwe' noordelijke provincies van Griekenland die in 1913 bij het koninkrijk werden gevoegd; deze laatste vallen op papier onder het oecumenisch patriarchaat, maar ze worden vertegenwoordigd op de synode van Athene. Onder de landen van de Balkan heeft Griekenland dus de meeste en de kleinste bisdommen. Vroeger waren het er zelfs 120, maar in de 19^e eeuw werd hun aantal gereduceerd. Kortgeleden besloot men tot een nieuwe vermindering. Deze veelheid van bisdommen gaat terug op de primitieve Kerk, toen in beginsel elke gemeente een bisschop als hoofd had. Maar in die dagen werd elke bisschop gekozen door zijn eigen gelovigen; hij werd niet overgeplaatst en er was dus geen sprake van een geest van ambtenarij en carrière maken. De laatste hervormingen die in Griekenland werden ingevoerd zijn er alle op gericht deze mentaliteit te bestrijden.

Omdat het tegenwoordige leven van de kerk van Griekenland vrij bekend is, willen we er ons hier toe beperken enkele woorden te zeggen over de algemene toestand van de godsdienstige opvoeding en over verschillende bewegingen van een interne missie.

Hoger theologisch onderwijs wordt gegeven aan de twee theologische faculteiten van Athene en Saloniki, die deel uitmaken van de universiteiten aldaar. De meeste afgestudeerden wijden zich aan het godsdienstonderwijs in de middelbare scholen en blijven leken; een gedeelte treedt in bij de reguliere clerus en is daardoor kandidaat voor hoge kerkelijke functies. Slechts een gering aantal wordt lid van de gehuwde parochiële clerus. De seculiere clerus wordt opgeleid in kleinseminaries. Over het algemeen spelen de lekentheologen in Griekenland een grotere rol dan in de andere orthodoxe landen: de meeste theologieprofessoren en een groot gedeelte van de predikers zijn leken. Een van de meest interessante elementen van het godsdienstig even in het moderne Griekenland is de grote vlucht van verschillende organisaties voor de interne missie. De voornaamste van deze bewegingen is de broederschap *Zoë* (het Griekse woord voor leven), die in 1911 werd gesticht door pater Eusebius Matthopoulos die een soort kloosterorde van een nieuw type is. De broederschap telt slechts ongeveer 130 leden, waarvan er maar 34 priester zijn, maar op enkele uitzonderingen na zijn ze alle afgestudeerd in de hogere theologie. Terwijl ze de drie traditionele monastieke deugden in praktijk brengen, leven ze slechts één maand van het jaar in gemeenschap in hun moederhuis. De rest van de tijd zijn ze verspreid over het land en zij wijden zich aan de prediking, aan het onderwijs of aan de leiding van verschillende opvoedings- en missioneringsinstellingen. Omdat ze elke geest van carrière maken onder de geestelijkheid willen bestrijden, weigeren ze systematisch elke bisschopsbenoeming en ze wijden zic haan de prediking van het evangelie als aan hun enige en uitsluitende taak. Zij trachten de liturgie meer levend te maken, onder andere door de eucharistische canon hardop te lezen, zij trachten tot een consequenter en realistischer beleving van het sacramentele leven te komen, onder andere door het bevorderen van de veelvuldige communie, ze trachten de mensen te brengen tot een diepere kennis van de heilige Schrift en zo zijn zij de baanbrekers van een waarachtige geestelijke vernieuwing. Vele organisaties van allerlei soort worden door hen geleid: met name de Christelijke Vereniging van Intellectuelen, de Christelijke Studentenvereniging (2400 leden), de vrouwenbond *Eusebia*, de Christelijke Onderwijzersbonden, de Christelijke Vereniging van Jonge Arbeiders (een pendant van de K.A.J. met 2000 gewone leden en 6000 aangeslotenen). De broederschap leidt zelfs een hogere technische school. Het beste getuigenis voor de uitgebreidheid van haar invloed vinden we in het buitengewoon grote aantal van haar publicaties, waarbij we dan rekening houden met de tegenwoordige stand van de bevolking in Griekenland. Het tijdschrift *Zoë* – een wekelijks bulletin van acht pagina's dat uitsluitend godsdienstige artikelen bevat – heeft 170.000 abonnees; het heeft zodoende de grootste verspreiding van alle periodieken die op het ogenblik in het Grieks verschijnen. Het maandblad *Aktines*, orgaan van de Christelijke Vereniging van Intellectuelen, heeft een oplage van 15.000 exemplaren. Een tiental andere tijdschriften, waaronder ook geïllustreerde kinderbladen, circuleren in een vergelijkbare oplage. Heel bijzondere aandacht wordt besteed aan de verspreiding van de heilige Schrift onder het Griekse volk: het nieuwe testament werd door *Zoë* als pocketboek uitgegeven en het is nu al aan zijn 32[e] editie met 650.000 exemplaren.

Naast *Zoë* streven nog andere organisaties, zoals de orthodoxe unies, hetzelfde doel na. Hun bestaan en hun activiteiten zijn ontsproten aan particuliere initiatieven, maar ze worden voortgezet in het kader van de kerkelijke organisatie (bisdommen, parochies) en met goedkeuring van de hiërarchie. Maar deze hiërarchie beziet toch niet zonder enige achterdocht bewegingen waarvan ze niet alle details kan controleren; blijkbaar ziet ze liever dat deze meer rechtstreeks in het officiële kerkelijke apparaat worden geïntegreerd. Niettemin was ze zo verstandig om niet van hoger hand in te grijpen, maar ze stichtte op eigen gezag de *Apostoliki Diakonia* (apostolische dienst) die een activiteit ontwikkelt welke zeer veel gelijkt op die van *Zoë* en die bestaat in publicaties, prediking en jeugdwerk. De verschillende missionaire organisaties in Griekenland begaan dus niet zozeer de weg van de concurrentie als wel die van de wedijver. Ze dragen alle bij aan hetzelfde doel, het behoud van de rechtgelovigheid van het Griekse volk. Zij hebben hierbij merkbaar succes, vooral op het gebied van de opvoeding van de jeugd: bijna 500.000 Griekse kinderen bezoeken de 7800 catechetische scholen van de Kerk (waarvan er 2000 door *Zoë* geleid worden). Sinds enkele jaren tonen de Griekse bewegingen een grotere belangstelling voor de universele verantwoordelijkheid van de Kerk: studenten uit Oeganda, Ethiopië en Korea bezoeken de faculteiten en de seminaries van Griekenland en de verschillende Griekse jeugdbewegingen hebben zich aangesloten bij *Syndesmos*, het wereldverbond van orthodoxe jeugdbewegingen. Onlangs werd met steun van de hiërarchie een comité opgericht tot bevordering van de buitenlandse missies.

10. De kerk van Georgië

De kerk van Georgië, een van de oudste christengemeenschappen van het Oosten, werd in het begin van de 5e eeuw gesticht door de vrouwelijke apostel sint Nino, die de koning van Georgië, Mirian, tot het christendom bekeerde. Omdat de Georgiërs in de verreikende invloedssfeer van Antiochië woonden, ontvingen ze lange tijd van daar hun bisschoppen; later werden ze afhankelijk van Constantinopel. Hun kerk werd reeds in de middeleeuwen autocefaal en ze werd bestuurd door een eigen katholikos[23]. In 1801 vroeg het orthodoxe Georgië aan de Russen steun tegen de Perzen en spoedig daarop werd het geannexeerd door het rijk van Alexander I. De oude autocefalie werd opgeheven en sinds 1817 werd de kerk bestuurd door een Russisch exarch die rechters lid was van de synode van Sint-Petersburg. Bij de Russische revolutie herkreeg ze haar zelfstandigheid, die overigens door het patriarchaat van Moskou pas formeel in 1943 erkend werd. De kerk onderging een droevig lot in de tijd van de revolutie: de eerste katholikos die het herstelde ambt waarnam, Kirion, werd vermoord; zijn opvolger, Ambrosius, werd voor het gerecht gebracht en veroordeeld tot tien jaar gevangenschap (1923). De betrekkelijke godsdienstvrijheid die er na de oorlog kwam, was ook ten voordele van de kerk van Georgië, die overigens ook nu nog geen gemakkelijke tijd meemaakt. Officieel bestaat ze uit 15 bisdommen (tegen 28 in de 18e eeuw) en hiervan zijn er 9 zonder bisschop. Kort geleden werd door het regionaal concilie een nieuwe katholikos, Ephrem, gekozen, in plats van zijn overleden voorganger Melchisedek. In Tbilisi wordt een kerkelijke kalender uitgegeven. De inlichtingen betreffende het bestaan van een seminarie zijn niet zeker[24]. Georgië telt op het ogenblik 2.500.00 inwoners, die vóór 1917 alle orthodox waren. Het is onmogelijk statistieken te geven over de huidige godsdienstbeleving.

---

[23] Deze titel werd algemeen gevoerd door de hoofden van kerkelijke autonomieën buiten de oostelijke grenzen van het Byzantijnse Rijk.

[24] Zie *Documentation Française*, n. 1931 (okt. 1954).

11. De kerk van Cyprus

Het aartsbisdom Cyprus is een andere zeer oude kerk, die door het oecumenisch concilie van Efese (431) onafhankelijk werd verklaard van de kerk van Antiochië, waarvan ze tot dan toe suffragaan was. In de 7^e eeuw werd het eiland veroverd door de Arabieren, later weer heroverd door de Byzantijnen, dan weer in 1191 bezet door Richard Leeuwenhart, en hierna bleef het eeuwenlang onder Latijnse heerschappij, eerst onder de soevereiniteit van de Lusignans (1191-1373), vervolgens onder die van Genua (1373-1489) en Venetië (1489-1571). In 1571 werd het door de Turken bezet en in 1878 werd het Engels bezit. Al deze verwikkelingen brachten het orthodox geloof van de bevolking niet aan het wankelen, ook al werd deze gedurende de eeuwen van westerse overheersing met geweld aan een Latijnse aartsbisschop onderworpen. De Turken richtten ten slotte verscheidene bloedbaden onder de christelijke geestelijkheid aan: de Turkse minderheid van het eiland, die feitelijk vooral uit geïslamiseerde Grieken bestaat, is nog een overblijfsel van de Turkse bezetting.

Gedurende de Engelse bezetting werd de politieke status zoals die onder de Turken al bestond grotendeels gehandhaafd: deze hadden, zoals we al gezien hebben, aan de orthodoxe geestelijkheid een geestelijke en burgerlijke rechtsmacht over hun gelovigen toegekend. Zo bleef de aartsbisschop van Cyprus onder de Engelsen de ethnarch (nationale leider) van de Grieks-orthodoxe bevolking van Cyprus.

De kerk van Cyprus telt ongeveer 350.000 gelovigen met 700 priesters. Ze wordt bestuurd door een synode die bestaat uit de aartsbisschop en de drie metropolieten van Paphos, Kition en Kyrenia; deze worden allen gekozen door de gelovigen volgens een kiesstelsel dat uit meerdere trappen bestaat. De tegenwoordige aartsbisschop, Mgr. Makarios, heeft een wereldreputatie gekregen door zijn actieve deelname aan de strijd van de Cyprioten voor zelfbeschikking. Kortgeleden werd hij tot eerste president van de nieuwe republiek Cyprus gekozen. De rol die hij bij de laatste gebeurtenissen gespeeld heeft ligt in de traditie van de kerk van Cyprus: eeuwenlang was deze de enige band van eenheid van de Griekse bevolking onder de verschillende vreemde heerschappijen.

12. Het aartsbisdom van de Sinaï

Door een uitzonderlijke privilegie heeft het hoofd van het klooster van sint Catharina, dat in de 6ᵉ eeuw door Justinianus gebouwd werd op de plaats zelf waar Moses de Wet ontving, de rang van aartsbisschop en geniet hij autocefale rechten. Hij wordt gekozen door het kapittel van de monniken, maar hij ontvangt de bisschopswijding uit de handen van de patriarch van Jeruzalem: zijn onafhankelijkheid is dus meer theorie dan werkelijkheid. Zijn jurisdictie strekt zich slechts uit over de monniken van het klooster, dat zijn er heden ten dagen ongeveer twintig, en over enkele bedoeïenen die in de omgeving wonen. Zijne zaligheid Porphyrius III, de tegenwoordige aartsbisschop van de Sinaï, verblijft meestal te Cairo in het *metochion* (dochterstichting) van zijn klooster.

Het klooster van de Sinaï bezit een zeer rijke bibliotheek van Griekse handschriften en een verzameling iconen die zeer interessant is.

13. De kerk van Albanië

In 1944 bestond de bevolking van Albanië uit 688.000 mohammedanen, 210.000 orthodoxen en 104.184 katholieken. Pas na lang weerstand te hebben geboden aan politieke druk die op hem werd uitgeoefend ging de oecumenische patriarch er in 1937 toe over om deze kerk autocefalie te verlenen; ze is een minderheid in het land en ze heeft bijna geen scholen of eigen tradities. Onder het Italiaanse bestuur was de Albanese orthodoxie er niet goed aan toe en daarna had ze te lijden onder de antigodsdienstige maatregelen die in 1945-1946 door de volksdemocratische regering werden getroffen. Einde 1948 werden twee bisschoppen gearresteerd en in augustus 1949 werd de aartsbisschop van Tirana, Christophorus, afgezet en geïnterneerd wegens 'schadelijke activiteiten voor het Albanese volk en de Kerk'. Zijn opvolger, Païssios, die onder twijfelachtige omstandigheden gekozen werd, werd erkend door het patriarchaat van Moskou, maar niet door dat van Constantinopel.

14. De kerk van Polen

De grenzen van Polen die op het einde van de Eerste Wereldoorlog werden getrokken, omsloten een bevolking van meer dan 4.000.000 orthodoxe Wit-Russen en Oekraïners en meerdere bisdommen die tot dan toe tot de Russische kerk behoorden. In 1924 werden deze bisdommen door de oecumenische patriarch tot een autocefale kerk gemaakt. In 1939 telde de orthodoxe kerk van Polen 5 bisdommen, 1624 parochies en 2968 priesters, de twee seminaries van Wilna en Krzemieniev die samen 500 leerlingen telden en de theologische faculteit van Warschau met 150 studenten.

In 1939 bezette de Sovjet-Unie de gebieden die door de grote meerderheid van de orthodoxe gelovigen bewoond werden. Deze gebiedsuitbreiding van de U.S.S.R. werd op het einde van de Tweede Wereldoorlog nog groter. Kerkelijk werden al deze gebieden weer ondergeschikt gemaakt aan het patriarchaat van Moskou en op het grondgebied van het nieuwe Polen bleven slechts ongeveer 350.000 orthodoxen over. Hun toestand werd nog slechter door het feit dat het patriarchaat van Moskou de acte niet erkende waardoor de kerk van Polen in 1924 autocefaal geworden was. In 1948 moesten de drie Poolse bisschoppen, metropoliet Dionysius daarbij inbegrepen, spijt betuigen voor patriarch Alexis en ze kregen *van hem* een nieuwe acte van autocefalie. Metropoliet Dionysius werd gedwongen ontslag te nemen. In 1951 kreeg de kerk een nieuw hoofd in de persoon van de Russische bisschop Macarius, voorheen aartsbisschop van Lvov[25]. De onafhankelijkheid van de Poolse kerk ten opzichte van het patriarchaat van Moskou is dus maar zeer betrekkelijk.

Op het ogenblik zijn er in Polen vijf orthodoxe bisdommen: Warschau, Bjelostok, Lodz, Wroclaw (Breslau) en Gdansk (Danzig)[26]. Er zijn ongeveer 160 parochies.

15. De kerk van Tsjechoslowakije

Tussen de twee wereldoorlogen bood de orthodoxie in Tsjechoslowakije een zeer heterogene aanblik. Ze bestond uit groeperingen van verschillende oorsprong en zij telde ongeveer 250.000 leden in totaal. Reeds in 1923 kreeg een groep Tsjechische orthodoxen als hoofd aartsbisschop Sabbas, die door de oecumenische patriarch werd gewijd. In 1925 sloot zich een grotere groep priesters en gelovigen van de nationale Tsjechoslowaakse kerk aan bij de orthodoxie, na zich van Rome te hebben losgemaakt. De Servische patriarch wijdde

....

[25] Mgr. Macarius Oksiuk is een van de weinige nog levende leden van de oude Russische theologische school. Vóór 1917 was hij professor aan de kerkelijke academie van Kiev en hij publiceerde belangrijke werken over sint Gregorius van Nyssa.

[26] Hier kan men opmerken dat twee van deze bisdommen tot het voormalige Duitse grondgebied behoren en dit houdt van de kant van de orthodoxie dus erkenning in van de westgrens van Polen. Zoals men weet heeft het Vaticaan tot nu toe in deze gebieden geen katholieke bisschoppen benoemd, omdat er tussen Polen en Duitsland geen vredesverdrag is gesloten.

voor hen een bisschop, Mgr. Gorazd, die onder zijn jurisdictie ook een zeker aantal gelovigen van de Latijnse ritus had. In 1930 sloten zich ook 200.000 geünieerde Oekraïners van Russisch Podkarpathië weer bij de orthodoxie aan en het patriarchaat van Belgrado richtte voor hen het diocees Mukacevo op. Ten slotte was er nog een groep Russische parochies die gedurende die tijd afhankelijk waren van een Russische bisschop die weer onder de jurisdictie stond van Parijs.

Deze vier groepen werden in 1947 verenigd en met instemming van de Servische kerk gesteld onder het patriarchaat van Moskou. In 1950 keerden twee andere bisdommen van de Byzantijnse ritus die met Rome geünieerd waren (Presov en Mikailov) terug tot de orthodoxie[27]. De orthodoxe kerk van Tsjechoslowakije moet dus op het ogenblik minstens 350.000 gelovigen tellen. Ze bestaat uit vier bisdommen (Praag, Olmütz-Brünn, Presov en Mikailov) en ze kreeg in 1951 van Moskou een acte van autocefalie. Haar eerste hoofd, Mgr. Eleutherius (emeritus sinds 1958), en haar tegenwoordige leider, Mgr. Johannes, zijn beide Russische bisschoppen. De nieuwe autocefalie werd niet erkend door het patriarchaat van Constantinopel, dat het ontslag van Mgr. Sabbas niet aanvaardde en dat hem tot zijn recente dood bleef erkennen als aartsbisschop van Praag.

In 1948 werd begonnen met een orthodox seminarie te Karlovy Vary en er schijnt een ander te bestaan in Presov. De kerk publiceert een theologisch tijdschrift en ze bezit een oud-Slavische drukkerij die liturgische boeken drukt; vele van deze boeken worden naar Rusland uitgevoerd, waar de

....

[27] Hun vereniging met Rome dateert van 1649 en ze gebeurde onder druk van de Oostenrijkse regering. Het lijkt er helaas niet op dat hun terugkeer naar de orthodoxie onder betere omstandigheden heeft plaatsgevonden.

Kerk, zoals we gezien hebben, geen enkel middel bezit om iets uit te geven.

16. De kerk van Finland

Toen in 1918 Finland de onafhankelijkheid verkreeg was het een van de eerste zorgen van de Finse orthodoxen, zich veilig te stellen voor de blaam dat zij een 'Russische' kerk waren, iets dat niet gezegd kon worden van de eigenlijke godsdienst van het land, het lutheranisme. De meeste Finse orthodoxen waren Kareliërs die in de middeleeuwen door monniken van het klooster Valamo aan het Ladogameer uit het heidendom bekeerd waren. Onder leiding van patriarch Germanus Aab stelden deze orthodoxen zich onder de jurisdictie van de oecumenische patriarch. Na een langdurige terughoudendheid legde Moskou zich pas in 1958 bij het voldongen feit neer.

Al telt de Orthodoxe Kerk slechts 70.000 gelovigen tussen een lutheraanse meerderheid van 4.000.000, ze wordt niettemin in Finland als tweede staatskerk beschouwd. Ze werd zwaar getroffen doordat Rusland in 1939 Fins Karelië annexeerde, welke annexatie in 1945 bevestigd werd: daar woonden immers bijna al haar leden. Deze verhuisden noodgedwongen verder het land in en zo leven ze op het ogenblik verspreid over heel Finland. De Finse kerk telt twee bisdommen, namelijk het aartsbisdom Kuopio en het bisdom Helsinki en ze heeft een seminarie dat sindsdien van Sortevala in Karelië naar Helsinki verplaatst is; een theologische faculteit is in voorbereiding. De Finse kerk is, met haar actieve jeugd die eropuit is internationale en oecumenische contacten te leggen en die het karakter van een westerse en Europese gemeenschap wil hebben, misschien voorbestemd om een belangrijke taak te vervullen in het westerse getuigenis van de orthodoxie.

17. De diaspora en de missies

De Russische missieactiviteit overschreed in de 19ᵉ en het begin van de 20ᵉ eeuw de oostelijke grenzen van het keizerrijk van de Romanovs. De orthodoxe gemeenschappen van China, Korea, Japan en Alaska leveren daar nu nog het bewijs van.

De orthodoxe missie in China gaat terug tot het einde van de 17ᵉ eeuw: toen werd immers een groep Kozakken, afkomstig uit de Russische vesting Albazin, als persoonlijke lijfwacht van de keizer te Peking in dienst genomen. Hun afstammelingen gingen helemaal in de Chinese bevolking op, maar ze bewaarden het christelijk geloof en vormden er een orthodoxe kern. Rond deze kern werd in de 19ᵉ eeuw een belangrijke missie begonnen en in de 20ᵉ eeuw bezat ze reeds vele onderafdelingen en een twintigtal scholen. Toch schijnt het een aantal bekeerlingen nooit meer dan 10.000 geweest te zijn. Maar dit aantal werd groter toen na de Russische Revolutie een vrij groot aantal uit Siberië gevluchte geestelijken zich daar vestigde. Na de overwinning van de legers van Mao Zedong moest de Orthodoxe Kerk evenals de westerse kerken zich van alle niet-Chinese elementen ontdoen: voor de Russen, die het patriarchaat van Moskou vertegenwoordigden, werd volstrekt geen uitzondering gemaakt en zij verlieten het land. In 1950 werd een Chinees, Mgr. Simeon Dou, te Moskou tot bisschop van Tientsin gewijd; later werd hij overgeplaatst naar Sjanghai. In 1957 werd een tweede Chinees, Mgr. Basilius Yo-Foe-An tot bisschop van Peking gewijd. Drie andere bisdommen zijn vacant. Te Peking zijn twee kloosters en een catechetische school.

Tegen het einde van de 19ᵉ eeuw was er eveneens een Russische missie in Korea. De gelovigen hebben de verschillende politieke troebelen overleefd. Kortgeleden heeft het Griekse bisdom van de Verenigde Staten de missie op zich genomen: ze staat onder leiding van twee Koreaanse priesters en ze bezit een school en een ziekenhuis.

In Japan legde de orthodoxe missie een nog grotere activiteit aan de dag. De initiatiefnemer daarvan was pater Nicolaas Kassatkine, een van de opmerkelijkste missionarissen van alle tijden. In 1861 kwam hij te Tokio aan als aalmoezenier van de Russische Ambassade, maar spoedig gaf hij alle bindingen met de diplomatie op om zich geheel aan de missie te wijden. Zijn eerste zorg was het Nieuwe Testament en de voornaamste liturgische teksten in het Japans te vertalen. Onder zijn stuwende leiding nam het aantal orthodoxen snel toe. In 1872 kwam een Russische bisschop te Hakodate de eerste twee orthodoxe Japanse priesters wijden. In 1880 waren er 6099 orthodoxen in Japan; in 1891 waren er 20.048 met 22 priesters en 219 kerken en kapellen. Hetzelfde jaar werd de majestueuze orthodoxe kathedraal van Tokio voltooid: ze is nu nog het grootste en meest beroemde godsdienstige gebouw van de hoofdstad en de Japanners noemen haar nog steeds *Nicolai-Do*, het huis van Nicolaas. In 1880 werd Nicolaas tot bisschop van Tokio gewijd en hij wist het vertrouwen te winnen van het land waar hij het evangelie preekte: ook de moeilijke en kritieke tijd van 1904-1905 wist hij zonder al te grote moeilijkheden het hoofd te bieden. Hij bleef op zijn post ondanks de oorlog, waarin zijn eigen land de wapens tegen Japan opnam en hij vierde de overwinning van de Japanse legers met het zingen van het *Te Deum*. Ook nu nog wordt het volledig Japanse karakter van de orthodoxie in Japan door allen erkend en dit biedt de beste verwachtingen voor de toekomst.

De Orthodoxe Kerk telt in Japan ongeveer 36.000 gelovigen met 1 bisschop en 38 priesters, die allen Japanners zijn. Onlangs werd te Tokio een seminarie heropend en dit telt zowat twintig studenten die soms hun studie in het buitenland voltooien. Na een tijd van verzwakking tussen de twee wereldoorlogen begint aldus nu weer een periode van vernieuwing voor de Japanse orthodoxie.

In 1741 ontdekten en bezetten Russische verkenners Alaska. In 1794 begonnen monniken van Valamo aan het Ladogameer er een missie en zij openden de eerste school voor de Eskimo's. Een groot missionaris, Johannes Veniaminov, werkte hier lange jaren (1824-1852) als missionaris, als schrijver van een grammatica in de Aleoetische taal, als vertaler van het evangelie en van de Byzantijnse liturgie in het Aleoetisch en ten slotte als bisschop van een onmetelijk diocees dat Kamtchatka, de Koerillen, de Aleoeten en Alaska omvatte. Van 1841 tot 1858 werd er een hulpbisdom opgericht. In 1868 werd Alaska door Rusland aan de Verenigde Staten verkocht: kerkelijk werd het toen een onafhankelijk missiebisdom, dat van de Aleoeten en Alaska. In 1872 werd de bisschopszetel verplaatst naar San Francisco en in 1905 naar New York. Een hulpbisschop bleef in Alaska.

Dat is het begin van de orthodoxie op het Amerikaanse vasteland. Tegenwoordig biedt ze een heel andere aanblik. In de laatste jaren van de 19[e] eeuw sloten zich meerdere tientallen parochies, die uit geünieerde Russen van Subkarpathië bestonden, weer bij het orthodoxe bisdom aan. Onder de opperleiding van hetzelfde bisdom vormen ook Griekse, Servische, Albanese en Bulgaarse emigranten gemeenschappen. In 1904 werd te Brooklyn een hulpbisdom voor de Syro-Libanezen opgericht. Met goedkeuring van de Heilige Synode van Rusland liet aartsbisschop Tychon, de toekomstige patriarch, Engelse vertalingen van de liturgie uitgeven. Dit was het begin van de organisatie van een Amerikaanse orthodoxe kerk.

De revolutie en de onderlinge verdeeldheid van de Russische kerk brachten in deze geleidelijke ontwikkeling een onderbreking. Van 1917 tot 1923 was het bisdom verstoken van een geregelde leiding (in 1923 benoemde patriarch Tychon een nieuwe bisschop, metropoliet Platon); daarna viel het uit elkaar doordat elke nationale groep een apart bisdom ging vormen. Intussen kwamen er in groten getale nieuwe migranten aan en het zou ook niet gemakkelijk zijn geweest hen allen in één bisdom op te nemen.

Zo bestaat er op het ogenblik in de Verenigde Staten naast het oorspronkelijke Russische bisdom een groot Grieks aartsbisdom, een Arabisch aartsbisdom, en verder onder andere Servische, Roemeense, Bulgaarse en Albanese bisdommen. De synode van de geëmigreerde Russische bisschoppen, die onder leiding van metropoliet Anastasius staat, heeft eveneens haar centrum in de Verenigde Staten gevestigd. Een talrijke autocefalistische[28] Oekraïense geestelijkheid heeft er gemeenschappen gevormd. Er komt meer en meer onderlinge samenwerking tot stand, maar alleen bij een echte vereniging zou de vooruitgang van de orthodoxie op het Amerikaanse continent gewaarborgd zijn.

Het totaal aantal orthodoxen in de Verenigde Staten bedraagt ongeveer 3.000.000. Ook in Canada en Zuid-Amerika bevinden zich meer of minder belangrijke groepen. In de Verenigde Staten nemen alle nationale groeperingen, alleen de Grieken uitgezonderd, meer en meer het Engels als liturgische taal aan en zo wordt het meer vanzelfsprekend dat zij toenadering vinden tot elkaar. Waar de orthodoxe gemeenschap boven haar nationaal isolement uit weet te komen

....

[28] Gedurende de revolutionaire periode in Rusland werd er zonder canonieke formaliteiten een autocefale Oekraïense kerk gesticht. In het begin bezat ze geen apostolische successie, omdat zich geen bisschop bij haar had willen aansluiten. Sindsdien is de apostolische successie hersteld, maar onder zeer dubieuze omstandigheden. Deze groepering staat daarom buiten elke gemeenschap met de Orthodoxe Kerk.

wordt ze gemakkelijk missionair. Zo bestaat in het Syrische diocees, dat onder jurisdictie van het patriarchaat van Antiochië staat, een derde van de geestelijkheid uit bekeerlingen die van andere christelijke belijdenissen tot de orthodoxie zijn overgegaan. Het seminarie Sint Vladimir te New York, dat dicht bij de Columbia-universiteit ligt, neemt studenten aan van alle orthodoxe jurisdicties en het vormt het voornaamste centrum van eenmaking van de Amerikaanse orthodoxie. Dan is er nog een Grieks seminarie te Boston en zijn er nog vier scholen van opleiding in de theologie. Er zijn zeer veel godsdienstige publicaties in het Engels.

Tot voor kort werden alleen de drie grootste godsdiensten (protestantisme, katholicisme en jodendom) in de Verenigde Staten erkend: een recente beslissing van het merendeel der staten voegt hier de Orthodoxe Kerk bij, en het voornaamste voordeel daarvan voor deze laatste is dat ze nu tien aalmoezeniers in het Amerikaanse leger heeft.

Tussen de twee wereldoorlogen werd ook de diaspora in West-Europa talrijk. In 1920 werd een Grieks exarchaat te Londen opgericht, waarvan het hoofd titulair aartsbisschop van Thiatyra is. Zeer veel Russische vluchtelingen vestigden zich daarna in Frankrijk. In 1922 benoemde patriarch Tychon metropoliet Eulogius tot bestuurder van de nieuwe parochies; toen de kerkelijke overheid van Moskou van hem in 1931 een schriftelijke loyaliteitsverklaring ten opzichte van de Sovjetregering eiste, ging Mgr. Eulogius in beroep bij de oecumenische patriarch en hij werd diens exarch voor de Russische parochies in Europa. Zijn langdurige trouw aan Moskou (1922-1931) en zijn beroep op Constantinopel brachten hem in onmin met de geëmigreerde bisschoppen die in Joegoslavië een toevlucht hadden gevonden en deze riepen een onafhankelijke synode af, wier canoniciteit door geen enkele orthodoxe kerk erkend wordt; deze synode heeft nu haar zetel in de Verenigde Staten en ze verenigt daar een aantal immigrantenparochies onder haar gezag.

Parijs werd het intellectuele centrum van de Russische emigranten. Nicolaas Berdjajev, Sergej Boelgakov en vele anderen droegen er toe bij aan de westerse wereld het denken, de spiritualiteit en de traditie van het christelijk Oosten te leren kennen. Het theologisch instituut Sint Sergius leidde onder het bestuur van metropoliet Eulogius en een groep talentvolle professoren meer dan 150 priesters op en het speelde vele jaren lang een belangrijke rol in de oecumenische dialoog. Dankzij de aanwezigheid van de Russische emigranten en zonder dat deze de minste geest van proselytisme toonden, ontstonden er groepen westerse orthodoxen in Frankrijk en Duitsland. In 1933 wilde een groep oudkatholieken onder leiding van Mgr. Winnaert in de Orthodoxe Kerk opgenomen worden; toen de autoriteiten van Constantinopel draalden met de noodzakelijke beslissingen omtrent hun opname, werd deze groep door het patriarchaat van Moskou aangenomen; zij behield zijn liturgie van westers karakter. Tegenwoordig wordt het probleem van een westerse orthodoxie zeer concreet gesteld[29], zowel in het streven van vele orthodoxen om voor de waarheid te getuigen als in de noodzaak van de Kerk om de massa van de jeugd te behouden, die de cultuur, de taal en de gewoonten van de landen waar zij geboren is, heeft overgenomen. Op geestelijk en intellectueel terrein is het ook de taak van de orthodoxen om *aanwezig* te zijn bij de grote bewegingen in het westerse christendom die zich beroepen op de Schrift en de ware traditie van de Kerk: de oecumenische beweging, de terugkeer tot de vaders, het sociale getuigenis en de liturgische beweging. Op al deze ter-

....

[29] Zie vooral Leon Zander, *L'Orthodoxie occidentale*, vert. Jacques Touraille, Parijs 1958. Het probleem wordt dikwijls besproken in twee orthodoxe tijdschriften in de Franse taal: *Contacts* en *Le Messager*.

reinen staat de orthodox niet alleen dicht bij zijn katholieke of protestantse broeders, maar dikwijls is hij zich bewust dat hij veel van hen kan leren: het getuigenis van een westerse orthodoxie moet juist hierin bestaan, dat zij met feiten kan bewijzen dat de verschillende opmerkelijke aspecten van de christenheid van het Westen in het licht van de ware orthodoxie een nieuwe kracht kunnen krijgen en daarin tot een volmaaktere synthese kunnen komen.

Tot slot van deze paragraaf willen we hier op een laatste, misschien veel betekenende, ontwikkeling wijzen: kortgeleden ontstond er een orthodoxe kerk in Afrika, waar tot dan toe geen orthodoxe missie geweest was. In 1932 zegde een groep christenen van Oeganda de gehoorzaamheid aan de Anglicaanse Kerk op en ze werd door het patriarchaat van Alexandrië in de orthodoxie opgenomen. Haar leider, Spartas, is een autochtone priester en ze bestaat uit meer dan 20.000 gelovigen. Recente inlichtingen spreken over een buitengewone groeikracht van deze kerk, die een steeds meer actieve steun krijgt van de Griekse orthodoxe kerk. Verschillende inheemsen van Oeganda studeren theologie te Cairo en Athene. Kortgeleden werd een nieuwe bisschop in Oost-Afrika benoemd. Het schijnt zeker dat de snelle uitbreiding van deze kerk niet alleen verband houdt met de aantrekkingskracht die het orthodoxe geloof zelf uitoefent, maar ook met een anti-kolonialistisch instinct dat de westerse missionarissen beschouwt als agenten van het imperialisme. Het is te hopen dat de kerkelijke autoriteiten deze beweging in geode banen weten te leiden en dat ze het voordeel weten te benutten dat hun op een geheel onverwachte wijze toeviel door hun totale onafhankelijkheid van de koloniale politiek van Europa in de 19^e eeuw.

9
LEER EN SPIRITUALITEIT

Wij hebben reeds gesproken over het immens vele dat de tegenwoordige Orthodoxe Kerk geërfd heeft van de Byzantijnse middeleeuwen. Deze erfenis bevat liturgische vormen, een canonieke structuur, een geestelijke traditie en een dogmatisch gegeven. Maar wanneer de Orthodoxe Kerk beweert *de ware* Kerk van Christus te zijn, de éne en katholieke Kerk, dan moet een orthodox theoloog noodzakelijk onderscheid maken tussen de onveranderlijke en verplichtende heilige traditie van de Kerk en datgene wat een dikwijls eerbiedwaardig, maar ook soms schadelijk overblijfsel is uit een voorbij verleden. Alle modernisme van slecht gehalte, waarvan de 'vernieuwde kerk' van Rusland het meest uitgesproken voorbeeld is, moet noodzakelijk veroordeeld worden, maar hetzelfde geldt van het bekrompen conservatisme dat naar het voorbeeld van de 'oud-gelovigen' van Rusland het verleden in zijn geheel wil verabsoluteren. Deze twee strevingen zijn voortdurend in de meeste orthodoxe regionale kerken aanwezig en alleen een degelijke theologische vorming, een waarachtig geworteld zijn in de traditie en een zuiver verlangen om zich naar de geopenbaarde waarheid te richten kunnen aangeven welke weg gevolgd moet worden.

Het zou onmogelijk zijn hier in deze geest een *systematische* uiteenzetting van de leerstukken der Kerk te geven[1]: de lezer zelf heeft in de voorafgaande hoofdstukken de grondstellingen van de orthodoxie over verschillende kwesties kunnen vinden en andere doctrinaire vraagstukken zullen in het volgend hoofdstuk besproken worden. Hier willen wij enkel de houding zelf bespreken die een orthodox tegenover de mysteries van het christendom aanneemt, de wijze waarop hij ze benadert en uitdrukt en ten slotte de wijze waarop hij zijn gemeenschap met God opvat. Deze houding openbaart zich tegelijk in de spiritualiteit, in de leer, in de levens van de heiligen en in de onderrichtingen van de leraren: ze is tegelijk de *lex orandi* (wet van het bidden) en de *lex credendi* (wet van het geloven) van de Kerk. 'De oosterse traditie', schrijft V. Lossky, 'heeft nooit een scherp onderscheid gemaakt tussen mystiek en theologie, tussen de persoonlijke ervaring van de goddelijke mysteriën en het dogma dat door de Kerk geleerd wordt ... Het dogma drukt een geopenbaarde waarheid uit die ons als een onpeilbaar mysterie voortkomt, en deze moet door ons beleefd worden in een proces waarin wij het mysterie niet moeten aanpassen aan onze wijze van verstaan, maar onze eigen geest moeten omvormen om ons open te stellen voor de mystieke ervaring. De theologie en de mystiek staat niet tegenover elkaar, integendeel, zij ondersteunen elkaar en vullen elkaar aan. De ene is onmogelijk zonder de andere: de mystieke ervaring

---

[1] De beste uiteenzetting over dit onderwerp in het Frans is van S. Boulgakoff, *l'Orthodoxie*, Parijs, tweede druk 1959. Het verwarde en onvolledige werk van metropoliet Seraphin, dat uit het Duits vertaald is en een bijna uitsluitend Duitse bibliografie heeft, bevat eveneens een groot aantal historische en leerstellige gegevens (Metropolite Seraphin, *L'Église orthodoxe, Les dogmes, la liturgie, la vie spirituelle*, Parijs 1952). Zie ook P. Evdokimov, *L'Orthodoxie*, Neuchâtel-Parijs 1959.

maakt van de inhoud van het gemeenschappelijk geloof iets van persoonlijke waarde en de theologie is de uitdrukking ten gerieve van het welzijn van allen van datgene dat door ieder ervaren kan worden'[2].

De nieuwe werkelijkheid die gebracht is door de menswording van het Woord en die werkzaam wordt gemaakt in de Kerk door de inwerking van de Geest is niet slechts een geheel van gekende waarheden, maar een nieuw leven. Dit dringt zich niet aan ons op als een uiterlijke evidentie, maar als een omvorming van ons zijn, een transfiguratie. Wij hebben daartoe geen toegang alleen al door het lezen van het Woord van God en ook niet door de kennis van de dogma's, maar door te sterven en te verrijzen met Christus in het doopsel, door het zegel van de Geest te ontvangen in het vormsel, door van het lichaam van Christus zelf lid te worden door de eucharistie en door hierin voort te gaan in een steeds vollere kennis van 'Gods Zoon, tot de volmaakte Man, tot de gehele omvang van de volheid van de Christus' (Ef. 4:13). Deze sacramentele natuur van het ware leven in de Geest veronderstelt een structuur van de Kerk die aan de hiërarchie een bijzondere plaats en een charisma van lering verleent, maar ze veronderstelt ook dat de *heiligen* authentieke getuigen van de werkelijke tegenwoordigheid van God te midden van zijn volk zijn. Door haar hiërarchische en sacramentele structuur drukt de Kerk de *blijvendheid* en de *getrouwheid* uit van de eenheid die zich in Christus voltrokken heeft tussen het goddelijke en het menselijke: de hemelvaart van Christus is niet het einde van een tegenwoordigheid, maar de verheerlijking van de menselijke natuur die in de godheid is opgenomen en gezeten is aan de rechterhand van de Vader; zij veronderstelt Pinksteren en de zending door de Vader van

....

[2] *Essai sur la théologie mystique de l'Église d'Orient*, Parijs 1944, P. 6-7.

de Geest over de Kerk. Deze Geest bouwt in de geschiedenis het lichaam van Christus, vervult de sacramenten, bevestigt de Kerk in de waarheid en waarborgt haar blijvendheid en onfeilbaarheid. Hij drukt zich uit in de verschillende charismata, waaronder die van de lering en van het herderschap, dat aan de bisschoppen toebehoort, maar Hij dringt zich niet magisch op aan de vrijheid, die behoort tot het diepste van de menselijke persoon; ieder van ons ontvangt in de sacramenten een zaad van heiligheid, maar het is onze taak dit vrucht te doen dragen. De Kerk als instelling staat dus niet tegenover de Kerk als gebeurtenis, maar de ene veronderstelt de andere, zoals de genade onze persoonlijke inspanning veronderstelt om werkdadig te kunnen zijn: de Orthodoxe Kerk heeft vanaf de tijd der vaders steeds vastgehouden aan de leer van de 'synergie', dat wil zeggen van de samenwerking van de goddelijke genade en de vrije handeling van de mens op de weg naar God toe. Wij *zijn* allen heilig door de genade, maar wij moeten zorgen om heilig te *worden* in onze handelingen en in ons hele leven.

Het enige object dat de heiligen kennen en dat de theologen in hun formuleringen trachten weer te geven is God, God in zijn eigen wezen, in zijn voorzienigheid, in zijn menswording, in zijn tegenwoordigheid in de Kerk en in zijn laatste manifestatie op het einde der tijden. Twee aspecten van de opvatting van God zijn bijzonder belangrijk, willen we de orthodoxe theologie in haar geheel begrijpen. Deze twee aspecten, die onmiskenbaar op de Griekse vaders teruggaan, zijn de absolute *transcendentie* en het *drievuldig*, dat wil zeggen persoonlijk, karakter en het goddelijk Wezen.

De transcendentie van God is een noodzakelijk voortvloeisel uit het Bijbelverhaal van de schepping *uit niets*. Een van de wezenskenmerken van de Bijbelse godsdienst is de uitspraak dat de wereld geen uitvloeisel van het goddelijke is of de weerspiegeling van een reeds te voren bestaande werkelijkheid of ook de uitbreiding van het goddelijk wezen krachtens een natuurnoodzakelijkheid: 'God', schrijft sint Paulus, 'roept wat niet bestaat in het aanzijn' (Rom. 4:17). De wereld *bestond niet* vóór het goddelijke 'het worde', ze is begonnen te bestaan en zo gaf zij het bestaan aan een grootheid die wij 'de tijd' noemen. Zeker, de vaders spreken van 'ideeën' die in het goddelijk verstand bestonden vóór de schepping, maar deze ideeën hadden slechts een dynamisch en intentioneel karakter: het ontstaan uit niets van de geschapen wezens betekent dat deze wezens behoren tot een zijnsorde die wezenlijk verschilt van God, een orde die de vaders vanaf sint Athanasius van Alexandrië de 'natuurlijke' orde noemen, die geschapen is door de *wil* van God en die slechts bestaat door deze wil. Tussen God en de geschapen orde bestaat geen wederkerige afhankelijkheid, er is slechts een totale *afhankelijkheid* van het schepsel ten opzichte van zijn Schepper.

Deze afgrond tussen het Absolute en het betrekkelijke, tussen het Ongeschapene en de schepselen zien we overal in het Oude Testament en bij de geestelijke schrijvers en de christelijke theologen wordt deze verwoord in de leer over de transcendentie en de onkenbaarheid van het goddelijk wezen. De schepselen kunnen elkaar kennen, maar wanneer zij zich tot God keren, dan zijn ze als het ware vernietigd door hun eigen totale afhankelijkheid en feitelijk door hun niet-zijn. Hun enige uitweg is de erkenning dat God *niet is* wat zij kunnen kennen, dat Hij met geen enkel schepsel te vergelijken is, dat zijn wezen met geen enkel beeld, met geen enkel woord kan worden weergegeven[3]. Maar al is God onbekend in zijn wezen, toch heeft Hij zich geopenbaard als Vader, Zoon en

....

[3] Dit noemt men de 'negatieve' of 'apofatische' theologie; de grote leraren daarvan in het oosten zijn sint Gregorius van Nyssa en de onbekende schrijver uit de 5e eeuw die schuilgaat achter de pseudoniem van Dionysius de Areopagiet, leerling van sint Paulus te Athene.

heilige Geest: de Zoon is mens geworden en de Geest is op de Kerk neergedaald. De God van christenen is niet de onbekende God die door de filosofen wordt vereerd, maar een levende God die zich openbaart en die *handelt*. Dat is de betekenis van de orthodoxe leer over de goddelijke werkzaamheden of handelingen, die onderscheiden zijn van het onkenbaar wezen, zoals deze door sint Gregorius Palamas in de 14[e] eeuw werd geformuleerd[4]. Het Oude Testament verhaalt reeds de voortdurende werkzaamheid van God in de geschiedenis van het uitverkoren volk, maar de christelijke openbaring brengt ons tot een volheid: de Zoon van God 'heeft zichzelf ontledigd door het bestaan van een dienstknecht op zich te nemen en aan de mensen gelijk te worden. En als mens verschenen heeft Hij zich vernederd door gehoorzaam te worden tot de dood, tot de dood op het kruis' (Fil. 2:7-8). Voortaan bereiken de goddelijke handelingen de mens niet meer van buitenaf, maar hun bron is in de menselijke natuur zelf die vergoddelijkt is in Jezus Christus. Nu hoeft de mens er zich niet meer toe te beperken de transcendentie en de almacht van God te erkennen, hij mag ook de heil aanvaarden dat Hij ons verleent, hij mag het goddelijk leven in zich opnemen dat Hij ons gegeven heeft: dat is het wat de vaders de vergoddelijking noemen: 'God is mens geworden opdat wij God zouden worden'[5]. Deze vergoddelijking voltrekt zich door onze opname in het lichaam van Christus, maar ook door de zalving die wij van de Geest ontvangen, wij persoonlijk: het heilswerk van de heilige Geest bestaat juist hierin, dat hij ons allen door de eeuwen heen vanaf de hemelvaart tot aan de parousie doet

---

[4] Zie onze *Introduction à l'étude de Gregoire Palamas*, Parijs 1959 en *Saint Grégoire Palamas et la mystique orthodoxe*, Parijs 1959.

[5] Sint Athanasius van Alexandrië, *Over de menswording van het Woord*, 54, *Patrologia graeca*, vol. XXV, kol. 192 B.; vertaling P.-Th. Camelot, *De l'incarnation du Verbe*, Parijs 1948, p. 312.

deelhebben aan één en dezelfde vergoddelijkte mensheid van Jezus Christus[6]: 'God heeft de Geest van zijn Zoon in ons hart gezonden, die roept: Abba, Vader!' (Gal. 4:6).

Dit personalistisch karakter van de orthodoxe theologie en spiritualiteit is zeer nauw verbonden met de patristische opvatting van de transcendentie van God waarover wij juist gesproken hebben: in zijn eenheid in wezen blijft God onkenbaar, maar Hij openbaart zich als Drievuldigheid. De God van de Bijbel wordt gekend als de levende en handelende God, Hij tot wie het gebed van de Kerk wordt gericht, Hij die zijn Zoon heeft gezonden voor het heil van de wereld. Dit aspect in de opvatting van de oosterse vaders onderscheidde hen – zonder hen altijd tegenover hen te stellen – van hun Latijnse broeders die God bij voorkeur opvatten als de Ene in wezen en dan pas als de Drievuldige[7]. Deze twee uiteenlopende richtingen liepen uit op twee theologieën over de Drievuldigheid: in de Latijnse theologie werden de goddelijke personen slechts beschouwd als interne relaties van het ene wezen zo werd het bestaan van de Geest bepaald door de 'tegenstelling in relaties' met de Vader en de Zoon en de leer over het *Filioque* werd een dogmatische noodzaak, want de Geest kon niet van de Zoon worden onderscheiden als Hij niet uit Hem voortkwam[8]. De oosterlingen bleven echter trouw aan het oude personalisme van de vaders: de leer over het

....

[6] Zie de uitstekende bladzijden van O. Clément over de heilswerkzaamheid van de Geest in *Transfigurer le temps. – Notes sur le temps à la lumière de la tradition orthodoxe*, Neuchâtel-Parijs 1959.

[7] Vgl. over dit onderwerp Th. De Regnon, *Études de theologie positive sur la Sainte Trinité I*, 433; G. L. Prestige, *God in patristic thought*, p. 242v.

[8] Twee debatten over het *Filioque* tussen katholieke en orthodoxe theologen werden onlangs gepubliceerd in *The Eastern Churches Quarterly*, vol. VII, 1948, supplement, en in *Russie et Chrétienté*, 1950, n. 3-4.

Filioque had voor hen, volgens een uitdrukking van Photius, een bijsmaak van 'semi-sabellisanisme'[9]. Eén in wezen met de Vader en de Zoon omdat Hij uit de Vader, de enige bron van goddelijkheid, voortkomt, heeft de Geest een persoonlijk bestaan en een persoonlijke werkzaamheid in het interne leven van God en in het heilswerk: Hij brengt de eenheid van het menselijk geslacht in het lichaam van Christus tot stand, maar Hij geeft ook aan deze eenheid een persoonlijk en dus verschillend karakter. Alle liturgische officies van de Orthodoxe Kerk beginnen met een gebed tot de heilige Geest en door zijn aanroeping wordt het eucharistisch mysterie voltrokken.

De volkomen transcendente en onkenbare God heeft zich geopenbaard in Jezus Christus, in wie 'de gehele volheid der godheid lichamelijk woont' (Kol. 2:9). Het waarachtige leven dat uit God voortkomt, werd meegedeeld aan de mens die tot dan toe sinds de zonde van Adam onderworpen was aan de dood, aan een soort erfelijk en kosmisch bederf dat het gevolg was van zijn ongehoorzaamheid aan God.

Het drama van de zonde, dat in de eerste hoofdstukken van Genesis beschreven wordt en door Paulus en de kerkvaders wordt uitgelegd, geeft het antwoord op de vraag over het lijden en de dood, waarvoor iedere mens van vroeger en nu komt te staan. Adam en Eva hebben gezondigd en deze zonde heeft hun dood en de dood van al hun nakomelingen met zich meegebracht. Deze leer over de erfzonde, die sinds de tijd van sint Augustinus een belangrijke rol gespeeld heeft in de geschiedenis van de westerse theologie, veronderstelt dus

---

[9] *Mystagogie 9, Patrologia graeca* vol. CII, kol. 289 A B; het sabellisanisme is een ketterij die dateert uit de 2e eeuw en die wordt toegeschreven aan een zekere Sabellius, die leerde dat de goddelijke personen slechts modaliteiten of aspecten van de éne God zijn.

dat de gevolgen van de zonde van Adam hele geslachten van menselijke wezens bereikt hebben, die klaarblijkelijk voor de oorspronkelijke zonde niet verantwoordelijk zijn. De westerse theologen hebben in hun zorg om dit feit te verzoenen met een bepaalde opvatting over de goddelijke rechtvaardigheid steeds de nadruk gelegd op de *aansprakelijkheid* van alle mensen voor de zonde van Adam: de dood, die een straf voor de zonde is, heeft alleen de hele mensheid kunnen treffen omdat alle mensen 'in Adam' gezondigd hebben en zodoende de goddelijke toorn hebben verdiend. Deze verklaring vond een bevestiging en misschien zelfs haar oorsprong in de Latijnse vertaling van de enige Bijbelse passage die uitdrukkelijk spreekt over de 'overdracht' van de zonde van Adam (Rom. 5:12: *in quo omnes peccaverunt*, in wie allen gezondigd hebben). Maar feitelijk is de Latijnse vertaling hier foutief[10]. De oosterse vaders, die sint Paulus in zijn oorspronkelijke Griekse tekst gelezen hebben, hebben zich nooit moeite gedaan om de *aansprakelijkheid* van de afstammelingen van Adam voor de zonde van hun stamvader te bewijzen: zij hebben alleen geconstateerd dat alle mensen het bederf en de dood geërfd hebben en dat zij allen de zonde bedreven hebben. Zij inter-

....

[10] De Latijnse tekst waarin het Griekse *eph hooi* wordt vertaald door *in quo* houdt in dat 'allen in Adam gezondigd hebben'. Dat is een grammaticale onmogelijkheid. Grammaticaal zijn alleen deze twee vertalingen mogelijk: 'De dood is op alle mensen overgegaan *door het feit dat* allen gezondigd hebben' (*Bible de Jerusalem*) of: 'de dood, *ter oorzake waarvan* allen gezondigd hebben, is overgegaan op alle mensen'. De exegese van sommige Griekse vaders schijnt deze laatste vertaling te bevestigen. In de eerste vertaling zou Paulus spreken van persoonlijke zonden die door alle mensen bedreven zijn onder hun eigen verantwoordelijkheid en die daarom eenzelfde soort straf verdienen als die van Adam; in het tweede geval is de *sterfelijkheid*, die op heel de nakomelingschap van Adam is overgegaan, de oorzaak van hun persoonlijke zonden.

preteerden deze toestand, die van Adam geërfd was, als een slavernij van de duivel die na de zonde van de eerste stamvader over het mensdom een gewelddadige, onrechtvaardige en moorddadige tirannie uitoefent. Maar God heeft doorheen de hele geschiedenis van Israël de mensen tot het heil willen leiden door hen geleidelijk voor te bereiden om vrij en bewust de verlossende Messias te ontvangen. Toen de volheid der tijden dan gekomen was heeft deze Messias, het Woord zelf van God, het vlees aangenomen uit de maagd Maria en de heilige Geest, dus buiten de bedorven erfenis van Adam om, Hij heeft de duivel aan het kruis overwonnen, Hij is de derde dag verrezen en Hij heeft aan het mensdom weer toegang gegeven tot het leven.

Het spreekt vanzelf dat deze fundamentele mysteries van het geloof behoren tot het wezen zelf van elke waarachtige christelijke leer en spiritualiteit. Elk verschil in de leer op dit terrein brengt noodzakelijk een zeker verschil in spiritualiteit met zich mee. Zo is het christelijk oosten buiten de juridische opvattingen van de verlossing gebleven die in het westen in de middeleeuwen overheersend waren, zoals blijkt uit de leer over de 'verdiensten' van Christus en van de aflaten, en die de westerse spiritualiteit diep aangetast hebben. De leer over de erfzonde, zoals de Griekse vaders deze hebben verwoord, sluit ook het dogma van de onbevlekte ontvangenis van Maria uit in de vorm waarin dit in 1854 door Pius IX werd afgekondigd[11]. Dit dogma veronderstelt dat de erfzonde

----

[11] 'Wij verklaren ... dat de leer volgens welke de allerzaligste maagd Maria vanaf het eerste ogenblik van haar ontvangenis door een bijzondere genade en voorrecht van de almachtige God, door de verdiensten van Christus, verlosser van het menselijk geslacht, bewaard bleef voor alle smet die uit de erfzonde voorkomt, een door God geopenbaarde leer is ...' (Latijnse tekst in Denzinger, *Enchiridion symbolorum*, 28ᵉ ed. 1952, n. 1641, p. 459).

bestaat in een 'overtreding' die begaan werd 'in Adam' en die straf verdiende; Maria kon daar geen deel aan hebben omdat ze vanaf haar ontvangenis uitverkoren en gezuiverd was met het oog op het goddelijk moederschap. De uitverkiezing die zij van God ontving was inderdaad onverenigbaar met de goddelijke toorn die met de zonde verbonden was. Maar deze redenering gaat niet meer op wanneer men uitgaat van een andere opvatting van de erfzonde: de gevolgen van de zonde van Adam waren volgens de orthodoxe traditie de slavernij aan de duivel, het onderworpen zijn aan dood en bederf, die overgaan langs de weg van de natuurlijke erfelijkheid. De maagd Maria was zeker heilig en zuiver vanaf haar ontvangenis maar ze kreeg het leven van Joachim en Anna op de wijze van alle mensen en ze was sterfelijk zoals alle mensen: de erfenis van Adam werd pas voorbijgegaan in haar Zoon, die geboren werd uit de heilige Geest. De Byzantijnse liturgie raakt niet uitgeput in lofprijzingen voor de moeder Gods, ze erkent haar uitzonderlijke taak in het verlossingswerk – door haar *fiat* tot de aartsengel staat Maria als de nieuwe Eva aan de oorsprong van een nieuw mensengeslacht dat in gemeenschap staat met het leven van God – ze bezingt ook de lichamelijke verheerlijking die het deel van de *Theotokos* werd na haar dood, zij ziet in haar het doel en de voltooiing van heel de schepping die in haar eindelijk gereed was om de verlosser op te nemen, maar het is Jezus Christus en niet Maria, die de Kerk vereert als de Heer van het leven, de verlosser en de zaligmaker en Hij alleen werd onbevlekt ontvangen in de schoot van Maria. Wat Maria betreft, zij is de moeder van God: zij is het die in naam van ons geslacht de God en zaligmaker aanvaard heeft.

Ondanks het verzet dat de orthodoxen aantekenen tegen het katholieke dogma van de onbevlekte ontvangenis en ondanks de terughoudendheid die zij aan de dag leggen jegens het nieuwe dogma van de tenhemelopneming van

Maria – in zoverre dit namelijk zou *kunnen* inhouden dat Maria krachtens haar onbevlekte ontvangenis niet gestorven is – ondanks deze verschillen, die in wezen niet Maria zelf betreffen maar de leer over de erfzonde en de verlossing[12], stemmen het Oosten en het Westen overeen in een gelijke vurige liefde tot haar 'die alle geslachten zalig prijzen'.

Tot de verlossing die God ons verleend heeft in Jezus Christus hebben wij toegang in en door de Kerk: Het hele leven van de gemeenschap en het persoonlijke leven van elke christen worden zodoende bepaald door het historische feit van de dood en de verrijzenis van Christus. Aan de verrijzenis hebben wij deel in het doopsel en wij 'herdenken' deze in de eucharistie. Daardoor wordt ook onze wijze van bidden bepaald.

Wij hebben reeds gesproken over de zeer grote taak die de liturgie in het leven van de orthodoxe Kerk vervult: deze liturgie is altijd levend en altijd handelend, ze is in eeuwen van verval de enige toevlucht van alle theologie en alle kerkelijk leven geweest en zij is in staat gebleken het wezenlijke van de christelijke boodschap te bewaren. In welke tijd en omstandigheden een orthodoxe christen ook leeft, wanneer hij een kerk binnenkomt, dan is hij zich bewust daar de hemel te vinden die op aarde is neergedaald, het rijk van God dat reeds aanwezig is, hij weet dat Christus daar is in de sacramentele communie met zijn lichaam en bloed, in het evangelie dat voorgelezen wordt door de preister en in het gebed van de Kerk.

Deze sacramentele opvatting van het christelijk leven vinden we overal in de geschiedenis van de orthodoxe spiri-

---

[12] De orthodoxe visie op dit probleem is goed weergegeven in de artikelen van G. Florovsky en V. Lossky in de bundel *The Mother of God*, Londen 1949. Vgl. ook de leer van de Byzantijnse theoloog in onze *Introduction à l'étude de Grégoire Palamas*, Parijs 1959, p. 317-322.

tualiteit. De meest individualistische vroomheidsstrevingen worden zodoende opgenomen in een samenhangend geheel waarin het persoonlijk gebed op geen enkele wijze een tegenstelling vormt met de gemeenschapsliturgie. Dat is ook het geval met het hesychasme, de mystieke school die teruggaat op de woestijnvaders en die een belangrijke rol gespeeld heeft in de geestelijke traditie van het christelijk Oosten: naar aanleiding van de theologische discussies die door het hesychasme in de 14e eeuw veroorzaakt werden heeft de Orthodoxe Kerk immers haar leer over de genade en haar opvattingen over de betrekkingen tussen God en de mens gedefinieerd. Dit leerstellig aspect van het hesychasme is dus het blijvende en normatieve element van een geestelijke traditie waarvan de methoden en de praktische aspecten slechts een betrekkelijke waarde hebben.

In de 4e eeuw, we zagen het reeds, bevonden zich in de woestijnen van Syrië, Palestina en Egypte de eerste hesychasten (in het Grieks betekent *hesuchia* rust of contemplatie) en deze waren de eerste leraren van het voortdurend gebed. Alleen met God in hun eenzaamheid vonden de christelijke eremieten in het gebod van sint Paulus: 'Bidt zonder ophouden' (1 Thess. 5:17) het meest directe middel om in contact te blijven met de genade van de verlossing. Sommigen onder hen brachten een voortdurend zingen van psalmen in praktijk en zo voerden ze in onze liturgieën de *lectio continua* (doorlopende lezing) van het psalterium in. Anderen wijdden zich aan het monologisch of het zuiver gebed, dat bestaat in de voortdurende herhaling van een kort gebed waarin de naam van God de voornaamste plaats inneemt: gaf het Oude Testament aan deze naam niet reeds meer dan alleen maar een 'nominale' betekenis? Leert de Bijbel niet aanhoudend om 'de *naam* van de Heer te verheerlijken' en zond Christus zijn leerlingen niet om te dopen 'in de *naam* van de Vader en de Zoon en de heilige Geest'? De voortdurende aanroeping van deze naam was voor de monniken het middel bij uitstek om met het goddelijke in verbinding te staan. De vorm van het monologisch gebed kan verschillen – dikwijls was het een gewoon *Kyrie eleison* (Heer, ontferm u) – maar de aanroeping zelf moest blijvend zijn.

Soms hadden de eerste leraren van het hesychasme en vooral Euagrius Ponticus († ca. 400), een groot asceet met een neoplatoonse en origenistische vorming, de neiging om het gebed op te vatten als een middel om zich te verontstoffelijken en de wereld der ideeën te bereiken als 'het hoogste begrijpen van het verstand', als het opstijgen 'van het onstoffelijke naar de Onstoffelijke'. Dat was grotendeels een simpele kwestie van woorden: de vaders wilden de grote christelijke waarheden uitdrukken in de taal van hun tijd en deze taal was die van het hellenisme. Maar soms kreeg de Griekse geest de overhand over de Bijbelse leer zelf, met name op het gebied van de antropologie. De Bijbel heeft nooit zoals Plato geleerd dat de mens een geest is die gevangen zit in de materie: het Woord is vlees geworden om de hele mens te verlossen en de christelijke spiritualiteit moet er dus naar streven om dit heil in zijn totaliteit te verwezenlijken. Het christelijk gebed, dat Euagrius opvatte als een zich ontdoen van de stof en dat hij beschreef zonder een enkele verwijzing naar Christus, de mens geworden God, moet dus noodzakelijk de *hele mens* van aangezicht tot aangezicht tegenover God plaatsen. Geleidelijk zou de kerkelijke traditie de origenistische en euagriaanse afdwaling verbeteren. Zij deed dit dankzij een onbekende schrijver uit de 5e eeuw die schuilging onder het pseudoniem van sint Macarius van Egypte en dankzij vele andere leraren van het geestelijk leven.

Met sint Diadochus van Photice (5e eeuw) en sint Johannes Climacus († 650) veranderde het 'intellectuele gebed' van Euagrius in het 'gebed van Jezus'. Voortaan riepen de asceten zonder ophouden de naam van Jezus aan en in Christus, de God die mens is geworden, zagen ze de enige middelaar tussen het geschapene en het goddelijke. Hun gebed zelf was geen vlucht meer buiten de stof, maar een gemeenschap van geest en lichaam met God; de goddelijke genade die zij nastreefden vormde zowel hun geest als hun vlees, ze entte deze samen op het nieuwe leven en verlichtte ze door een ongeschapen goddelijk licht.

'De hesychast', zo schrijft sint Johannes Climacus in zijn *Ladder van het Paradijs*, 'is hij die tracht het onlichamelijke te omvatten in een woning van vlees... Moge de gedachtenis aan Jezus één worden met uw ademhaling: dan zult gij het nut van de eenzaamheid begrijpen'[13]. En sint Maximus Confessor († 662) beschrijft aldus de vergoddelijking die elke christen en vooral elke hesychast nastreeft: 'De mens wordt God door de vergoddelijking, hij geniet ten volle van het prijsgeven van alles wat hem van nature toebehoort... omdat de genade van de Geest in hem zegevierd en omdat klaarblijkelijk alleen God in hem handelt; zo hebben God en zij die God waardig zijn in alle dingen slechts één en dezelfde werkzaamheid'[14]. Het goddelijk visioen waarmee de mystieken in de vergoddelijking bevoorrecht worden, werd door sint Gregorius van Nyssa (4e eeuw) en sint Maximus gelijkgesteld met het visioen van Moses op de Sinaï en met het goddelijk licht dat de apostelen op de berg Thabor zagen bij de gedaanteverandering van Christus.

De latere geestelijke schrijvers onderstrepen nog meer het verband dat er bestaat tussen het gebed van Jezus, de mystiek van de vergoddelijking en het sacramentele leven van de christelijke gemeenschap. Sint Simeon de Nieuwe

---

[13] *Échelle du Paradis, degré 27*, Franse vertaling van J. Grouillard in *Petite Philocalie*, Parijs 1953, p. 115-116.

[14] *Ambigua, Patrologia graeca*, vol. XCI, kol. 1076 B C.

Theoloog, een groot Byzantijns mysticus uit de 11ᵉ eeuw, putte het wezenlijke van zijn ervaring van het goddelijke uit de eucharistie; zijn hymnen en gebeden van voor en na de communie behoren tot de meest realistische die vandaag de dag in het *Euchologium* van de Byzantijnse rite staan. De vernieuwing van het hesychasme te Byzantium in de 13ᵉ en 14ᵉ eeuw viel samen met een krachtige herleving van het sacramentele leven. Het meest bekende voorbeeld van deze streving is Nicolaas Kabasilas, die zijn *Leven in Christus*, een synthese van geestelijk leven, ontwierp als een commentaar over het doopsel, de chrismatie (Byzantijnse naam voor het vormsel) en eucharistie. De hesychasten van die tijd vatten dus het gebed van Jezus niet op als een subjectief en gevoelsmatig middel om met Christus verenigd te zijn, maar als een methode om de gaven die zij in de sacramenten ontvangen hadden in zichzelf werkzaam te maken.

In die tijd vond ook een bijzondere wijze om het gebed van Jezus in de geest te beoefenen een grote verspreiding: ze bestond hierin, dat de woorden van de bede 'Heer Jezus Christus, ontferm u over mij' verbonden werden met het ritme van de ademhaling en dat de aandacht werd geconcentreerd *op het hart*, dat beschouwd werd als het middelpunt van heel het psychofysiologisch organisme van de mens.

Toen de hesychastische wijze van bidden in de 14ᵉ eeuw werd aangevallen door Barlaäm de Calabriër, een tegelijk scepticistisch en platoniserend wijsgeer, werd ze verdedigd door een groot theoloog, een monnik van de Athos die later aartsbisschop van Saloniki werd, sint Gregorius Palamas. De grote verdienste van Palamas is dat hij scherp de onderlinge betrekkingen gezien heeft die er zijn tussen de orthodoxe leer over God, de vergoddelijking waarvan de mystieken de ervaring nastreefden, de hesychastische wijze van bidden en het sacramentele leven van de Kerk. Zonder een leerstellige *Summa* te willen opbouwen gaf hij aan elk van deze elementen de plaats die het toekomt. De wezenlijk ongenaakbare en transcendente God is tevens een levende God die zich in zijn handelingen vrijwillig meedeelt: Hij wordt zodoende niet alleen toegankelijk voor het verstand, maar ook mededeelbaar, en wel door de hypostatische vereniging van de godheid en de mensheid in Jezus Christus. Maar ook dan blijft hij in zijn transcendentie, want dat behoort tot haar aard: de deelname aan zijn zijn of de vergoddelijking is alleen mogelijk voor zover zijn wil en werkzaamheid dat toestaan; in Jezus Christus is deze deelname volledig, omdat de persoon van het vleesgeworden Woord van God bron is van alle goddelijke handelingen. In het onderscheid dat aldus gemaakt wordt tussen het transcendente wezen en de werkzaamheden is er zeker een wijsgerige tegenspraak, maar is God onderworpen aan de axioma's van ons verstand? Deze vergoddelijking in Jezus Christus staat voor ons open in de Kerk door het doopsel en de eucharistie: het mensgeworden Woord deelt ons het goddelijk leven mee en vormt ons wezen van binnenuit geheel om. Voortaan 'is het rijk van God onder ons'. Dat 'in ons binnenste' betekent niet noodzakelijk in onze geest of in onze ziel, want het menselijk zin is ondeelbaar en het heeft in zijn geheel deel aan God. Ons lichaam kan dus met ziel en geest daaraan deelnemen door vasten, bidden en de diverse werkzaamheden die de plichten van de christen vormen, die streeft naar het rijk van God; hij kan ook van dan af reeds de eerste vruchten van de glorie ontvangen: vereert de Kerk niet de lichamelijke relieken van de heiligen na hun dood en doen de heiligen bij hun leven zelf niet al wonderen die getuigen van een reeds bereikte transfiguratie?[15].

....

[15] Wij geven gedetailleerd onderzoek over de leer van Palamas in onze *Introduction à l'étude de Grégoire Palamas*, Parijs 1959, en een vluchtige schets van de hesychastische traditie voor en na de 14ᵉ eeuw in *Saint Grégoire Palamas et la mystique orthodoxe*, Parijs 1959. Het

Het eigen getuigenis ten slotte van de spiritualiteit van het Oosten bestaat juist in het verkondigen van de aanwezigheid van het rijk van God in de geschiedenis, in het verkondigen niet enkel met woorden maar met het levend getuigenis van zijn werkelijke macht. God is voortaan aanwezig in de werkelijkheid van de sacramenten en in de werkzaamheid van de gaven van de Geest, waarvan de heiligen de getuigen zijn en die toegankelijk zijn voor alle christenen die werkelijk volgens hun doopbeloften willen leven. De heiligen van de Kerk, van sint Paulus die 'tot in de derde hemel verheven werd' tot sint Serafim van Sarov, wiens gelaat straalde van een goddelijk licht, zijn de getuigen van het nieuwe leven dat aan de mensen verleend wordt en dat de stof zelf omvormt. Deze heiligen, of ze nu apostelen zijn of bisschoppen, martelaren, missionarissen, monniken of gewone leken, zijn op de plaats waar God hen stelt de waarachtige vertegenwoordigers van het Godsrijk in de wereld.

In de geschiedenis van de Orthodoxe Kerk was de hesychastische mystiek de meest traditionele uitdrukking van deze gemeenschap met God, die het wezenlijke van het christelijk leven uitmaakt. Door haar eenvoudige en ongecompliceerde aard werd de beoefening van het gebed van Jezus een zeer populaire vorm van spiritualiteit en werd ze op grote schaal niet alleen aan de monniken maar ook aan de leken aanbevolen. De theologische nauwkeurigheid waarmee haar grootste leraars haar beschreven hebben, heeft ervoor gezorgd dat ze niet misvormd werd tot een zuiver individualistische vroomheid. In de Kerk, in de gemeenschap der heiligen, in het sacramentele leven van de

....
voornaamste werk van Palamas, zijn *Triades pour le dejense des saints hécychastes* werd door ons met een volledige vertaling gepubliceerd in de *Spicilegium Sacrum Loveniense*, n. 30-31, Leuven 1959, 2 vol.

gemeenschap krijgt elke individuele mystiek immers een echte christelijke betekenis; daar vinden we eveneens de laatste norm van elke spiritualiteit. De Kerk van haar kant canoniseert geen enkele bijzondere vorm, geen enkele methode, maar ze bekrachtigt alleen de heiligheid van hen die door hun leven en hun woord de werkelijkheid van het Godsrijk hebben weten uit te drukken.

10
ECCLESIOLOGISCHE STANDPUNTEN

De leer over de Kerk staat momenteel meer dan ooit in het middelpunt van de oecumenische dialoog tussen de verschillende groepen van de christelijke wereld en *binnen* de verschillende grote christelijke belijdenissen is het ecclesiologisch vraagstuk nog lang niet duidelijk opgelost. De Katholieke Kerk werd zich onder het pontificaat van Johannes XXIII plotseling bewust van het feit dat de onvolledige en te haastig uitgewerkte uitspraken van het eerste Vaticaanse concilie haar geen werkelijk evenwichtig ecclesiologisch stelsel gegeven hebben; zij is daarom van plan haar leer over de eenheid van de Kerk verder te ontwikkelen en zuiverder te stellen. De protestanten hebben door een opmerkelijke opbloei van de Bijbelse theologie en door het succes van de oecumenische beweging voor een groot deel hun afkeer voor elke vorm van ecclesiologie laten varen: zonder iets aan de beginselen zelf van de reformatie te veranderen herontdekken zij de belangrijkheid van het vraagstuk van de Kerk vanuit het dubbele gezichtspunt van de traditie en het sacramentele leven. De orthodoxen zien zich voor nieuwe historische situaties gesteld en zij zijn verplicht om problemen op te lossen die Byzantium niet gekend heeft; zo komen zij er toe hun traditie opnieuw onder woorden te brengen en gedragsnormen van het verleden te reviseren. Met het oog op deze beweeglijke en open situatie willen we hier enkele wezenstrekken schetsen van de leer over de Kerk vanuit orthodox standpunt. De lezer heeft overigens deze trekken waarschijnlijk al ontdekt in de hoofdstukken die we hebben gewijd aan het historisch verleden van de Kerk en aan haar spiritualiteit: hier zullen wij er ons daarom vooral op toeleggen speciaal de blijvende elementen te doen uitkomen die tegenwoordig het orthodoxe standpunt kenmerken in de grote oecumenische confrontatie.

Merkwaardig genoeg is het ecclesiologisch probleem nooit geplaatst in het middelpunt van de bespreking, waarin Constantinopel en Rome in de middeleeuwen tegenover elkaar stonden. Toen hielden de theologen de polemisten zich bezig met de kwestie van het *Filioque*, later met die van het vagevuur en van de aanroeping van de heilige Geest in de liturgie, of met de vraagstukken van minder betekenis, zoals het gebruik van het ongedesemd brood in het Westen of het vasten op zaterdag. Ook als sommige moderne orthodoxe theologen, zoals vooral V. Lossky, met nadruk stellen, dat er een intrinsiek verband is tussen de katholieke leer van de Drievuldigheid en de Roomse ecclesiologie, dan heeft men dit verband zeker in de middeleeuwen niet duidelijk gezien. Toch is het juist de afwezigheid van een gemeenschappelijk ecclesiologisch criterium die het schisma mogelijk maakte: toen de moeilijkheden tussen het Oosten en het Westen ontstonden, beriepen de oostersen zich op het gezag van de traditie en de concilies en de westersen op de macht van de opvolger van Petrus. Lange tijd, tot aan de bezetting van Constantinopel door de kruisvaarders in 1204, begrepen de oostersen de ecclesiologie van het Westen niet goed of zij wilden deze niet begrijpen en in hun ontmoetingen met de Latijnen vermeden ze een openhartige bespreking daarvan. Pas in 1204, toen Innocentius III na de plundering van Constantinopel de Venetiaan Thomas Morosini op de zetel van sint Johannes Chrysostomus benoemde, begonnen de Byzantijnse theologen ernstig de oorsprong te betwisten van de macht die de paus pretendeerde te bezitten.

Hun kritiek op het katholieke standpunt had over het algemeen geen betrekking op de apostel Petrus zelf en zijn persoonlijke plaats in het college van de Twaalf en in de primitieve Kerk, maar op de aard van zijn *opvolging*. Zij begrepen niet waarom de kerk van Rome het *uitsluitende* voorrecht van deze opvolging zou hebben, terwijl het Nieuwe Testament geen enkele inlichting geeft over het ambt van Petrus te Rome: hadden Antiochië en vooral Jeruzalem, waar Petrus volgens de Handelingen een allerbelangrijkste taak vervuld had, niet veel meer redenen dan Rome om de 'stoel van Petrus' te zijn? De Byzantijnen kennen zeker aan de kerk van Rome een universeel primaat toe, maar dit primaat vindt volgens hen niet enkel zijn oorsprong in het feit dat Petrus te Rome is gestorven, maar in een hele groep van factoren, waarvan de voornaamste waren dat Rome een 'zeer grote, zeer oude en door allen gekende' kerk was, volgens de uitdrukking van sint Ireneüs van Lyon[1]; dat ze het graf bewaarde van de *twee* voornaamste apostelen, Petrus en Paulus, en vooral dat zij de hoofdstad was van het keizerrijk: op dit laatste punt legt de veelbesproken canon 28 van het concilie van Chalcedon de nadruk[2]. Met andere woorden, het Romeinse primaat was geen uitsluitend en goddelijk voorrecht, een macht die de bisschop van Rome zou bezitten krachtens een uitdrukkelijk gebod van de Heer, maar een feitelijk gezag, dat de Kerk door de stem van haar conciles formeel heeft erkend. In deze omstandigheden kon aan de paus geen privilegie van onfeilbaar-

---

[1] *Adversus baereses III*, 3, 2.

[2] Zie ons artikel over *La primauté romaine dans la tradition canonique jusqu'au concile de Chalcédoine* in het tijdschrift *Istina* 1957, n. 4, p. 463-482.

heid toekomen: zijn tegenwoordigheid of die van zijn legaten werd wel beschouwd als noodzakelijke voorwaarde voor het oecumenisch karakter van een concilie – de aanwezigheid van de andere grote kerken werd overigens beschouwd als even noodzakelijk – maar nooit was dat een reden om de mening van de paus tot *criterium* van de waarheid te verheffen. De kerken van het Oosten konden eeuwenlang buiten de gemeenschap van Rome leven zonder zich al te zeer over deze toestand te bekommeren en het 6[e] oecumenisch concilie zag er geen bezwaar in de gedachtenis van paus Honorius te veroordelen wegens de steun die deze verleend had aan de ketterij van de monotheleten.

Voor de Byzantijnen was er dus geen sprake van de woorden die Christus tot Petrus gericht had – 'Gij zijt Petrus en op deze streenrots zal Ik mijn Kijk bouwen' (Mt. 16:18); 'Weid mijn schapen' (Joh. 21) enzovoorts te beschouwen als woorden die betrekking hadden op de bisschoppen van Rome en op hen alleen. De Romeinse interpretatie was feitelijk in geen enkel vadercommentaar op de Schriften te vinden: de vaders zagen in wezen in deze woorden de erkenning door Christus van het geloof in Jezus, de Zoon van God, zoals dat beleden werd op de weg van Cesarea Filippi: Petrus is de steenrots van de Kerk in de mate waarin hij dit geloof belijdt. En allen die Petrus en zijn belijdenis navolgen zijn gelijkelijk erfgenamen van de belofte: op hen, de gelovigen, is de Kerk gebouwd. Deze algemene interpretatie, die men bij Origenes en vele vaders vindt, wordt echter in de patristische literatuur in ecclesiologische zin verbeterd: de bisschoppen – alle bisschoppen – zijn immers met een bijzonder charisma van lering begiftigd. Hun ambt zelf bestaat in het verkondigen van het ware geloof: zij zijn dus krachtens hun ambt de opvolgers van Petrus. Deze opvatting wordt helder uiteengezet door sint Cyprianus van Carthago (3[e] eeuw), men vindt haar door alle eeuwen terug in de traditie van de Kerk en de Byzantijnse theologen zullen haar opnieuw innemen.

In de 14^e eeuw schreef Nil Kabasilas: 'Is de paus dan helemaal geen opvolger van Petrus? Dat is hij wel, maar *als bisschop* ... Want Petrus was apostel en wel het hoofd van de apostelen, maar de paus is geen apostel (want de apostelen hebben geen andere apostelen gewijd maar herders en leraren) en nog minder de voornaamste van de apostelen. Petrus is de leraar van de hele wereld, maar de paus is slechts bisschop van Rome. Petrus heeft een bisschop te Antiochië kunnen wijden en een ander te Alexandrië en weer een ander elders, maar de bisschop van Rome doet dat niet ...'[3]. Men zou hier een hele serie teksten en citaten kunnen geven die duidelijk aantonen dat er bij het conflict tussen Oost en West sprake is van een groot verschil in de leer over de Kerk: dat verschil betreft de aard van de *macht* in de Kerk en welbeschouwd de aard van de Kerk zelf.

Voor het Oosten was de Kerk vóór alles een gemeenschap waarin God *sacramenteel* tegenwoordig is: in het sacrament immers worden de dood en de verrijzenis van de Heer 'herdacht' en daardoor wordt zijn tweede komst aangekondigd en van tevoren gevierd. Welnu, de *volheid* van deze werkelijkheid, en dus ook de volheid van de waarheid en de volheid van het leergezag, is tegenwoordig in elke lokale kerk, in elke christelijke gemeenschap die verenigd is rond de eucharistische tafel, die aan het hoofd een bisschop heeft, een opvolger van Petrus en de overige apostelen. Een bisschop is immers niet de opvolger van één apostel alleen en het is van weinig belang of zijn kerk gesticht is door Johannes, Paulus of Petrus, of dat ze van recenter en bescheidener oorsprong is[4]: het ambt dat hij

---

[3] *Patrologia graeca*, vol. CXLIX, kol. 704 C D.

[4] Verschillende oude kerkvaders, zoals sint Ireneus van Lyon, heb-

bekleedt veronderstelt dat hij leraart in overeenstemming met de gemeenschappelijke prediking van het college der apostelen, waarvan Petrus de woordvoerder was en dat hij aan de eucharistische tafel de plaats van de Heer zelf inneemt, kortom dat hij zoals sint Ignatius van Antiochië in de 1^e eeuw schreef, het 'beeld van God' is in de gemeenschap waarvan hij het hoofd is. Dit bisschoppelijk ambt is in wezen hetzelfde te Rome, te Constantinopel en te Moskou en God geeft geen kerk bijzondere privilegies omdat Hij de volheid aan *alle* geeft.

De plaatselijke kerken zijn echter geen alleenstaande grootheden: zij zijn één in de *identiteit* van hun geloof en hun getuigenis. Deze identiteit komt vooral uit bij de bisschopswijdingen, waarbij de medewerking van meerdere bisschoppen vereist is. Om het getuigenis van de kerke meer kracht te geven en om de gemeenschappelijke vraagstukken op te lossen, komen vanaf de 3e eeuw regelmatig regionale concilies bijeen en geleidelijk ontstaat er een zekere feitelijke rangorde onder de kerken. Deze orde brengt met zich mee een universeel primaat – eerst dat van Rome, later dat van Constantinopel – en lokale primaten (de metropolieten, tegenwoordig de hoofden van de autocefale kerken), maar ze is ontvankelijk voor veranderingen: ze is niet gebaseerd op het

....

ben gewezen op de apostolische oorsprong van bepaalde christengemeenten om daardoor tegenover de gnostieken te kunnen vaststellen dat deze gemeenten de rechtgelovige leer hadden bewaard. Maar in het Oosten hebben, zoals Fr. Dvornik onlangs heeft aangetoond (*The idea of apostolicity in Byzantium*, Cambridge, Mass. 1958) de 'apostolische stoelen' nooit op grond van hun apostolische oorsprong een bijzondere macht of gezag voor zich opgeëist. Er waren er overigens te veel in Klein-Azië, Syrië, Palestina en Griekenland om aan dergelijke aanspraken nog waarde te kunnen geven. De kerk van Jeruzalem zelf stond tot in de 5^e eeuw onder de metropoliet van Cesarea. In het Westen echter was Rome de *enige* kerk die op een apostolische oorsprong kon wijzen en hierdoor kreeg ze een onbetwist prestite.

wezen van de Kerk, ze verbreekt de fundamentele gelijkheid van de kerken niet en ze wordt formeel onderworpen aan de belijdenis van allen van het ene ware geloof. Anders gezegd, een ketterse primaat zou noodzakelijk alle rechten van zijn primaatschap verliezen.

Zo kan men zien waar de wortel ligt van het schisma tussen Oost en West. In het Westen bezit het pausdom na een lange ontwikkeling, die zich in de loop der eeuwen voltrokken heeft, volgens de uitspraken van 1870 een leerstellige onfeilbaarheid en een 'onmiddellijke' jurisdictie over alle gelovigen. De bisschop van Rome is dus het zichtbaar criterium van de waarheid en het enige hoofd van de universele kerk, maar hij bezit geen sacramentele macht die verschilt van die van de andere bisschoppen. In de Orthodoxe Kerk bestaat geen macht van goddelijk recht buiten en boden de plaatselijke eucharistische gemeenschap, die gevormd wordt door wat men vandaag de dag een bisdom noemt. De betrekkingen en de hiërarchie tussen de bisschoppen onderling worden geregeld door de canons en ze bezitten geen absoluut karakter. Er bestaat dus geen zichtbaar criterium van de waarheid buiten de *geloofsovereenstemming* van de kerken en de meest normale uitdrukking daarvan is het oecumenisch concilie. Maar dit concilie is, zoals we reeds gezien hebben, geen gezagsdrager *uit zichzelf*, buiten en boven de lokale kerken, het is slechts de uitdrukking en het getuigenis van hun overeenstemming. Een concilie dat formeel oecumenisch is, kan nog door de Kerk verworpen worden, zoals dit gebeurd is met Efese 449 en Florence 1438. Het aanwezig blijven van de waarheid in de Kerk si dus een feit van bovennatuurlijke orde dat in alle opzichten te vergelijken is met de realiteit van het sacrament. Men heeft toegang tot haar werkzaamheid door de religieuze ervaring, maar niet door het verstandelijk onderzoek en ze is niet onderworpen aan de normen van het recht.

De eenheid van de Kerk si op de eerste plaats een eenheid in geloof en niet een eenheid in bestuur: de bestuurlijke eenheid kan immers alleen maar een uitdrukking zijn van een gemeenschappelijke onderhorigheid aan de waarheid. Wanneer de eenheid van geloof bepaald kon worden door een zichtbaar en blijvend orgaan, dan zouden de dogmatische geschillen van de eerste eeuwen, de concilies en de controversen van de vaders geen enkele zin hebben gehad. En ook nu nog veronderstelt elke hereniging van afgescheiden gemeenschappen met de Kerk noodzakelijk en alleen hun overeenstemming in geloof.

Elke toekomstige dialoog tussen Rome en de orthodoxie zal dus noodzakelijk moeten handelen over de plaats die in de katholieke ecclesiologie nog aan de plaatselijke kerk en het episcopaat gelaten is: wanneer de paus in zaken van geloof de hoogste rechter is en wanneer hij zijn 'onmiddellijke' jurisdictie over alle katholieken uitoefent, zijn de bisschoppen dan iets anders dan zijn gedelegeerden ter plaatse? Ondanks de geweldige hindernis voor een wederkerig begrip die door het eerste Vaticaanse concilie werd opgeworpen, is er vandaag de dag hoop dat de beslissingen van 1870 een aanvulling zullen krijgen. De orthodoxen van hun kant zullen ernstiger dan zij tot nu toe gedaan hebben, moeten bestuderen welke vorm het *gemeenschappelijk* getuigenis der lokale kerken kan en moet aannemen en, nog nauwkeuriger gezegd, welke taak in dit getuigenis de bisschop vervult die *primus inter pares* is. Het Oosten en het Westen hebben een te lange gemeenschappelijke Bijbelse en patristische traditie dan dat een dialoog over die en over andere punten niet mogelijk zou zijn.

Tegenover de protestantse wereld hebben de orthodoxen sinds de 16[e] eeuw vele gelegenheden gehad om hun standpunt te bepalen. Ze hebben het dikwijls gedaan zonder hun tegenpartij goed te begrijpen en door Latijnse argumenten tegen hen te gebruiken, vooral bij de veroordeling van de calvinistische belijdenis van Loukaris. Tegenwoordig wordt het gezicht van het protestantisme zelf aanzienlijk gewijzigd door een feit van buitengewone betekenis in de geschiedenis van de christenheid: de oecumenische beweging[5].

In de 19[e] eeuw begrepen protestantse zendelingen in de missielanden de ergernis die de verdeeldheid onder de leerlingen van het evangelie voor de niet-christenen betekende. Zij preekten allen dezelfde Christus, maar zij legden zijn leer op verschillende wijze uit, zij weigerden gemeenschap te hebben aan dezelfde tafel, zij beconcurreerden elkaar in de missielanden op de meest meedogenloze wijze en zij brachten de twisten en vooroordelen van het Europa van de 16[e] eeuw naar Afrika en Azië over. Het duurde niet lang of de zendelingen waren niet meer de enigen die zich deze feiten realiseerden: in Europa zelf en in Amerika begonnen mensen van goede wil, die tot verschillende reformatorische belijdenissen behoorden, samen de weg naar de christelijke eenheid te zoeken, zij riepen interconfessionele wereldorganisaties voor de jeugd in het leven en zij organiseerden de eerste oecumenische conferenties. Er waren twee richtingen die aan de beweging deelnamen, een van het type 'praktisch' christendom, *'Life and Work'* geheten, de andere meer theologisch georiënteerd onder de naam *'Fait and Order'*, die zich ten slotte verenigden in één enkele oecumenische beweging. Tussen de twee wereldoorlogen berustte de beweging op het persoonlijk initiatief: de theologen en prelaten die eraan deelnamen bonden daarmee alleen zichzelf. Pas in 1948 werd te Amsterdam de Wereldraad van Kerken opgericht. Voortaan maakten de kerken zelf, door middel van hun meest officiële

[5] Zie R. Housse en S. Neill, *A History of the Ecumenical Movement* (1517-1948), Londen 1954.

organen, deel uit van de Raad en namen zij deel aan al zijn werkzaamheden.

Bij het uitwerken van de aard en het doel van de Raad omschreef de assemblée te Amsterdam deze laatste als 'een instrument ten dienste van de kerken, waardoor zij samen getuigenis kunnen afleggen op terreinen die eenheid van actie vereisen'. Ook liet men goed uitkomen dat de beslissingen die door de algemene vergaderingen of door andere organen van de Raad genomen werden, de vrijheid van de kerken die lid waren niet beperkten; deze bleven vrij om ze aan te nemen of te verwerpen. De bezielers van de beweging onderstreepten bij elke gelegenheid, dat zij geen superkerk hadden gesticht en geen ventraal bestuur voor de ledenkerken hadden ingesteld. Onder deze voorwaarden aanvaardden te Amsterdam 153 kerken het lidmaatschap van de Raad en getuigden zij van hun gemeenschappelijke geloof in 'Jezus Christus, God en verlosser'. De houding die de Orthodoxe Kerk tegenover de oecumenische beweging bij het begin en sindsdien aannam, werd voorbereid door een lange reeks contacten tussen protestantse en orthodoxe theologen gedurende de 19^e eeuw[6]. Vanaf 1910 namen de orthodoxen regelmatig deel aan de grote bijeenkomsten en na de Eerste Wereldoorlog gaf het oecumenisch patriarchaat zelf een encycliek uit, die gericht werd 'aan de kerken van Christus in de hele wereld'; zij riep ze op tot een groter wederkerig begrip en tot meer samenwerking op praktisch terrein. Zo plaatste zich op een paradoxale wijze de eerste zetel van de orthodoxie in de voorhoede van de aanhangers der oecumenische beweging en hij legde meer nadruk op het aspect van *Life and Work* dan op de theologische dialoog met de christenen van

---

[6] Zie over dit onderwerp de uitstekend gedocumenteerde studie van G. Florovsky, *L'oecuménisme au XIX siècle* in het tijdschrift *Irenikon*, XXVII 1954, p. 241-274; 407-447.

het Westen. De andere orthodoxe kerken waren en zijn nu nog over het algemeen meer gereserveerd en voorzichtiger. De meeste van hen waren echter vertegenwoordigd op de oecumenische vergaderingen van Stockholm (1925), Lausanne (1927), Oxford (1937), Edinburg (1937) en Utrecht (1938). De kerk van Rusland was eveneens vertegenwoordigd, zoal niet aanwezig, door uitstekende theologen van de emigratie, die altijd een zeer voorname rol speelden in de debatten.

Na de Tweede Wereldoorlog waren er drie nieuwe elementen, die de gegevens van het vraagstuk betreffende de deelname van de orthodoxe wereld aan de oecumenische beweging grondig veranderden: de vestiging van communistische regeringen in de orthodoxe landen van Oost-Europa met uitzondering alleen van Griekenland, de heroprichting van het patriarchaat van Moskou en de oprichting van de Wereldraad van Kerken. Redenen van politieke en geestelijke aard, die moeilijk afzonderlijk te preciseren zijn, waren een beletsel voor de aanwezigheid van orthodoxe vertegenwoordigers op de zittingen van de Raad. Het politieke element leek misschien overheersend in het geval van de kerken in communistische landen, die feitelijk minstens 90% van de orthodoxe gelovigen tellen, maar dat was zeker niet de enige beslissende factor, want de protestantse kerken van Tsjechoslowakije en Hongarije bleken altijd mee te kunnen doen aan het oecumenische werk. In de landen die in politiek opzicht met de westerse wereld verbonden bleven, bestaat er in bepaalde kringen heftig verzet tegen deelname aan de Wereldraad en daaruit kan men afleiden dat deze deelname voor de Orthodoxe Kerk in geestelijk en theologisch opzicht een netelig probleem vormt.

In Amsterdam waren in 1948 alleen de kerken van Constantinopel, Griekenland en Cyprus vertegenwoordigd en zij aanvaardden het lidmaatschap van de Wereldraad van Kerken. Enkele maanden voor de assemblée van Amsterdam was er een contactvergadering van de kerken van Rusland, Servië, Roemenië, Bulgarije, Polen, Albanië en Tsjechoslowakije in tegenwoordigheid van een metropoliet van het patriarchaat van Antiochië en deze ondertekende de beslissingen in naam van de patriarchen van Antiochië en Alexandrië; deze vergadering vond plaats te Moskou en ze verklaarde dat de assemblée te Amsterdam geen ander doel had dan een nieuwe oecumenische kerk te stichten, dat de eigenlijke dogmatische problemen een onvoldoende plaats op haar programma hadden en dat in plaats daarvan het politieke imperialistische element er overheerste. De in Moskou vertegenwoordigde kerken weigerden daarom er afgevaardigden naartoe te zenden.

Na 1948 was het oecumenisch patriarchaat van Constantinopel praktisch de enige orthodoxe kerk die actief de deelname bevorderde. De andere patriarchaten van het Oosten namen een afwachtende houding aan en zij zonden geen afgevaardigden tot aan de zitting van het centrale comité te Rhodos in de zomer van 1959. In Griekenland bracht een heftige woordenstrijd de voor- en tegenstanders van deelname tegen elkaar in het gelid en de hiërarchie, die in meerderheid afwijzend tegenover deelname stond, besliste begin 1959 dat alleen lekentheologen, die aan de Kerk geen verplichtingen oplegden, naar de oecumenische assemblées konden worden afgevaardigd; en dan nog zou het hun verboden zijn aan de eigenlijke dogmatische debatten deel te nemen[7].

Deze terughoudendheid van de orthodoxen tegenover de Wereldraad van Kerken is vooral gefundeerd in de bewuste of onbewuste vrees om de Orthodoxe Kerk gebonden te zien door een instelling die haar in feite niet vertegenwoordigt.

....

[7] Op Rhodos nam in 1959 geen enkele bisschop die van de Heilige Synode van Athene afhankelijk was aan debatten van het Comité deel.

De statuten van de Wereldraad en de herhaalde uitspraken van zijn leiders verklaren wel dat de ledenkerken hun volle vrijheid op leerstellig en bestuurlijk gebied behouden; maar daarom is het niet minder waar dat er in de beweging voortdurend wordt samengewerkt – is dit immers niet juist het doel van de Wereldraad? – op theologisch gebied, op dat van de missie en zending en in sociale en internationale vraagstukken. De orthodoxen nemen slechts op uiterst bescheiden wijze aan dit werk deel: ze zijn alleen maar door enkele afgevaardigden op de assemblées en in de verschillende raderen van de oecumenische 'machine' vertegenwoordigd en zij voelen zich daar opgenomen in een proces dat zij niet beheersen en dat bepaald wordt door de protestantse gedachte. Wanneer de Orthodoxe Kerk in staat zou zijn als geheel aan de werkzaamheden van de Wereldraad deel te nemen, dan zou de toestand waarschijnlijk merkbaar veranderen. Maar daar ligt niet het enige probleem.

Men kan niet ontkennen dat het *ecclesiologisch standpunt* van de Orthodoxe Kerk een wezenlijk andere betekenis geeft aan haar deelname dan die welke de uit de reformatie voortgekomen gemeenschappen eraan hechten: de orthodoxen en protestanten zien in de Wereldraad van Kerken niet dezelfde werkelijkheid.

De protestanten, voor wie de Kerk wezenlijk een gemeenschap van gerechtvaardigde zondaars is, beschouwen de verdelingen die in de geschiedenis onder de christenen hebben plaatsgevonden als verdelingen *van de Kerk zelf*. De eenheid van de Kerk, waarover het Credo spreekt, is dus door *geen enkele* christelijke belijdenis ten volle verwezenlijkt en allen moeten haar zoeken. En dat zou dan juist de taak van de Wereldraad van Kerken zijn: door hem moet de Kerk dichter bij de eenheid komen en *meer in de volle zin* Kerk worden; zij moet berouw hebben over de zonde tegen de eenheid en zo tot een grotere trouw aan God komen. In hun oecumenische uiteenzettingen dringen talrijke verantwoordelijke protestanten onophoudelijk aan op de noodzakelijkheid van alle kerken om van alle dogmatisch exclusivisme, van alle leerstellig *non possumus*, af te zien. Dit standpunt wordt weerspiegeld door alle documenten die door de protestantse meerderheid van de Wereldraad van Kerken zijn goedgekeurd. 'We kunnen spreken', verklaart bijvoorbeeld het rapport van sectie I van de assemblée van Evanston (1954), 'over de eenheid van de Kerk op haar aardse pelgrimstocht als van een groei die van de gegeven eenheid zich ontwikkelt tot die welke ten volle geopenbaard zal worden. In deze zin kunnen we de Kerk op dezelfde wijze beschouwen als de individuele gelovige, die men tegelijk gerechtvaardigd en zondaar (*simul justus et peccator*) kan noemen...'

Het is duidelijk dat de orthodoxen deze theologie van een Kerk die tegelijk gerechtvaardigd en zondaar is, niet kunnen aanvaarden: het mysterie van de Kerk bestaat immers juist in het feit dat *zondige mensen samen de onfeilbare Kerk*, het lichaam van Christus, de tempel van de Geest, de zuil en het fundament van de waarheid vormen. Er is dus geen analogie mogelijk tussen het individu, het zondige lid, en de Kerk, het lichaam van Christus. Het protestantse standpunt komt de orthodoxen voor als een ontkenning van de volle en reële tegenwoordigheid van Christus in de Kerk, als een niet aanvaarden van de beloften die Hij aan zijn leerlingen gedaan heeft: 'Wanneer Hij echter komt, de Geest der waarheid, zal Hij u tot de volle waarheid brengen' (Joh. 16:13). Deze hele waarheid is dus aanwezig in een zichtbare Kerk, die de éne, heilige, algemene en apostolische Kerk is, waarvan de andere christelijke gemeenschappen afgescheiden zijn. De christelijke eenheid is een eenheid met Christus in de heilige Geest en niet een eenheid onder mensen, die in de geschiedenis is verloren gegaan: deze eenheid is in de éne Kerk, die niet door menselijke twisten kan verdeeld worden. De mensen kunnen

God en zijn waarheid niet verdelen om ze dan weer te verenigen: zij kunnen de waarheid wel verlaten en er dan weer naar terugkeren. Tot een dergelijke terugkeer roept de Orthodoxe Kerk de andere christenen op: een terugkeer naar het geloof van de apostelen en de vaders, dat zij zich bewust is in zijn volheid te hebben bewaard. De Wereldraad van Kerken is in dit perspectief dan vóór alles een plaats van ontmoeting, van getuigenis, van dialoog en ten slotte van praktische samenwerking. De deelname van de orthodoxen betekent dus niet dat de Orthodoxe *Kerk* goddelijke werkelijkheid in de geschiedenis iets wezenlijks kan toevoegen aan datgene wat zij reeds bezit, maar zij betekent dat de orthodoxen als *afzonderlijke personen*, die onvolmaakt en zondig zijn, zowel aan de andere christenen de ware weg naar de eenheid kunnen wijzen, als van hen leren hoe zij zich beter van de gaven van God kunnen bedienen, die zij alleen als leden van de éne Kerk in volheid bezitten.

Op de oecumenische bijeenkomsten wijden zich de orthodoxe afgevaardigden, die weinig talrijk en dikwijls onvoldoende voorbereid zijn, aan deze taak; aan hun inspanningen is de verklaring van Toronto (1950) te danken, die door het centrale comité van de Wereldraad is goedgekeurd en waarvan de negatieve duidelijkheid van de orthodoxe deelname aan de Wereldraad mogelijk maakt: 'De Wereldraad van Kerken kan en mag niet gefundeerd zijn op een speciale opvatting van de Kerk, welke dan ook ... Hij lost niet bij voorbaat het oecumenisch probleem op ... Het lidmaatschap van een kerk bij de Wereldraad van Kerken houdt niet in, dat ze van dan af haar eigen opvatting van de Kerk als betrekkelijk moet beschouwen ... Het feit dat het lidmaatschap van de Wereldraad houdt niet in, dat elke kerk de andere als kerken in de ware en volle zin van het woord moet beschouwen ...'

Deze voorwaarden, die met absolute helderheid zijn uitgedrukt, geven aan de Orthodoxe Kerk de mogelijkheid om volledig deel te nemen aan het oecumenische *fellowship* zonder te verzaken aan haar bewustzijn van de enige ware Kerk te zijn en zonder haar wezenlijke houding jegens de andere christelijke gemeenschappen te wijzigen. Ze kan echter niet beletten, dat de andere ledenkerken voor hun eigen verantwoording een oecumenische theologie ontwikkelen. Deze ontwikkeling merken we vooral op in het rapport van de assemblée van Evanston dat wij eerder in dit hoofdstuk geciteerd hebben; het verplichtte de orthodoxe afgevaardigden om er zich van de distantiëren en om een aparte verklaring uit te geven: 'Wij geloven', zo verklaarden dezen, 'dat alleen de terugkeer tot het geloof van de oude, éne en onverdeelde Kerk van de zeven oecumenische concilies, dat wil zeggen de terugkeer tot het gemeenschappelijke, zuivere en onveranderde erfdeel, de verlangde hereniging van alle afgescheiden christenen kan bewerken. Want alleen de eenheid en de gemeenschap van alle christenen in een gemeenschappelijk geloof kan hun gemeenschap in de sacramenten en hun onverbrekelijke eenheid in de liefde als leden van een en hetzelfde lichaam, de enige Kerk van Christus, tot gevolg hebben... Wij zien ons verplicht te verklaren dat, dat wij diep overtuigd zijn, dat alleen de Orthodoxe Kerk volledig en ongeschonden het geloof dat vroeger aan de heiligen was meegedeeld, bewaard heeft. Niet om onze menselijke verdiensten, maar omdat het God behaagd heeft "deze schat in aarden vaten" te bewaren, "opdat duidelijk zou blijken dat die overgrote kracht van God komt" (2 Kor. 4:7).'

Van orthodox standpunt uit gezien kan het christelijk oecumenisme dus niet een zoeken naar de eenheid op basis van het kleinste gemene veelvoud zijn: alleen de *volheid van de waarheid* zal de christenen verenigen, want Christus is volheid en nooit zal Hij zijn Kerk prijsgeven. De aanwezigheid van de orthodoxen in de oecumenische beweging is de uitdrukking van een verplichting van broederlijke liefde jegens allen die zich op Christus beroepen, maar deze liefde, die van God gekomen is, kan geen liefde zijn zonder waarheid. De Zoon van God is *zichtbaar* in de geschiedenis mens geworden, Hij heeft op aarde een *zichtbare* gemeenschap gesticht die op sacramentele wijze de volheid van zijn verlossingsgenade bezit. Deze volheid is aanwezig in elke gemeenschap die het ware geloof belijdt. In de ogen van de orthodoxen 'ontbreken in de afgescheiden gemeenschappen sommige fundamentele elementen die de werkelijkheid van de volheid van de Kerk uitmaken' (orthodoxe verklaring te Evanston): deze elementen moeten er dus in hersteld worden. De protestantse opvatting, volgens welke de eenheid en de volheid van de Kerk gereserveerd blijven, hetzij voor een onzichtbaar hiernamaals, hetzij voor een eschatologische toekomst, komt de orthodoxen voor als een ontkenning van de heilswerkelijkheid en als een weigeren van datgene wat God zelf ons schenkt.

De orthodoxen hebben altijd ruimschoots de vrijheid gekregen om deze opvattingen duidelijk voor de vergaderingen van de Wereldraad van Kerken uit te spreken. Ze waren tot nu toe echter te gering in aantal om een echte dialoog met de protestantse meerderheid op gang te kunnen brengen. Om werkelijk vruchtbaar te zijn en om een reële invloed op de debatten te kunnen uitoefenen, zou hun deelname dan ook veel effectiever en talrijker moeten zijn. Wanneer er in de nabije toekomst niet voor een dergelijke deelname gezorgd wordt, dan is het zeker dat de interne logica van een in meerderheid protestantse Wereldraad deze zal voeren op wegen die elke aanwezigheid van de orthodoxen onmogelijk maakt[8]. Afzonderlijke en negatieve verklaringen en een episodische

---

[8] Zie over dit onderwerp A. Schmemann, *Orthodox Agony in the World Council* in *Christianity today*, II 8, jan. 1958.

samenwerking op afgebakende terreinen, met name de onderlinge stoffelijke hulp, vormen geen voldoende getuigenis van de kan van de orthodoxen. Dit is een dringende kwestie en de orthodoxen die de verantwoordelijkheid dragen moeten dit goed overwegen om dan de te volgen weg te kiezen.

Omdat wij hier niet de mogelijkheid hebben om een *systematische* uiteenzetting van de ecclesiologie te geven, moeten wij ons beperken tot een beschrijving van de orthodoxe opvatting voor de christenen van het Westen en de nadruk leggen op de meest recente stellingnamen. De lezer heeft kunnen opmerken dat dit een origineel en bijzonder standpunt is. De Orthodoxe Kerk stelt zich zowel tegenover de protestanten als tegenover de Katholieke Kerk voor als de ware Kerk, waarvan de christenen van het Westen zich hebben afgescheiden. Hier is een even definitief exclusivisme als dat van de kerk van Rome, maar uitgaande van een andere opvatting van de Kerk. De ontwikkeling van het pausdom, die haar hoogtepunt vond in het dogma van het eerste Vaticaanse concilie, heeft aan het katholicisme een monolithische structuur en een blijvend waarheidscriterium gegeven, die in feite kunnen samengaan met een grote leerstellige en liturgische soepelheid. Rome roept alle christenen op om dit *criterium zelf*, meer dan om een leerstellig systeem, te aanvaarden. De Orthodoxe Kerk bezit geen onfeilbaar en blijvend criterium van de waarheid, geen monolithische structuur, ze ziet de eenheid in een gemeenschap van geloof, waarvan de Kerk zelf, of liever de Geest die altijd in de Kerk aanwezig is, de enige norm is. De Geest van de waarheid woont in de gemeenschap van de gelovigen die door de band van liefde verenigd zijn en al spreekt Hij gewoonlijk door de mond van hen die het charisma van lering hebben, de bisschoppen, Hij behoort aan de Kerk als lichaam. Dit lichaam is geheel aanwezig overal waar de eucharistie wordt gevierd, in elke lokale kerk en *uit zichzelf* kan geen enkele macht zich opdringen aan het volk van God dat in Jezus Christus verenigd is. De christen is wezenlijk vrij in een *ware* vrijheid die hem de waarheid, die God hem openbaart, laat aanvaarden; hij is daarom ook *verantwoordelijk* voor deze waarheid; hij vindt ze en bewaart ze in de Kerk, in de gemeenschap van de Geest, in een beredeneerde gehoorzaamheid aan het leergezag, in de liefdeseenheid met zijn broeders[9].

Door deze vrijheid in zijn betrekkingen met God kan de orthodox in dialoog treden met elke christen en is hij in staat zijn gescheiden broeders op te roepen, niet tot een of ander criterium (Rome of het *Sola Scriptura*), maar tot de levende waarheid, tot de ervaring van de liturgische gemeenschap, tot de Kerk als tempel van de Geest. De verantwoordelijkheid die hij op zich persoonlijk voelt rusten maakt hem echter buitengewoon gevoelig voor alle leerstellige vraagstukken. Hij zal niet alleen weigeren de dogma's van de Kerk in discussie te stellen, maar hij zal voelen dat iedere verandering in de liturgie of het bestuur van de Kerk hem persoonlijk aangaat.

De 'vrijheid van de kinderen Gods' is feitelijk een last die in de tegenwoordige tijd moeilijk te dragen is, juist omdat e een ware *verantwoordelijkheid* met zich meebrengt. En toch is deze juist een van de sleutels van de christelijke ecclesiologie. Hieraan houdt de Orthodoxe Kerk vóór alles vast en zij is zich bewust de verdedigster te zijn van het mysterie van de tegenwoordigheid Gods in de christelijke gemeenschap.

....

[9] Deze verantwoordelijkheid van alle christenen voor de waarheid komt, zoals wij hebben gezien, tot uitdrukking in de encycliek van de oosterse patriarchen van 1848. Vooral de Russische theologen van de 19[e] eeuw hebben deze gedachte ontwikkeld. De meest bekende onder hen is ongetwijfeld A. S. Khomiakov (zie A. Grateux, *A. S. Khomiakov*, Parijs 1930, 2 vol.; vgl. ook J. S. Romanides, *Orthodox ecclesiology according to Alexis Khomiakov* in *The Greek Orthodox Theological Review*, vol. II, 1956, n. 1). De weerklank hiervan vinden we in de beroemde roman van Dostojevski, *Legende van de Grootinquisiteur*.

BESLUIT

In de bladzijden die wij in een eigenlijk te beknopte uiteenzetting hebben gewijd aan de oorsprong van de Kerk, aan het verleden van de orthodoxie en ten slotte aan haar spiritualiteit en haar leer, hebben wij getracht aan de lezer duidelijk te maken waarin het *wezenlijke* ligt van het getuigenis dat de orthodoxie heden ten dage wil geven: een waarachtig katholieke, algemene traditie, waarbij we katholiciteit niet alleen in geografische zin moeten verstaan, maar dit begrip moeten uitbreiden tot waarheid, continuïteit en volheid.

Het valt historisch niet te ontkennen dat het christelijk Oosten buiten de grote veranderingen is gebleven die het Westen heeft ondergaan met de pauselijke centralisatie in de middeleeuwen, met de grote scholastiek, met de reformatie en de contrareformatie. Van de 9^e tot de 15^e eeuw heeft Byzantium de grote traditie van de vaders, hun theologie, hun spiritualiteit, hun sacramentele opvatting van de Kerk voortgezet. Het heeft bewust geweigerd een synthese op te bouwen tussen de wijsbegeerte en de openbaring, die op de scholastiek zou gelijken en het heeft er de voorkeur aan gegeven binnen de denkwereld van de vaders te blijven. Haar theologie in de eigenlijke zin, haar leer over de sacramenten, haar ecclesiologie zijn nooit geformuleerd in het kader van een bepaalde wijsbegeerte en de structuur van de Orthodoxe Kerk is nooit opgegaan in de wetten van een door het recht geregeerde instelling. Haar God is een levende en handelende God gebleven, de God van de Bijbel, van Abraham, Isaak en Jacob en Hij is nooit de God van de filosofen geworden. De Kerk heeft zichzelf nooit een uitputtend canoniek stelsel opgelegd en de canons van de conciles die zij aanvaard heeft zijn slechts de uitdrukking van haar aard in concrete omstandigheden, een soort jurisprudentie van de heilige Geest die de eeuwige *orde* van het lichaam van Christus weergeeft: ze zijn nooit omgevormd in een juridische superstructuur en men heeft ze nooit beschouwd als een middel om oppermachtig het geheel van de onderlinge betrekkingen van de leden der Kerk te beheersen. Wanneer we aldus op een ietwat negatieve wijze het standpunt van de Orthodoxe Kerk omschrijven en dit impliciet stellen tegenover het christendom van het Westen, dan willen we volstrekt niet beweren dat dit laatste de geopenbaarde waarheid *totaal* in een wijsbegeerte heeft omgezet en de kerkelijke structuur in een juridisch systeem heeft vastgelegd: we willen alleen zeggen dat men in het Westen, in zijn zorg om voor de wereld te getuigen en om doeltreffend te werken, veel verder in beide richtingen is gegaan dan in het Oosten en dat men hierbij een aantal leerstukken heeft geformuleerd die elke terugkeer moeilijk maken. De oecumenische taak van de orthodoxie in de dialoog met de protestanten en de katholieken bestaat juist hierin, dat zij de formuleringen van de Latijnse middeleeuwen en van de contrareformatie in twijfel trekt, zonder de traditionele inhoud die zij willen uitdrukken te ontkennen en dat zij de katholieken broederlijk vraagt om naar de bronnen terug te keren en de protestanten om een meer open houding jegens de traditie aan te nemen.

Maar om deze taak doeltreffend te kunnen vervullen, zullen ook de orthodoxen dieper moeten denken en bewuster moeten leven. De waarheid waarvan zij zich de dragers weten is een katholieke, algemene waarheid, zij moet dus van kracht zijn voor alle mensen, voor alle tijden en voor alle landen: zij moet een antwoord inhouden op de reële vragen die de christenen van het Westen zich hebben gesteld in de eeuwen van scheiding. Om een waardevol getuigenis te kunnen geven moeten de orthodoxen deze vragen *van binnenuit* beleven. Hier is niet enkel sprake van een poging tot aanpassing of van een materieel of liturgisch conformisme, hier gaat het om een waarachtige geestelijke ascese, om een daad van liefde en ook van nederigheid. Wanneer ook al de Kerk in haar bovennatuurlijke aard altijd de volheid van goddelijk leven en waarheid bezit, dan hoeven daarom de afzonderlijke personen, de sociologische groepen, de volkeren en de plaatselijke kerken lang niet overal te beantwoorden aan dit leven en deze waarheid. En in dit opzicht moet de zogenaamde 'historische' orthodoxie – het sociale geheel dat de Orthodoxe Kerk van verleden en heden omvat – om veel dingen vergiffenis vragen. Zeker, haar geschiedenis is een tragische geschiedenis: de veroveringen van de Arabieren, Turken en Mongolen, de beproeving van de Russische Revolutie, zijn evenveel bruuske catastrofen die de organische ontwikkeling van het christelijk Oosten hebben onderbroken. Haar tegenwoordige zwakheid laat zich grotendeels daardoor verklaren. Maar andere zwakheden, en op de eerste plaats het nationalisme dat de orthodoxe kerken van elkaar isoleert, moeten de orthodoxen zichzelf aanrekenen.

De toekomst van de Orthodoxe Kerk, de toekomst van haar geestelijke uitstraling, ligt zodoende tegelijk in de communistische landen en in die landen van het Westen, waarheen de Voorzienigheid miljoenen orthodoxen gevoerd heeft en hen zo verplichtte om daar getuigenis van hun geloof af te leggen.

In de communistische landen, vooral in Rusland, heeft de Orthodoxe Kerk duizenden martelaren voortgebracht in de beslissende tijd gedurende en na de Revolutie. Ze heeft over het algemeen zeer snel onderscheid weten te maken tussen de absolute waarden van de godsdienst en de betrekkelijke waarden van de politiek en daaruit valt haar bijna wonderbare instandhouding te verklaren. Maar de betrekkelijk gunstige toestand van het ogenblik kan een nieuwe, meer geraffineerde bekoring voor de christenen van Rusland worden, als ze de tegenwoordige toestand als normaal en bevredigend zouden aanvaarden: vele aspecten van het kerkelijk leven, zoals de opvoeding van de jeugd, de pers, de missie, het sociaal getuigenis, het vrije oordeel over de politiek van de regering, blijven haar onthouden. Tot nu toe heeft de Kerk gelukkig kunnen bewijzen dat ze meer is dan enkel een overblijfsel van het kapitalisme: haar toekomst hangt af van de wijze waarop zij de jeugd voor zich weet te winnen en hoe zij haar getuigenis gestalte zal geven in de maatschappij van morgen.

In het Westen is de orthodoxie nog niet lang aanwezig. Na de twee wereldoorlogen vestigde de grote massa van de emigranten van Oost-Europa zich in West-Europa en meer nog in Amerika. De sociale en godsdienstige gevolgen van deze migratie zijn nog niet alle te overzien, maar wel kan men met zekerheid zeggen dat deze in het kader van de geschiedenis van het christendom belangrijk zullen zijn: de Orthodoxe Kerk heeft opgehouden een zuiver oosterse kerk te zijn. Dat kan men vooral gemakkelijk vaststellen in de Verenigde Staten, waar zij bestaat uit meerdere miljoenen gelovigen die bijna allen de Amerikaanse cultuur, taal en wijze van denken hebben overgenomen en intussen trouw zijn gebleven aan de Kerk van hun voorouders en die haar in sommige gevallen bezield hebben met een missionaire kracht en een organisatiegeest die ze vroeger niet gekend heeft. Wanneer de orthodoxen van het Westen de uit het verleden geërfde nationale barrières weten weg te nemen, wanneer zij een geestelijkheid weten te vormen die het hoofd kan bieden aan de nieuwe omstandigheden waarin de Kerk leeft en wanneer zij de trouw aan de traditie weten in overeenstemming te brengen met de behoeften van de moderne westerse wereld, dan kunnen zij aan hun getuigenis een heel nieuwe kracht geven. Hiertoe zijn zij verplicht door hun lidmaatschap van een kerk die beweert de ware Kerk van Christus te zijn en hiernaar zullen zij beoordeeld worden door de geschiedenis, door hun broeders, de andere christenen en ten slotte door God zelf.

OVER DE AUTEUR

Jean Meyendorff werd in 1926 in Neuilly, Frankrijk, geboren uit Russische emigrantenouders. Hij studeerde theologie aan het orthodox Seminarie Sint Sergius te Parijs en geschiedenis en letteren aan de Sorbonne. In deze laatste vakken doctoreerde hij en later doceerde hij patrologie aan het Sint Vladimir Seminarie te New York. In 1959 werd hij orthodox priester gewijd.

Uitgeverij Orthodox Logos

- *De Orthodoxe Kerk: Verleden en heden* – Jean Meyendorff
- *Biecht en communie* – Alexander Schmemann
- *Verliefd Zijn op het Leven* – Samensteller: Maxim Hodak
- *De Orthodoxe Kerk* – Aartspriester Sergei Hackel
- *De mensenrechten in het licht van het Evangelie* – Nicolas Lossky
- *Geboren in Haat Herboren in Liefde* – Klaus Kenneth
- *Hegoumena Thaissia van Leouchino: brieven aan een novice*
- *Het Jezusgebed* – Een monnik van de oosterse kerk
- *Gebedenboek Voor Kinderen: Volgens De Orthodox Christelijke Traditie*
- *Dagboek Van Keizerin Alexandra* – Keizerin Alexandra
- *Mijn ontmoeting met Archimandriet Sophrony* – Aartspriester Silouan Osseel
- *Stap voor stap veranderen* – Vader Meletios Webber
- *De Weg Naar Binnen* – Metropoliet Anthony (Bloom) Van Sourozh
- *Geraakt door God's liefde* – Klooster van de Levenschenkende Bron Chania
- *De Heilige Silouan de Athoniet* – Archimandrite Sophrony
- *The Beatitudes: A Pathway to Theosis* – Christopher J. Mertens
- *De Kracht van de Naam* – Metropoliet Kallistos van Diokleia
- *De Orthodoxe Weg* – Metropoliet Kallistos van Diokleia
- *Serafim Van Sarov* – Irina Goraïnoff
- *Feesten van de Orthodoxe Kerk – een Leerzaam Kleurboek*
- *Catechetisch woord Over Het gebed van het Hart* – Aartspreiester Silouan Osseel
- *Naar de Eenheid?* – Leonide Ouspensky
- *Bidden Met Ikonen* – Jim Forest
- *Onze Gedachten Bepalen Ons Leven* – Vader Thaddeus Van Vitovnica
- *Alledaagse Heiligen En Andere Verhalen* – Archimandriet Tichon (Sjevkoenov)
- *Geestelijke Brieven* – Vader Jozef De Hesychast
- *Nihilisme* – Vader Serafim Rose
- *Gods Openbaring Aan Het Menselijk Hart* – Vader Serafim Rose

- *In De Kaukazus* – Monnik Merkurius
- *Terugkeer* – Archimandriet Nektarios Antonopoulos
- *Weest ook gij uitgebreid* – Archimandriet Zacharias (Zacharou)

- *Our Orthodox Holy Family* – Deacon David Lochbihler, J.D.
- *Prayers to Our Lady East and West* – Deacon David Lochbihler, J.D.
- *The Joy of Orthodoxy* – Deacon David Lochbihler, J.D.
- *The Inner Cohesion between the Bible and the Fathers in Byzantine Tradition* – S.M. Roye
- *St. Germanus of Auxerre* – Howard Huws
- *Elder Anthimos Of Saint Anne's* – Dr. Charalambos M. Bousias
- *Orthodox Preaching as the Oral Icon of Christ* – James Kenneth Hamrick
- *The Final Kingdom* – Pyotr Volkov

UITGEVERIJ ORTHODOX LOGOS
www.orthodoxlogos.com

www.ingramcontent.com/pod-product-compliance
Lightning Source LLC
Chambersburg PA
CBHW031104080526
44587CB00011B/819